W0070685

Eugen Schöler

FRÄNKISCHE WAPPEN

erzählen Geschichte und Geschichten

1992

VERLAG DEGENER & CO., INH. MANFRED DREISS

Die bibliophile Reihe bei Degener

Beiträge zur Genealogie, Heraldik, Kultur
und Geschichte

Band 1:

Eugen Schöler, Fränkische Wappen
erzählen Geschichte und Geschichten

Abbildung auf Deckenüberzug:

Glasgemälde in der Kirche zu Kirchensittenbach, siehe S. 62

ISBN 3–7686–7012–0

© Verlag Degener & Co., D-8530 Neustadt an der Aisch
Satz (konvertiert): Fotosatz E. Mocker, Eichenau b. München
Druck: Verlagsdruckerei Schmidt GmbH, D-8530 Neustadt an der Aisch

Inhaltsverzeichnis

für

Jessie,

Maren und Anja

Vorwort

Nach meiner 1982 in 2. Auflage erschienenen Bestandsaufnahme »Historische Familienwappen in Franken« und nach über 100 Dia-Vorträgen zur fränkischen Heraldik sowie zahlreichen Expertisen zu Anfragen aus dem In- und Ausland, die mich in den vergangenen Jahrzehnten von meinen Zuhörern und Lesern erreichten, stellt das vorliegende Buch eine Art Sammlung von Antworten dar. Die hier exemplarisch und bildlich vorgestellten oder im Text angesprochenen Familien-, Orts-, Staats- und Amtswappen sind teils Anlaß, teils Gegenstand der hier erzählten Geschichte und der Geschichten. Der folgende heraldische Spaziergang durch die Ereignis-, Rechts-, Wirtschafts- und Sozialgeschichte in Franken bindet zwanglos die heraldische Regelsprache mit ein. Schon die Überschriften der Kapitel sollen andeuten, daß mit Bild und Text ein neuer Weg beschritten wird, sowohl heraldisch und geschichtlich interessierten Laien als auch Historikern und Heraldikern eine Fülle von Informationen und gleichzeitig Anregungen zu einer besonderen Begegnung mit der reichen fränkischen Kulturlandschaft zu bieten. Zu danken habe ich vielen fränkischen Familien, Einzelpersonen und Eigentümern von Privatarchiven, die in besonderer Weise mit der fränkischen Geschichte verbunden sind, aber auch staatlichen, städtischen und kirchlichen Archiven und ihren Mitarbeitern. Sie alle hier namentlich aufzuführen, würde den Rahmen eines Vorwortes sprengen. Mancher Hinweis, manches freundlicherweise bereitgestellte Text- und Bildmaterial ist in dieses Buch eingeflossen und hat den Inhalt wesentlich bereichert.

Kurze Literaturhinweise nach jedem Kapitel, das ausführliche Literaturverzeichnis am Schluß und vor allem das Namen- und Ortsregister sollen das Auffinden speziell interessierender Wappen(-Geschichten) erleichtern und zu weiterem Nachforschen im Detail ermuntern. Es versteht sich von selbst, daß angesichts der Existenz von mehreren tausend Wappen in Franken eine vollständige Erfassung im Rahmen unseres Themas nicht möglich sein konnte. Texte und Bildmaterial sollen aber den mit Frankens Geschichte und Heraldik besonders verbundenen Menschen die fränkische Kulturlandschaft einmal auf andere Weise »lesbar« machen. Vor allem habe ich meinem Verleger, Herrn Manfred Dreiss, zu danken, daß er mit dieser Arbeit eine neue bibliophile Reihe im traditionsreichen Verlag Degener & Co. eröffnet und damit die verdienstvolle und unvergessene verlegerische Tätigkeit von Gerhard Geßner in beispielhafter Weise fortsetzt.

Schwabach, im November 1991
Eugen Schöler

Statt einer Einleitung
oder
Was führte man denn so im Schilde?

Der mit Leder oder Fell bespannte oder mit Metallbeschlägen verstärkte Holzschild gehört zu den ältesten Verteidigungswaffen der Menschheit. Manchmal waren auch magische Zeichen oder furchterregende Masken aufgemalt. Nur – Wappen waren das nicht. Erst als sich in Europa im frühen 12. Jahrhundert die Waffentechnik der Kampfreiter (Ritter) so verändert hatte, daß sie mit geschlossenem Helm zu Pferde saßen, mußten sie durch äußere, ganz persönliche Zeichen kenntlich machen, wer sich denn nun in der Rüstung befand. Zum Bemalen eignete sich der Schild, auf den Pferdedecken konnten entsprechende Zeichen aufgenäht werden, und außerdem bot sich noch der Helm an, auf dem man eine (nicht zu schwere) ausgestopfte Figur (eine »Puppe«), Hörner, Federn etc. anbringen konnte. Notwendig waren einfache Darstellungen, die man auch aus größerer Entfernung klar erkennen konnte; bei einem Landschaftsaquarell auf dem Schild wäre das nicht möglich gewesen. Die klar zu unterscheidenden Trikots von Fußballmannschaften erfüllen heute im Grunde den gleichen Zweck. Auch das Schutztuch über dem Helm konnte die Schildfarben wiederholen. Es sollte einerseits gegen zu starke Hitzeeinwirkung auf den eisernen Helm schützen, andererseits auch gegnerische Hiebe in den Nacken abschwächen.

(frdl. überlassen von Hans Frhr. v. Berlichingen)

So zeigte sich bald an den Sammelpunkten der Heere oder auf den Turnierplätzen, vor allem dank des französischen Vorbilds, ein farben- und ideenreiches Kunterbunt, wie es uns z. B. Frankens mittelhochdeutscher Epiker Wolfram von Eschenbach in der Schilderung des Heeres von König Artus berichtet.

Von Anfang an kristallisierten sich vier Farben und zwei Metalle für die Kontrastierung der Schildfiguren heraus. Wer schnell ein Wappen abzeichnen wollte, behalf sich in späteren Jahrhunderten mit international üblichen Schraffuren. Wollte man eine Schildfigur, z. B. ein Tier, als »wie in der Natur vorkommend« bezeichnen, so notierte man neben die Skizze ein »nat.«. Die heraldische Grundregel besagte, daß nicht Farbe auf Farbe oder Metall auf Metall gemalt werden dürfe. So hätte ein blauer Löwe auf grünem Grund die angestrebte Kontrastwirkung verringert. Farbe sollte, soweit möglich, nicht an Farbe, und Metall nicht an Metall stoßen. Diese Regel war nicht anwendbar bei dreiteiligen Wappenschilden. Am einfachsten und ohne besondere künstlerische Fähigkeiten ließen sich zwei- oder dreifarbige Schildteilungen auf den ritterlichen Waffen (wâpen) anbringen. Sie werden »Heroldsstücke« genannt.

Die Teile eines vollständigen Wappens

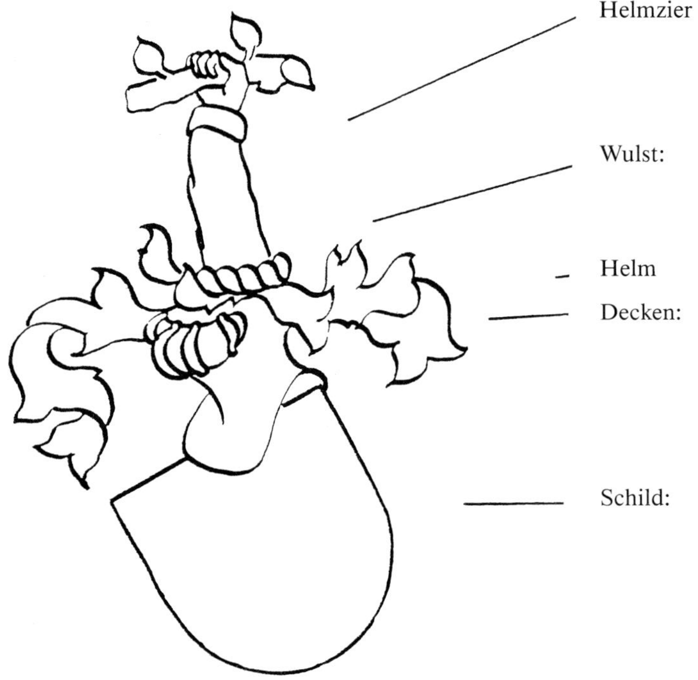

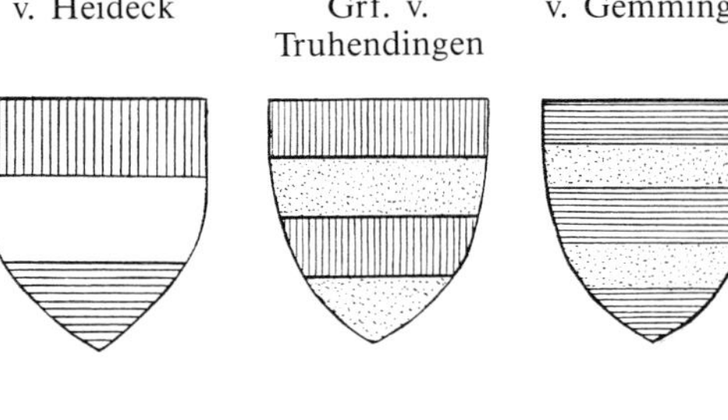

v. Heideck   Grf. v.   v. Gemmingen
Truhendingen

Helmzier (Kleinod):	muß nicht grundsätzlich mit der Schildfigur identisch sein; diente u. a. zur Unterscheidung einzelner Familienzweige.	
Wulst:	manchmal auch Blattkrone, um die Befestigung der Helmzier zu verdecken.	
Helm		
Decken:	ursprünglich Sonnenschutztuch, später den Kunststilen entsprechend ausgestaltet; bei Fürstenwappen stattdessen auch Wappenmantel.	
Schild:	ursprünglich aus Holz, mit Leder überzogen, bemalt, auch mit Metallbändern oder Metallkreuzen verstärkt.	

v. Bechtolsheim   Grf. v. Rieneck   v. Stein zu Nord-
gen. Mauchen-   und Ostheim
heim

v. Lichtenstein   v. Lentersheim   v. Pölnitz

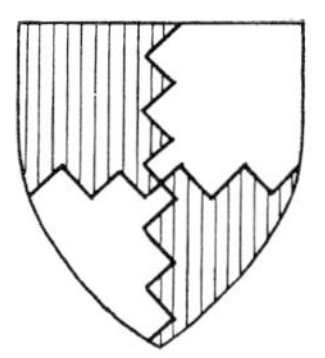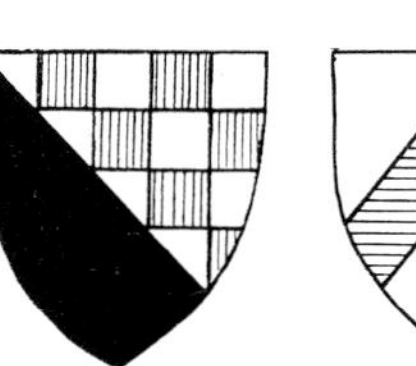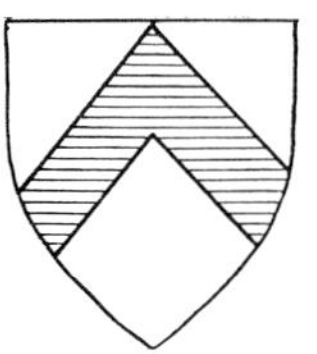

Geyling v.   Schenk v. Geyern   v. Crailsheim
Illesheim

Die Wappenfarben

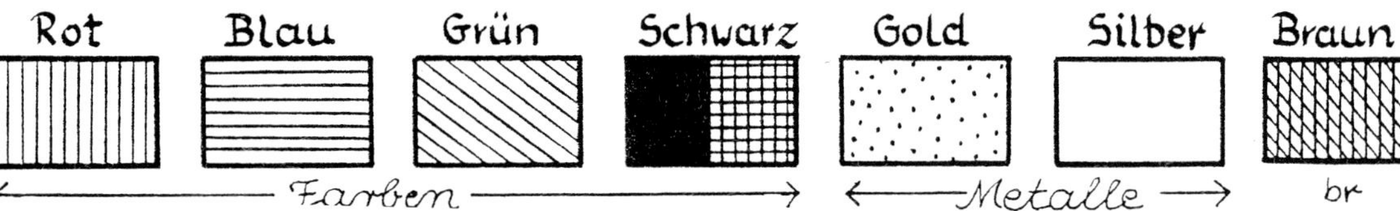

8

Wählte man als sein persönliches Erkennungszeichen eine »gemeine« (im Sinne von »allgemeine«) Figur, also einen Gegenstand, eine Pflanze, einen Himmelskörper oder ein Tier, so mußte man eine sehr vereinfachte (und damit weithin sichtbare) Darstellung versuchen. Ob ein Löwe dabei, entgegen dem Vorkommen in der Natur, blau oder rot gefärbt wurde, war für die heraldische Sprache nebensächlich. Entscheidend war, daß Schildfigur und Untergrund gut kontrastierten. Selbstredend mußte z.B. eine Tierdarstellung auf dem Helm oder im Schild immer in Reitrichtung schauen, also vom Zuschauer aus nach links, vom Reiter aus, der sich ja hinter dem Schild verbarg, nach rechts (heraldisch rechts). So hat es sich längst eingebürgert, ein Wappen immer vom Schildträger aus zu beschreiben. Die Bezeichnungen

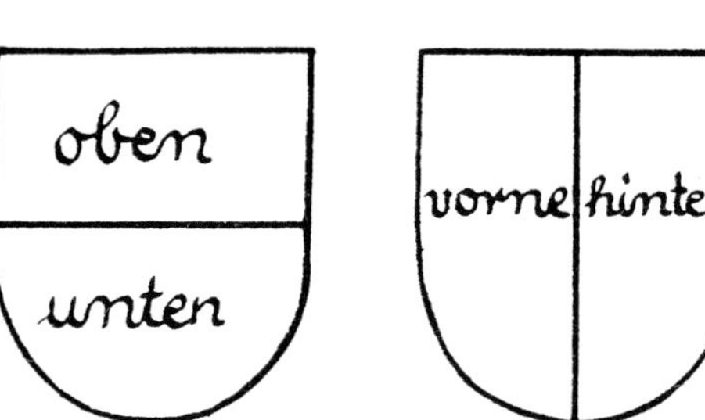

»heraldisch rechts« und »heraldisch links« gehen darauf zurück, daß die Ritterschaft den Schild am linken Arm führte und damit die Blickrichtung von Helm, Helmzier und Schildfigur mit der Reitrichtung identisch war.

Reitersiegel von Burggraf Friedrich V. von Nürnberg aus dem Jahre 1378. Hier ist deutlich die Unterscheidung zwischen dem Familienwappen der Hohenzollern auf der Pferdedecke und dem burggräflichen Amtswappen auf dem Schild zu sehen. Die Nachzeichnung des Siegels ließ aus dem Brackenkopf wohl versehentlich eine Art Vogelkopf als Helmzier entstehen.
(Lit. u. Abb. b. W. Bürger, S. 22)

Zu den bekanntesten »gemeinen« Figuren zählen **Adler** und **Löwe**, wobei der Adler als Zeichen weltlicher Herrschaft bereits in der Antike bei Sumerern und Hethitern ein Begriff war, also lange bevor er zum heraldischen Symbol auf den Kampfschilden des europäischen Rittertums wurde. Als Sinnbild des Römischen Reiches erfuhr er dann unter Karl dem Großen, noch immer in vorheraldischer Zeit, eine erneute Renaissance, bis er schließlich zum bevorzugten Herrschaftszeichen deutscher Könige und Kaiser avancierte.

Etwa ab 1400 war es üblich geworden, daß der Amtsinhaber den einköpfigen Adler für den Königstitel führte, nach der Kaiserkrönung aber den doppelköpfigen. Verständlich, daß der »Kaiseradler« später auch in die Wappen der Reichsstädte kam und schließlich sogar als besonderes kaiserliches Gnadenzeichen in so manches Familienwappen. Viele Territorialfürsten bevorzugten bald den Löwen, den »König der Tiere«, wobei in der mittelalterlichen Vorstellungswelt mit »Tier« alles auf der Erde lebende Getier erfaßt wurde. Nicht dazu gehörte der Adler, der über dem Löwen stand, wie der Kaiser über dem Fürsten.

Eine gewisse Vorbildwirkung scheint hier von Frankreich und England ausgegangen zu sein, denn zum Ur-Bild heraldischer Löwen wurde die Grabplatte des 1151 verstorbenen Grafen Gottfried Plantagenet in Le Mans: Der Schild mit den vier (!) Löwen soll ihm angeblich von seinem Schwiegervater, dem englischen König, im Jahre 1127 verliehen worden sein. Aus seinem persönlichen Kennzeichen sei dann wiederum das englische Königswappen des Hauses Plantagenet geworden. Wie die Könige und

Kaiser haben auch die Fürsten unseres Raumes ihr Löwenwappen an Städte ihrer Territorien und schließlich an besonders ausgezeichnete Familien des höheren und niederen Adels weitergegeben. Nur wurde es bald üblich, daß sich manche Familien selber bedienten und, ohne lange zu fragen, Adler und Löwen in den Schild setzten. Die Zahl der Löwen- und Adlerwappen ist heute kaum mehr zu übersehen. Mag sein, daß mancher Wappeninhaber tatsächliche oder vermeintliche Eigenschaften dieser Tiere und vergleichbarer, wie Bären und Wölfe, für die eigene Person oder Familie herbeisehnte. In vielen Fällen wurde aber das »hohe« Vorbild schlichtweg nachgeahmt.

Wie beispielsweise das Haus Hohenlohe zu seinem bekannten Stammwappen kam, erfahren wir von Fürst Friedrich Karl zu Hohenlohe-Waldenburg in seinen »Bildern aus der Geschichte von Haus und Land« (4. Aufl. 1983, S.7 f.): »In einem Schiedsspruch, durch den die Deutschordensritter Heinrich und Andreas von Hohenlohe 1230 Streitigkeiten ihrer Brüder Gottfried und Konrad über Röttingen beenden, wird bestimmt, daß beide Brüder auf Dauer das Wappenbild des Vaters und die neue Fahne fortführen sollen. Das Wappen des Vaters war zwar bereits dasjenige des Großvaters, wie das Siegel Konrads von Hohenlohe schon in seiner posthumen Benutzung 1207 nachweist. Aber man sieht doch an diesem Vertrag, daß edelfreie Familien sich damals ihre Wappen frei wählten, nicht etwa zugewiesen erhielten, und daß jüngere Brüder sich möglicherweise auch andere Wappen wählen konnten, sofern sie nicht in bindender Vereinbarung das Wappen des Vaters übernahmen ... Das hohenlohische

Wappen mit den beiden schwarzen Leoparden im silbernen Feld lehnte sich offensichtlich eng an das staufische an«. Die Heraldik spricht übrigens gerne von »leopardierten« Löwen, wenn sich die Köpfe der schreitenden Tiere dem Beschauer zuwenden.

Hohenlohe-Grabstein in der sog. Ritterkapelle des Münsters zu Heilsbronn (Foto: Schöler).
Das heraldische Denkmal (ohne Umschrift) gilt entweder Gottfried I. von Hohenlohe († um 1291) oder Gottfried II. von Hohenlohe-Braunek, der ab 1306 urk. im Kloster Heilsbronn lebte. (n. Albrecht, Die Münzen, Siegel und Wappen des Hauses Hohenlohe, Öhringen 1865). Am 14. Mai 1450 wurden die Herren von Hohenlohe von Kaiser Friedrich III. „zu des Reiches Grafen und Gräfinnen" erhoben.

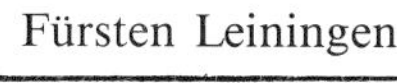
Fürsten Leiningen

v. Pühel

Grf. v. Rechberg
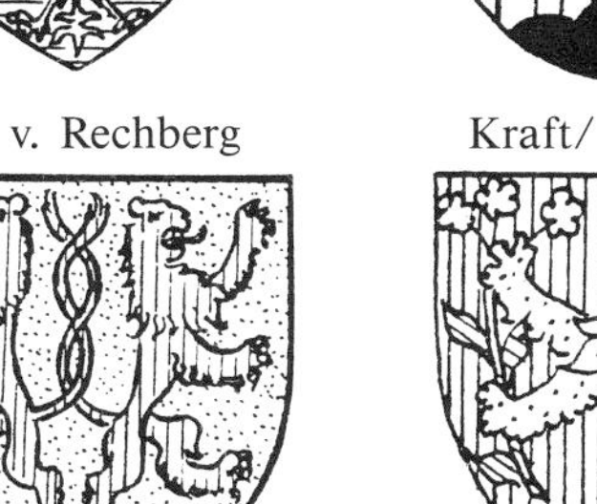

Kraft/ Windsheim

Held/ Dinkelsbühl

Grf. v. Orlamünde

Schlaudersbach

v. Sohlern

Heraldisch rechts schreitende Löwen:
Exlibris der Grafen Schenk von Stauffenberg mit dem Familienwappen und der Ansicht von Burg Greifenstein in der Fränkischen Schweiz.
(frdl. überlassen von Gräfin Oculi Schenk v. Stauffenberg)

Sehr beliebt waren und sind Wappen mit heraldischen **Lilien** und **Rosen.** Noch heute werden diese Symbole gerne genommen, weil sie so schön ästhetisch und auch noch symmetrisch sind und sich in jeden Wappenschild leicht einfügen lassen. Bei den christlichen Rittern waren sie aus mehreren Gründen beliebt: Die **Lilie,** weil dieses Attribut der hl. Maria als eine Art Talisman fungierte, und die **Rose,** weil ihre fünf Kelchblätter als Pentagramm – inmitten einer überaus abergläubischen Welt – den »bösen Blick« abwehren konnten. Man hatte also mit Lilie, Rose und ähnlichen Abwehrmitteln vermeintlich zusätzlichen Schutz zur eigenen Kampfgeschicklichkeit – wohlgemerkt, falls man diese Interpretation überhaupt kannte und nicht bloß, was häufig genug der Fall war, bekanntere Vorbilder nachahmte. Außerdem war die Interpretation dieser beliebten Symbole ziemlich vielfältig. So wurde die Lilie, der natürlichen Schwertlilie nachempfunden, mal als »weißer Frieden«, mal als »Reinheit« und dann wieder als »Todesblume« verstanden.

Die heraldische **Rose** dagegen »stammt« von der natürlichen Heckenrose ab, und die diente wiederum im Mittelalter oft zur Tarnung von Dornenzäunen und anderen Wehranlagen, mit denen man Orte schützend umgab. (Hier liegt die historische Wurzel für das Märchen vom Dornröschen). Das Abwehren kommt noch in der sog. »Asyl-Rose« zum Ausdruck, die als heraldisches Symbol eine Freiung schützte und damit die Verfolger zurückwies, die in einem Rechtsstreit hinter einem tatsächlichen oder vermeintlichen Rechtsbrecher her waren. In der sicheren Obhut dieses Platzes konnte der Verfolgte den Ausgang seines Prozesses abwarten. Das ist der Grund, weshalb die einst markgräfliche Stadt Roth b. Nürnberg im Wappen des Großlandkreises Roth durch eine Rose repräsentiert ist und nicht durch ihr Ortswappen.

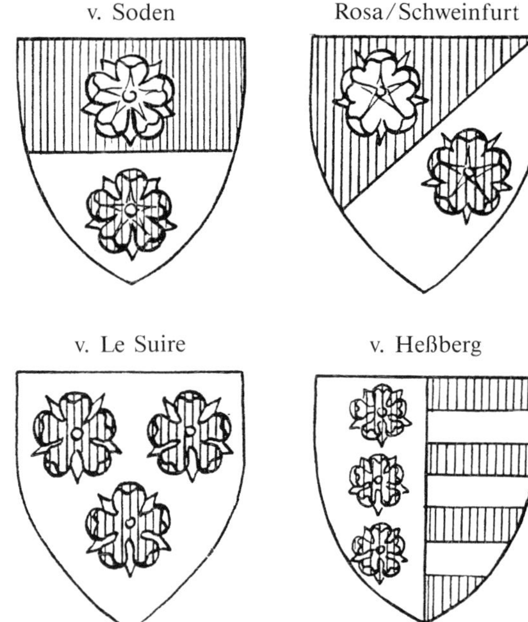

Anders die heraldische **Lilie,** die durch das Wappen der französischen Könige einen international noch höheren Bekanntheitsgrad erreichte. In der ursprünglichen Form war der ganze Schild mit Lilien übersät, dann reduzierten die Könige im Sinne der göttlichen Dreieinigkeit die Zahl der Lilien auf drei (2:1). Hilfreich war dabei zweifellos die hübsche Legende um den hl. Benedikt, dem – immerhin schon im 6. nachchristlichen Jahrhundert, als es noch gar keine Wappen gab – einmal der Teufel in Gestalt einer wunderschönen Frau erschienen sein soll. Um seine sexuellen Gelüste abzutöten und seine Charakterstärke zu beweisen, habe sich der brave Benedikt in einen Dornbusch geworfen und damit körperliche Schmerzen zugefügt. Als Belohnung für dieses erfolg-

11

reiche Widerstehen böser Verführungen seien aus dem Dornbusch drei gekrönte Lilien gewachsen, die dann wiederum als Reinheitssymbol und auf Umwegen im französischen Königsschild gelandet sind – allerdings ohne Kronen.

Um gleich einem möglichen Irrtum vorzubeugen: Lilien oder Rosen in fränkischen Familienwappen deuten keineswegs verwandtschaftliche Beziehungen zum französischen Königshaus der Bourbonen oder zu den durch die »Rosenkriege« und Shakespeare historisch und literarisch gewürdigten englischen Fürstenhäusern hin. Warum Lilien oder Rosen als Schildfiguren gewählt oder auch verliehen wurden, ist vielen Familien heute nicht mehr bekannt, auch nicht den Freiherrn von Welser, die eines der schönsten fränkischen Lilienwappen führen. Weniger mythologische oder interpretations-

v. Welser   Jenisch

Brodsorg/Windsh.   Bausch/Schweinfurt (auch quadrierter Schild)

reiche Hintergründe sind bei Wappenschilden gegeben, die **Gegenstände** aller Art beinhalten. Dafür informieren sie uns in manchem Fall über handfeste Tätigkeiten und Fertigkeiten bzw. Rechte vergangener Jahrhunderte. Die Stroh-(Waldstreu-)Gabeln der Waldstromer, das Weingärtnermesser oder die Sichel (Hinweis auf das alte Sichel- bzw. Heppenrecht) der Herren von Streitberg, die Armbrustschäfte der Herren von Mur sind nur einige Beispiele. Manche Schildinhaber, deren Familien oder

Hornburg   v. Aschhausen

v. Gagern   Schnitzlein

auch die Wappenbrief-Aussteller an königlichen und kaiserlichen Höfen machten es dagegen recht geheimnisvoll und setzten Fabelwesen in den Schild, mit der Konsequenz, daß interessierte Außenstehende bis heute nach der Bedeutung, nach einer Erklärung solch seltsamer Wesen fragen. Dabei wäre noch zu unterscheiden, was solche Wesen z. B. in vorchrist-

licher Zeit bedeutet haben und was danach, ob diese Bedeutungsinhalte dem Wappenaussteller überhaupt bekannt waren oder ob nicht völlig neue »Erklärungen« hineininterpretiert wurden. Während die Stadt Warschau eine einschwänzige **Melusine** ohne rechte historische Begründung im Wappen führt, haben die fränkischen Rieter von Kornburg gemäß Wappenbrief von 1471 eine doppelschwänzige mit den dahintergelegten Reichsfarben schwarz-gold im Schild. Allerdings hat Kaiser Friedrich III. offenbar lediglich das alte Melusinen-Symbol bestätigt, das die Rieter als Teilnehmer an Kreuzzügen vom seinerzeitigen König von Cypern aus dem Hause Lusignan erhalten haben sollen. In der heraldischen Literatur wird besagtes Fabelwesen auch als Fischweib, Meerjungfrau, Meerweib und Sirene bezeichnet.

Wappen-Exlibris des großen Humanisten Willibald Pirckheimer (1470–1530) und seiner Ehefrau Crescentia Rieter

12

Allianzwappen des großen Humanisten Christoph II. Scheurl und seiner Frau, einer geb. Tucher. (Holzschnitt von Hans v. Kulmbach, um 1512). Die Scheurl führen das Pant(h)eltier im Schild. (Foto vom Verf.)

Eine ähnliche Namenvielfalt weist das **Panteltier** im Wappen der Freiherrn von Scheurl auf. Als Parder, auch als Pantier, Pantel oder Panther bezeichnet, war es ursprünglich in der Legende ein Produkt aus Löwe und Drache. In frühchristlicher Zeit hatte man dieses Wesen gar als Christussymbol verstanden, dem u. a. ein wohlriechender Atem (Odem) aus dem Maule ströme. Kein Wunder, daß in späteren Darstellungen des Fabelwesens, u. a. im Wappen der Grafen von Lechsgemünd, dieser Wohlgeruch zu züngelnden Flammen wurde. Im späten

14. Jahrhundert begann sich die Auffassung durchzusetzen, daß die Vorderfüße die eines Adlers sein sollten und die Hinterläufe die eines Löwen. Die Familie von Scheurl, die selber dem turnierfähigen Uradel im schwäbischen Eßlingen, Lauingen und Gundelfingen entstammt, hat das weiße Panteltier bereits um 1300 von einer damals in Eßlingen erloschenen Familie Plutfoot übernommen. Wappenvermehrungen im 16. Jh. durch das Haus Habsburg ergänzten dann mit einem quadrierten Schild das uralte Stammwappen der Scheurl.

Ähnlich legendenbeladen ist auch der heraldische **Greif** (lat. gryphus), ein Fabelwesen, das schon in der Antike mit Adlerkopf, Adlerkrallen und -flügeln und dann mit Löwenkörper und den Hinterläufen eines Löwen dargestellt wurde. Aber auch das war schon die zweite Interpretation. Eigentlich sollte der Greif eine Mischung aus Adler und Stier sein. Über Indien ist dieses uralte Symbol wohl nach Palästina und dann durch die Kreuzzüge nach Europa gekommen. Wurde es in vorchristlicher Zeit eher als Symbol der Wollust gedeutet, so erhielt es durch die Christianisierung als neues Etikett die »Mäßigung« und wurde auf diese Weise hoffähig für die Wappen der christlichen Ritterschaft. So hat auch der um die Erforschung seiner Familiengeschichte verdiente Dr. Christoph Freiherr von Imhoff das in Frankens Heraldik einzigartige »See-Löwen-Wappen« seiner Familie gedeutet und die Schildfigur auf ein ursprüngliches »Greifenaquamanile« zurückgeführt. Ob davon die um Weißenburgs Geschichte so verdiente Ratsfamilie Döderlein wußte, als sie, wie so viele andere Geschlechter, einen Greifen in ihr Wappen aufnahm? Ein eindruckerheischendes, vor allem geheimnisvolles Zeichen war es allemal.

Döderlein	v. Imhoff

Bliebe an dieser Stelle unter den in fränkischen Wappen auftauchenden Fabelwesen ein weiteres Tier zu erwähnen, das es nie gab: das **Einhorn**. Die Fülle an Hintergrundgeschichten ist kaum zu zählen. Hier nur einige Kostproben: In der altindischen Tradition gab es einen Einsiedler, an dessen Stirn sich eine Mißbildung zum Horn auswuchs und der deshalb Einhorn genannt wurde; prompt galt er als heilig. Der König eines indischen Staates, in dem eine lange Trockenperiode die Existenz der Bevölkerung bedrohte, bat nun den heiligen Einhorn-Mann, an seinen Hof zu kommen und dank erhoffter Zauberkräfte Regenwolken herzulocken. Als alles Zureden nichts half, verführte eine Königstochter den frommen Mann, holte ihn an den Hof, und sofort setzte auch der ersehnte Regen ein. Damit haben wir die Verbindung Einhorn und Frau, die fortan in allen anderen Kulturen eine enorme Rolle spielt.

Warum aus dem Einhorn-Mann in anderen Überlieferungen ein Tier wurde und aus der Königstochter eine Jungfrau, läßt sich nicht mehr rekonstruieren. Jedenfalls bemächtigte sich auch das Haupt-Naturkundelehrbuch der frühen europäischen Christenheit, der »Physiologus«, dieser uralten Sage und verbreitete schließlich über die Klosterschulen die Interpretation, daß unter dem Einhorn Jesus Christus zu verstehen sei und unter der Jungfrau die Mutter des Herrn, Maria. Außerdem galt es als Symbol des Monotheismus wegen des einen Horns und gelegentlich sogar als »badge« (Symbol) des Papstes. Ansonsten hieß es, würde das wilde Einhorn nur im Schoße einer Jungfrau gezähmt werden können. Keine Frage, daß sich unzählige Menschen auf die Suche

nach diesem Tier machten, zumal das Horn, zu Pulver zerrieben, als bestes Gegengift gegen alle Gifte und als unschlagbares Heil- und Stärkungsmittel – auch hinsichtlich der Manneskraft – galt. Daß später manche Apotheke das Einhorn-Symbol als Ladenschild wählte, wird dadurch erklärbar. In China wurde das Tier, das es ja in Wirklichkeit überhaupt nicht gab, als vollkommenstes Geschöpf unter den Vierbeinern angesehen. Man verstand das Einhorn als Zeichen der männlichen Tugend, der Reinheit überhaupt. In Wolframs »Parzival« heißt dieses Wesen »Monicirus«, das unter seinem Horn den berühmten »Karfunkelstein« trage, also den Stein der Weisen. Und in der Heraldik? Schottland wählte das Einhorn als Schildhalter, und als solcher ist es heute Bestandteil des Wappens von Großbritannien. Unzählige Adelsgeschlechter haben das Einhorn ganz oder teilweise, etwa nur den Oberkörper, im Wappen, auch in Franken:

Mag manche Familie rätseln, weshalb sie einen Greifen oder ein Einhorn oder ein Panteltier im Schilde führt, bei den sog. **»redenden« Wappen** gibt es solche Probleme im allgemeinen nicht. Vor allem mußten sich einige Geschlechter nicht lange den Kopf zerbrechen, welche Schildfigur sie wählen sollten, wenn sie schon Henneberg (Henne auf dem Berg), Rabenstein (Rabe auf dem Felsen/Stein), Buttlar (Bütte), Toppler (Würfler/Spieler), Haas (Hase), Lemmel (Lamm), Rotenhan (den roten Hahn auf dem Helm, nicht jedoch im Schild), etc. hießen. Auch »redend«, aber nicht auf den ersten Blick sprachlich umsetzbar, sind z. B. die Wappen der Pastorius (übersetzt: Schäfer), Lerchenfeld (Lerche auf einem Sparren), Petz (alter Name für Bär; drei Bärenköpfe) etc.

Bei mancher Familie eignete sich der Name bestens für ein »redendes« Wappen, und trotzdem bevorzugte man ein anderes heraldisches Symbol.

Ein Beispiel: Der Urenkel des Erminold von Schlitz wurde vom Abt zu Fulda mit dem Ort Tann belehnt und nannte sich 1232 »von Tanne«. Mit ihm begann die Stammreihe der Freiherrn von und zu der Tann, die nach wie vor in Tann in der Rhön beheimatet sind. Dem Conrad-Stamm wurde 1704 der Titel Reichsfreiherren und zusätzlich zum Stammwappen als Wappenvermehrung dasjenige der 14 Jahre vorher erloschenen Herren von Streitberg zuerkannt. Eine Linie übernahm 1868 den Namen und das Wappen der Elsässer Herren von Rathsamhausen und nannte sich Freiherren von und zu der Tann-Rathsamhausen. Gemeinsames Stammwappen aller Linien aber blieb eine springende silberne Forelle in Rot.

Haas / Weißenburg

v. Bibra

v. Buttlar

Treusch v. Buttlar-Brandenfels

Bernbeck

Petz v. Lichtenhof

Dinkelsbühl

Rothenburg

Freiherren Brand von Neidstein

(frdl. überlassen v. Dr. Philipp Theodor Frhr. v. Brand auf Neidstein)

v. Sparneck

v. Schlüsselfelder

Großes Wappen der Fürsten v. Schwarzenberg. Beispiel für ein mehrfach »redendes« Wappen: Das am 14. 7. 1670 in den Reichsfürstenstand erhobene Haus setzte in der ersten Hälfte des 16. Jahrhunderts in das vordere Feld des Herzschildes einen Turm auf einen schwarzen Berg; das Feld 3 des Hauptschildes zeigt den brennenden schwarzen Ast (Brand) der Familie v. Brandis und Feld 4 den 1599 zur Erinnerung an die Eroberung der Stadt Raab verliehenen Türkenkopf, den ein Rabe attackiert. Feld 2 enthält das von Silber über Rot durch drei Spitzen geteilte Wappen der Grafen von Sulz, und Feld 1 wurde dem eigentlichen Stammwappen der Familie vorbehalten, die aus dem Hause des Grafen von Seinsheim hervorgegangen ist (von Silber und Blau siebenmal gespalten; bei den Seinsheim in der Regel zweimal weniger). Das hintere Feld des Herzschildes zeigt übrigens die Korngarben der Landgrafschaft Kleggau. Die Ordenskette erinnert an Fürst Felix von Schwarzenberg als Ritter des Militär. Maria Theresien Ordens. (Abb. in: Österreichischer Wappenkalender 1958, Herald. Geneal. Gesellschaft »Adler«, Wien).

Eine recht knifflige Gruppe sind die sog. **»falsch redenden«** Wappen, die zwar eine völlige Identität zum Namen der Familie, des Ortes etc. vorgeben, einer genaueren etymologischen Überprüfung jedoch nicht standhalten. Zu den bekanntesten Beispielen in Franken gehören Ortsname und Wappen von Dinkelsbühl. Seit 1341 ist das Siegel nachweisbar, das drei Dinkelhalme auf einem Dreiberg zeigt. Die jahrhundertelang weitererzählte Geschichte, daß einst ein Dinkelbauer an der Stelle des ehemaligen Karmeliterklosters die Stadt Dinkelsbühl (Dinkel auf dem Hügel) gegründet habe, ist historisch falsch. Korrekt wäre die »Übersetzung« des Ortsnamens »zu dem Hügel (Bühl) des Dingold«. Schon 1291 muß man in Dinkelsbühl der Meinung gewesen sein, daß der Ort etwas mit dem seinerzeit verbreiteten Dinkelanbau zu tun gehabt haben müsse. Ergo wählte man ein Siegel, in dem ein Adler, als Zeichen der Reichsunmittelbarkeit, aus einem Hügel herauswächst und von vier Dinkelähren umgeben ist. Ohne den Adler nannte man das Dinkelwappen später »Bürgerwappen«.

Auch die Hummel im neuen Ortswappen der Gemeinde Hummeltal im Hummelgau (Lk. Bayreuth) dürfte auf eine irrige Deutung des Namens zurückzuführen sein, denn der Landschaftsname Hummelgau geht vermutlich auf den mittelalterlichen Rechtsbegriff »Hunt-mahal«, d. i. der Gerichtshof der Hundertschaft, zurück. Doch der Volksmund hat durch die Jahrhunderte in dichterischer Freiheit die »Hummel« derart heimisch gemacht, daß die Gemeinde wohl zurecht dieses »redende« Symbol in ihr neues Wappen aufgenommen hat. In bester Gesellschaft findet sich der schöne

Ort Mainbernheim, denn er führt, wie unsere Bundeshauptstadt Berlin, einen Bären im Wappen, obwohl für das brandenburgisch-deutsche Zentrum kein Bär, sondern der wendisch-slawische Ausdruck für »Wehr« (Abwehr) Pate stand. Unser fränkischer Ort war ursprünglich auch kein Bärenheim, sondern vor mehr als einem Jahrtausend die Siedlung eines fränkischen Großen namens »Bero«. Andererseits, beide Symbole sind den jeweiligen Bürgern seit langem bestens vertraut und aus dem Stadtbild, wie aus der Stadtgeschichte, gar nicht mehr wegzudenken.

Zu den »falsch redenden« Wappen gehört auch das der bürgerlichen Familie Bernbeck aus (Bad) Windsheim. So erhielt der Ratsherr, Zinsmeister und Bürgermeister Georg Bernbeck am 20.3.1474 einen Wappenbrief verliehen, der drei (2:1 gestellte) Bärenköpfe in Silber zeigt, wobei gleichzeitig der ursprüngliche Name Beck für alle wappenberechtigten Brüder Georgs, zur Unterscheidung gegenüber den zahlreichen anderen Familien mit dem Namen Beck, in Bernbeck erweitert wurde. Tatsache ist jedoch, daß die Vorsilbe »Bern« nichts mit Bären zu tun hat, die Nachsilbe »Beck« aber sehr wohl mit dem Bäckerhandwerk. Mit dem »Bern« hat es folgende Bewandtnis: Der »Bernbeck« war wohl der Windsheimer Bürgermeister, der bei der regelmäßigen marktpolizeilichen Überprüfung der Backwaren auf Gewicht und Qualität mitzuwirken und für den offiziellen Kontrolleur (Waltpoden) Schweine aufzuziehen hatte. Als Gegenleistung für die erlaubte Haltung eines für die Zucht schließlich unverzichtbaren Ebers hatte der Bernbeck an die Windsheimer Obrigkeit das sog. »Bernbrot«

(Eber-Brot) zu entrichten. Wenn also ein Tier im Wappen der Bernbeck einen Sinn gemacht hätte, dann ein Eber und kein Bärenkopf. Aber auch in diesem Fall ist das Bernbeck-Wappen in der heraldischen Literatur längst daheim und an so manchem Gebäude im Fränkischen als stolzes Eigentumszeichen manifestiert.

Auch an diesem Beispiel sehen wir, daß nach dem Ende der Ritterzeit, als die schwerfälligen Ritterheere militärtechnisch überholt waren, also nach der Zeit der »lebenden« Heraldik, die populäre Komposition von Schild, Helm, Helmzier und Decken bestehen blieb, wenn auch nicht mehr in Gestalt realer Gebrauchswaffen, sondern als Zeichnung auf Pergament und Papier, als Darstellung in Stein oder Bronze bis hin zum heraldischen Schmuck moderner Briefköpfe – und selbstredend nicht nur beim Adel, sondern auch bei den Bürgern, wobei die heraldischen Regeln leider nicht immer beachtet wurden.

Die Schilde, vor allem aber die Decken, paßten sich den jeweiligen Stilrichtungen an. Das ursprünglich nur herunterhängende Tuch wurde gezaddelt oder in verspielte Blattformen und Bänder verformt. Heute sind diese heraldischen Bestandteile von besonderem Wert für die richtige zeitliche Zuordnung eines historischen Wappens. Stadt-, Landkreis- oder Bundeslandwappen kommen in der Regel ohne Helmzier aus, ihnen genügt ein Schild.

Selbstverständlich konnte z. B. ein Stadtwappen im Laufe der Jahrhunderte aus vielerlei Gründen Veränderungen erfahren. Nur wurde das frühest nachweisbare niemals **Stammwappen** genannt. Dieser Begriff gehört ausschließlich in den Bereich der Familienwappen, und auch dort macht es nur einen Sinn, wenn das erste Wappen eines Geschlechts später, z. B. aus Anlaß einer Standeserhöhung, verändert oder durch zusätzliche Felder vermehrt wurde! Mit anderen Worten: Eine Familie, die immer das gleiche Wappen (Schild plus Helmzier plus Decken plus Farben) führte, kann also gar kein Stammwappen besitzen. So setzt sich z. B. das Wappen der Grafen von Egloffstein korrekt aus dem Stammwappen der Familie, dem schwarzen Bärenkopf in Silber, wie ihn auch die Freiherrn von Egloffstein führen, und einem schwarzen Adler in Silber, beide in einem quadrierten (gevierten) Schild vereinigt, zusammen. Man spricht in solchen Fällen von einem »vermehrten«, in manchen Wappenbriefen auch von einem »gebesserten« Schild bzw.

Wappen. Die »Besserung« konnte aber auch nur in einer leichten Abänderung bzw. Zutat bestehen: Einem Löwen im Wappen wurde z. B. noch eine Krone aufgesetzt, er erhielt einen Gegenstand in eine Pranke oder ähnliches.

Am Beispiel des Hauses Hohenzollern, d. h. in Franken der Markgrafen von Brandenburg-Ansbach und Markgrafen von Brandenburg-Kulmbach-Bayreuth soll hier die Entwicklung vom Stammwappen bis zur heraldischen Landkarte dargestellt werden. Die Frage, welches Wappen die Markgrafen hatten, ist gleich mehrfach falsch. Denn es gab nie e i n feststehendes Wappen für alle Markgrafen in Franken. Richtig wäre die Frage: Welches Wap-

pen hat bei welchem Markgrafen wie lange gegolten? Der Grund für die Vermehrungen in den markgräflichen Wappen lag einmal am tatsächlichen Gebietszuwachs im Laufe der Jahrhunderte und noch mehr an den Ansprüchen auf Gebiete, die die Markgrafen gerne gehabt hätten, aber nicht hatten, auf jeden Fall aber heraldisch sichtbar zum Ausdruck bringen wollten. Weil aber die markgräflichen Staatswappen sich wiederholt veränderten und wir gleichzeitig die Daten und Gründe kennen, sind diese »hochfürstlichen« Symbole heute eine ideale Hilfe bei der zeitlichen Zuordnung von Gebäuden, Kunstwerken etc., an denen wir solche Wappen vorfinden.

Lösch von Hilgartshausen

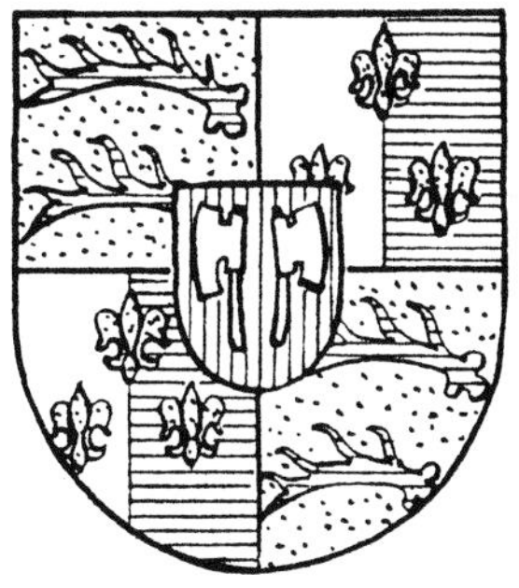

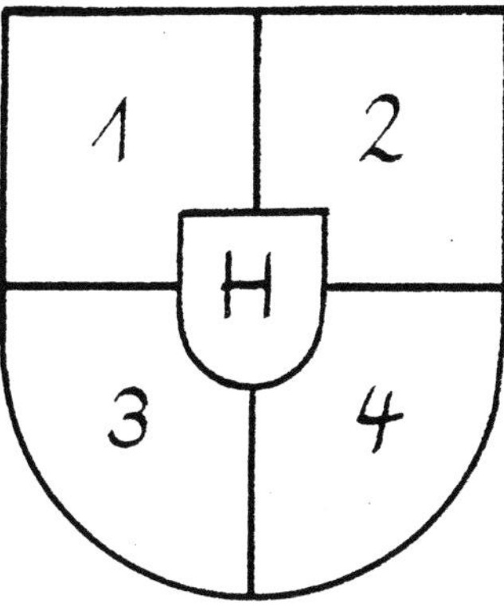

Freiherrn v. Lerchenfeld

In der Regel zeigen die Felder 1 und 4, sowie 2 und 3 die gleiche Wappenfigur (1 und 4 enthalten zumeist das Stammwappen; manchmal auch der Herzschild; Feld 1 oder auch der Herzschild gelten als vorrangig). Im vermehrten Wappen der Lösch nimmt das Stammwappen die Stelle des Herzschildes ein, im vermehrten Wappen der Lerchenfeld die Quartiere 1 und 4.

Wappen der Burggrafen von Nürnberg aus dem Hause Hohenzollern. Seit dem 13. Jh. wurde der weiß-schwarz quadrierte Schild als Stammwappen der Familie und der Löwenschild (mit rot-weiß gestücktem Schildbord) als Amtswappen für das Burggraftum verstanden. Dieser Schild wurde bis 1415/17 geführt.
(Zeichnungen aller Markgrafenwappen vom Verfasser).

1415/17: Die Burggrafen werden mit der Mark Brandenburg belehnt und erhalten obendrein die Kurwürde übertragen (also das Recht der Königswahl). Als Markgrafen führen die fränkischen Hohenzollern nun zusätzlich den roten Brandenburger Adler, diesen aber auch allein. Später wurde es üblich, als sog. »kleines« Staatswappen, den roten Brandenburger Adler mit dem weiß-schwarz gevierten Stammwappen auf der Brust zu führen. 1465 kam die Belehnung mit den Herzogtümern Stettin und Pommern hinzu, heraldisch durch den roten Greifen für Pommern und später noch durch den roten Greifen in Blau (!) für Stettin ausgewiesen. Im 15. Jh. wurde als Herzschild das goldene Zepter in Blau für die Reichserzkämmererwürde aufgesetzt.

Markgraf Georg Friedrich d. Ä. führte 1550 das Wappen in anderer Anordnung. Nachdem ab 1486 die Würde des Reichserzkämmerers mit der
Kurwürde zur Hauptlinie des Hauses in Brandenburg-Preußen gehörte,
setzte der Markgraf den Brandenburger Adler statt des Kurzepters als Herzschild ein und in das freigewordene Feld den Stettiner Greif. Die Anordnung der Felder wechselte übrigens auch in späteren Markgrafenwappen.

Markgraf Friedrich d. Ä. und seine Söhne Casimir und Georg begannen
damit, das traditionell vierfeldrige Markgrafenwappen (ohne Herzschild)
entsprechend der sich mehrenden Anspruchstitel oder auch realer Besitztümer zu erweitern. Nach einem neunfeldrigen Schild, der schon die
getreppte Mauer und den schwarzen Löwen für Rügen zeigte, sowie das
gänzlich rote Regalien- oder Blutfeld (als summarisches Zeichen für alle
fürstlichen Rechte), kamen zwischen 1523 und 1537 die Adlerwappen für
das Herzogtum Preußen, für Jägerndorf und Schlesien hinzu.

1648, also nach Ende des 30jährigen Krieges, als die Hauptlinie in Brandenburg-Preußen u. a. Rügen an Schweden abtreten muß, verschwindet auch die »getreppte Mauer« aus dem Markgrafenwappen; dafür kommen die Zugewinne hinein, wie z. B. Magdeburg, Halberstadt, etc. Dabei kommt es zu dem kuriosen heraldischen Fehler, als man für das Fürstentum Camin statt eines Ankerkreuzes »ein doppeltes Creutz-Stück von Gold in Rot« in den Schild setzt, wohl nicht ahnend, daß es sich um ein altes Wappen von Kiew in der Ukraine handelt. Von 1654 bis ca. 1703/04 hat sich dieses irrtümliche Anspruchswappen im Markgrafenschild erhalten (es ähnelt einem F).

Ab 1703/04 wird das falsche »F-Wappen« aus dem Schild entfernt, dafür wächst das Markgrafenwappen weiter, als die fränkischen Hohenzollern gemeinsam mit der inzwischen königlichen Hauptlinie 1708 die heraldischen Symbole der Herzöge von Mecklenburg in den Schild aufnehmen (eine reine Vorsichtsmaßnahme angesichts des Aussterbens des Hauses Mecklenburg-Güstrow; außerdem war der einzige Strelitzer Mecklenburg-Sproß erst wenige Monate alt, und sein großer Bruder hatte nur Töchter. Das Haus hat sich dann doch personell erholt; die Mecklenburg-Wappen aber blieben bis zum Ende der Markgrafenzeit im markgräflichen Schild, darunter auch der bekannte rot gekrönte schwarze Büffelkopf). Der Anspruch auf das Mecklenburgische Erbe war übrigens dem Haus Brandenburg schon 1442 zugesichert worden, für den Fall, daß die Mecklenburger aussterben sollten.

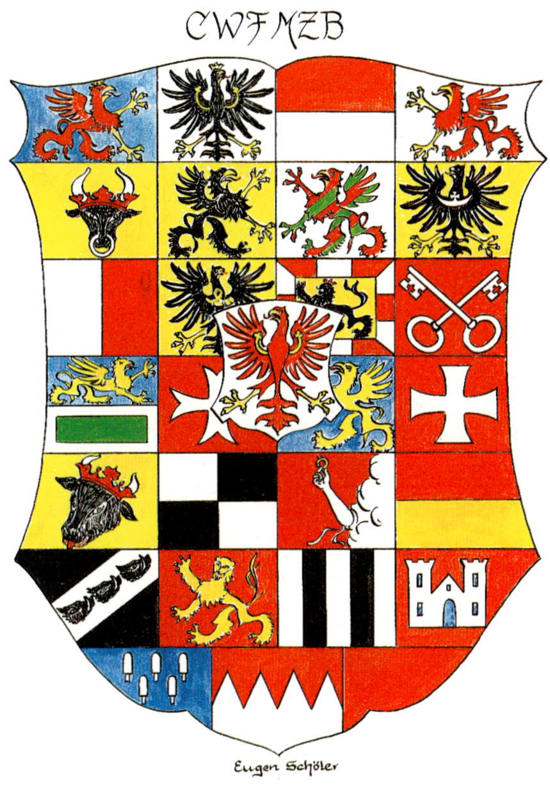

Der Ansbacher »wilde Markgraf« Carl Wilhelm Friedrich hatte nach seiner Regierungsübernahme 1729 zunächst das väterliche Wappen weitergeführt, es aber 1742 nach doch beachtlichem Gebietszuwachs (Sayn-Altenkirchen der Grafen Sayn-Wittgenstein; dazu Limpurgsche Reichslehen) erneut erweitern lassen.

Ansbachs letzter Markgraf Alexander (reg. 1757-1791) übernahm 1769 nach dem Erlöschen der Bayreuther Linie beide fränkische Hohenzollernfürstentümer in Personalunion. Entsprechend erweiterte sich – letztmals – das Markgrafenwappen. Ausführliche Literatur über die Markgrafenwappen finden wir bei Schuhmann und bei Bürger (siehe Literaturverzeichnis).

Wie man das Wappen des Markgrafen CWF »springend« richtig liest, soll exemplarisch im nachfolgenden Text dargestellt werden:

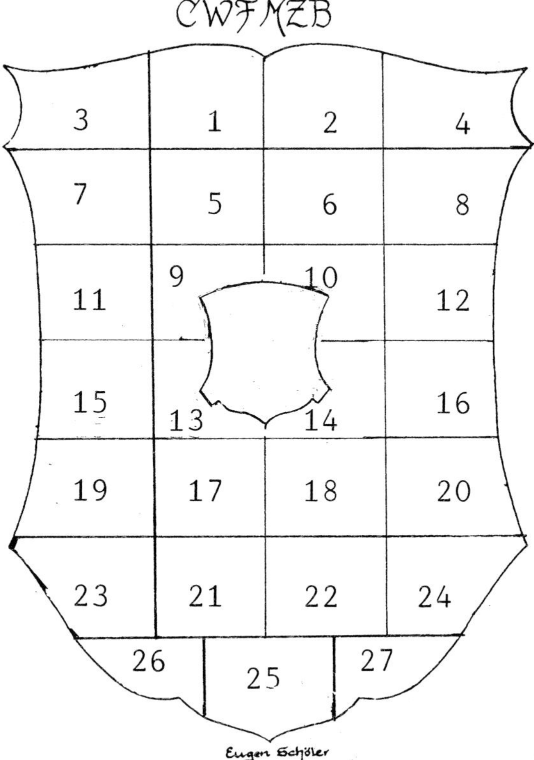

Herzschild (Wappenmitte): Kurfürstentum Brandenburg (von den fränkischen Linien der Hohenzollern für den Titel »Markgrafen zu Brandenburg« geführt); in Silber ein roter, goldbewehrter Adler, mit goldenen Kleestengeln belegt.

1 = Herzogtum Preußen: In Silber ein schwarzer, goldgekrönter und goldbewehrter Adler, die Flügelknochen (Saxen) mit goldenen Kleestengeln belegt.

2 = Herzogtum Magdeburg: Von Rot und Silber geteilt.

3 = Herzogtum Stettin: In Blau ein roter, silbern gekrönter Greif.

4 = Herzogtum Pommern: Roter Greif in Silber.

5 = Herzogtum Cassuben: Schwarzer Greif in Gold.

6 = Herzogtum Wenden: In Silber ein von Rot und Grün sechsmal schräggeteilter Greif.

7 = Herzogtum Mecklenburg: In Gold ein frontal schauender, rot gekrönter, schwarzer Büffelkopf mit silbernen Hörnern und Nasenring.

8 = Herzogtum Crossen: In Gold ein schwarzer Adler, belegt mit einem silbernen Halbmond, dessen Höhlung mit einem Kreuzlein besteckt ist. (Nutzte Friedrich d. Große als Anspruch auf Schlesien.)

9 = Herzogtum Jägerndorf: In Gold ein schwarzer Adler, auf der Brust ein goldenes Jagdhorn.

10 = Burggrafentum Nürnberg: In Gold, mit silberrot gestücktem Schildbord ein schwarzer, rot gekrönter Löwe.

11 = Fürstentum Halberstadt: Von Silber und Rot gespalten.

12 = Fürstentum Minden: In Rot zwei gekreuzte silberne Schlüssel.

13 = Fürstentum Camin: In Rot ein silbernes Ankerkreuz.

14 = Fürstentum Wenden: In Blau ein goldener Greif.

15 = Fürstentum Schwerin: Geteilt, oben in Blau ein schreitender goldener Greif; unten ein grünes Feld, silbern eingefaßt.

16 = Fürstentum Ratzeburg: In Rot ein abgeledigtes, breitendiges, silbernes Kreuz.

17 = Stammwappen Hohenzollern: Silbern-schwarz geviert.

18 = Grafschaft Schwerin: In Rot ein aus silbernen Wolken herausgestreckter, weißgekleideter Arm, im Gelenk mit silbernem Band gebunden, einen gefaßten goldenen Fingerring haltend.

19 = Herrschaft Rostock: In Gold ein schrägrechts gestellter schwarzer Büffelkopf mit roter Zunge; der Kopf ist rot gekrönt mit silbernen Hörnern.

20 = Herrschaft Stargard: Geteilt von Rot und Gold.

21 = Grafschaft Sayn: In Rot ein aufrechter, goldener, doppelschwänziger Löwe.

22 = Grafschaft Wittgenstein: In Silber zwei schwarze Pfähle.

23 = Herrschaft Freusburg: In Schwarz ein silberner Schräglinksbalken, belegt mit drei schwarzen Wildschweinköpfen.

24 = Herrschaft Homburg: In Rot eine silberne Burg mit zwei gezinnten Türmen, blauen Fenstern und blauem Tor.

25 = Grafschaft (Herrschaft) Limpurg: Mit drei ganzen und zwei halben Spitzen von Rot und Silber geteilt.

26 = Grafschaft (Herrschaft) Limpurg: In Blau fünf (3:2) silberne Kolben bzw. Schippen.

27 = Regalien (auch Blutfeld genannt): Damit wurden in einigen fürstlichen Wappen die besonderen landesherrlichen Rechte summarisch zum Ausdruck gebracht.

(Zeichnungen aller Markgrafenwappen vom Verfasser).

Reizvoll ist es auch, die gesamte Titulatur eines Markgrafen mit seinem gleichzeitig gültigen Staatswappen zu vergleichen und zu prüfen, ob die Reihenfolge (Wertigkeit) seiner Titel und die Reihenfolge der »springend« zu beschreibenden Wappenfelder übereinstimmt:

In einer Urkunde des Jahres 1753 führt der »wilde Markgraf« Carl Wilhelm Friedrich zu Brandenburg-Ansbach zum Beispiel folgende Titulatur: »Wir von Gottes Gnaden Carl Wilhelm Friedrich Markgraf zu Brandenburg, Herzog in Preußen, zu Schlesien, Magdeburg, Stettin, Pommern, der Cassuben und Wenden, zu Mecklenburg, und zu Crossen, Burggraf zu Nürnberg, Fürst zu Halberstadt, Minden, Camin, Wenden, Schwerin und Ratzeburg, Graf zu Glatz, Hohenzollern und Schwerin, Herr der Lande Rostock und Stargardt, Graf zu Sayn und Wittgenstein, Herr zu Limpurg etc. etc.«

Wobei wir abschließend mit einigem Schmunzeln feststellen können, daß das Wappen, das ab 1742 im Markgraftum Brandenburg-Ansbach dank des Sayn-Wittgenstein'schen Erbes galt, als Wappen der Königin Caroline von Großbritannien, geb. Prinzessin von Brandenburg-Ansbach, angesehen wurde. Was aber wiederum nicht sein kann, da die Königin und einzige leibliche Tante des Ansbacher Markgrafen Carl Wilhelm Friedrich bereits 1737 gestorben ist. Ein Irrtum also? Keineswegs! Die britischen Politiker, respektive ihre heraldischen Berater, haben in Anbetracht der dünnen Personaldecke des Ansbacher Fürstenhauses und des Zugewinns der Ansbacher ab 1742 durch das Sayn-Wittgenstein'sche Erbe (Sayn-Altenkirchen) vorsichtshalber den aktuellen

Stand des Staatswappens gewählt und dieses ihrer verstorbenen Königin im nachhinein »zuerkannt«.

Wäre noch von einer heraldischen Kuriosität zu berichten, denn Ansbachs und Bayreuths letzter Markgraf Alexander, der ab 1769 beide Fürstentümer regierte, wurde zum heraldischen Rekordinhaber, als er über das vereinigte Staatswappen noch 15 Helme setzen ließ, die – springend gelesen – auch die Titel des Markgrafen wiedergaben. Dabei ist eine Helmzier ohnehin eine Geschichte für sich. Während sich zahllose Adelsfamilien ausgestopfte »Puppen« oder andere plastische Helmzierden kostengünstig auf dem realen Ritterhelm anbringen bzw. später als Vollwappen an Kutschen und als Briefkopf malen ließen, kaufte sich Alexanders Ahnherr, Burggraf Friedrich IV. von Nürnberg, 1317 um teures Geld ein goldfarbenes Brackenhaupt mit rotem Ohr und roter Zunge vom »Vorbesitzer« Leupold von Regensberg. Womit die Burggrafen prompt in Streit mit den Grafen von Oettingen gerieten, die auch diese Helmzier besaßen. Nach langem Hin und Her wurde die Auseinandersetzung erst dann friedlich beendet, als die Oettingen »ihren« Brackenkopf, genauer gesagt dessen Ohr, mit einem »Schragen« (einem schrägen Balkenkreuz) zierten und die Burggrafen bzw. Markgrafen dem ihrigen gleich das silber-schwarz quadrierte Stammwappen des Hauses aufmalten. Die älteste farbige Darstellung eines Burggrafenwappens überhaupt stammt aus der Zeit um 1380 und befindet sich als Glasmalerei in der Pfarrkirche St. Kilian zu Markt Erlbach. Dort sitzt noch der 1317 angekaufte goldfarbene Brackenkopf auf dem Helm auf.

Lit.: Schöler, Hist.Fam.; Neubecker, Heraldik; Reitzenstein, Rittertum; Schröder; Stolz, St. Lorenz; Thüngen; Ulmschneider; Galbreath; Müllner; Wich; Scheurl; Oswald; Broser; Martin; Schuhmann, Markgrafen; Schuhmann, Hohenzollerngrablegen; Schöler, Federspiel; Bürger; Schöler, Caroline; Hohenlohe; Isenburg. (Zum Einhorn-Symbol lag dem Verfasser auch ein Aufsatz von Peter Schraud vor.)

Und noch eine heraldische Besonderheit im Hause Hohenzollern: Als mit Markgraf Georg Friedrich 1603 die ältere Linie der fränkischen Hohenzollern ausgestorben war, rückte als nachgeborener Prinz der brandenburgischen Hauptlinie Joachim Ernst als Markgraf nach. In seiner Regierungszeit 1603-1625 führte er das bisherige Staatswappen seines Vorgängers weiter, als persönliches aber das als geborener Kurprinz, wie es auch an seinem Sarkophag im Münster zu Heilsbronn zu sehen ist (Nachzeichnung v. Verf.).

Gleiches Wappen – also verwandt?
oder
Gleicher Name – anderes Wappen – trotzdem verwandt?

Nicht wenige Zeitgenossen präsentieren stolz ein tatsächliches oder auch angeblich ererbtes Familienwappen und »beweisen« allein damit ihre Verwandtschaft mit prominenten Persönlichkeiten oder Geschlechtern: Die Wappen seien gleich, und deshalb sei man ja wohl verwandt. Hier ist vor verfrühtem Jubel zu warnen! Grundsätzlich wird eine Verwandtschaft nicht durch Wappen, sondern durch genealogische Nachweise belegt. Gleiche Wappen können bestenfalls ein Indiz sein. Außerdem, wenn zwei Familien mit gleichem Namen das gleiche Wappen haben, dann kann der Grund ganz einfach in der Tatsache liegen, daß eine Familie bei einer anderen »abgeschaut« hat, ohne lange nach einer Erlaubnis zu fragen, schlichtweg in der Meinung, bei gleichem Familiennamen dürfe man das. Entsprechendes gilt für Familien mit unterschiedlichen Namen, die aber das gleiche Wappen führen.

So hat beispielsweise eine Reihe von Familien das Lilienwappen der Bourbonen – in gleichen oder unterschiedlichen Farben – angenommen, ohne je mit dem französischen Königshaus verwandt gewesen zu sein. Das Wappen gefiel einfach, ergo nahm man es als eigenes an.

Oft genug verführen deshalb Wappenschilde auf Grabdenkmälern, die ohne Farbangaben sind, zu allerlei Mißverständnissen. Die nachfolgenden neun Familienwappen würden auf einem nicht-farbigen Grabdenkmal alle gleich

aussehen, nur die Helmzier könnte, soweit mit angegeben, eine Zuordnung erleichtern. Und doch handelt es sich um neun völlig verschiedene Geschlechter, die keine gemeinsame Herkunft haben. Erst die heraldische Tinktur, das heißt die Farbe, würde die Unterschiede deutlicher machen. Anzumerken wäre bei den Frey wie bei den von Jahrsdorf, daß die Felder mit Kürsch (also mit stilisiertem Pelz) besetzt sind, wobei die Felder in manchen Abbildungen auch vertauscht sein können.

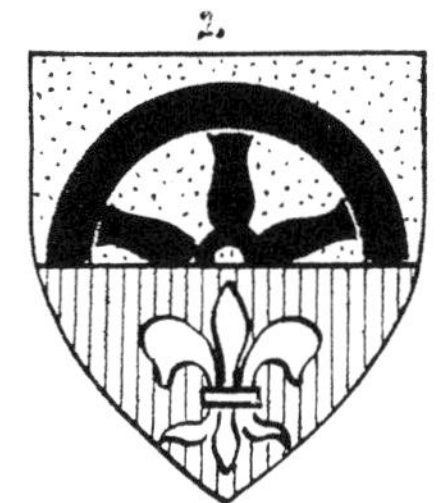

Die Nürnberger Familie Behaim (Wappen 2; sie hat nichts mit der Patrizierfamilie Behaim zu tun) nahm offensichtlich für ihr Wappen dasjenige der Volckamer von Kirchensittenbach (Wappen 1) zum »Vorbild«.

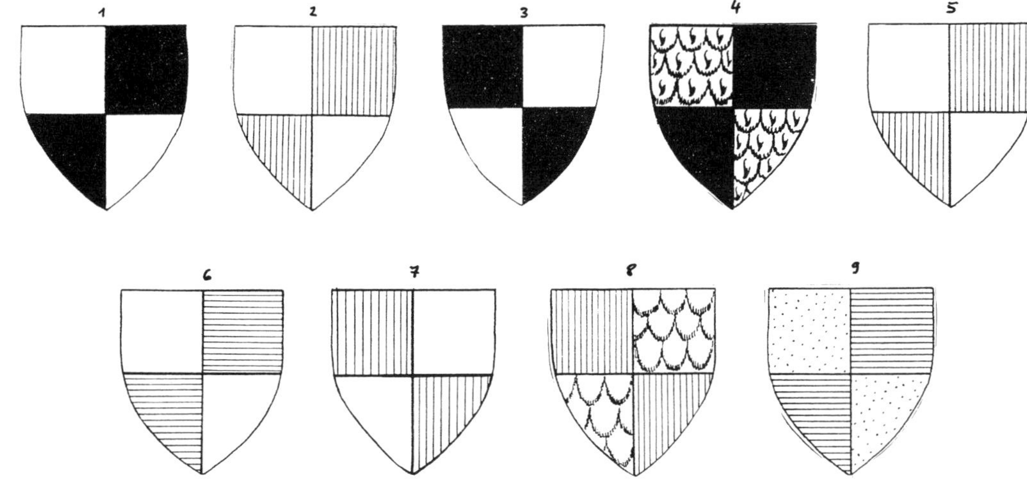

1 = Hohenzollern (Stammwappen)
2 = v. Wackerbarth
3 = v. Boineburg (Stammwappen)
4 = Frey
5 = Schott v. Schottenstein
6 = Fogler
7 = Fürsten und Grafen Castell
8 = v. Jahrsdorf
9 = v. Sinn

Apropos Frey: Auf dem historischen Johannisfriedhof zu Nürnberg zeigt die nachfolgend abgebildete Grabplatte n i c h t das Grab eines Hohenzollern, sondern das Grab des Bürgers Hans Frey, † 1523, und seiner Frau Anna, geb. Rummel, † 1521. Es sind die Schwiegereltern Albrecht Dürers, der 1528 im gleichen Grab zur letzten Ruhe gebettet wurde.

Dennoch besteht manchmal zwischen Familien mit gleichen oder doch ähnlichen Wappen ein – wenn auch nicht genealogischer – Zusammenhang. So nimmt man an, daß die Frey durch ihr Familienwappen und die Farben sehr wohl ihr zeitweiliges Dienstverhältnis zu den Nürnberger Burggrafen aus dem Hause Hohenzollern zum Ausdruck bringen wollten. Die

Schenk von Geyern zeigten zumindest mit der Farbwahl Schwarz-Silber ähnliches an, wobei sie außerdem noch den vorher im Schild geführten wittelsbachischen Löwen – aus einem vorherigen Lehensverhältnis – rechtzeitig entfernten, d. h. aus den betreffenden Siegeln vorsichtshalber herauskratzten. Auch die zahlreichen »Kaiseradler« in fränkischen Wappen sollten den Betrachter nicht zu Fehlschlüssen verleiten. Die von Troeltsch beispielsweise waren keineswegs kaiserlichen Ursprungs, wohl aber durften sie im vermehrten Schild als besonderes kaiserliches Gnadenzeichen den doppelköpfigen Reichsadler führen, wie übrigens auch die Behaim von Schwartzbach, die Haller von Hallerstein, die Volckamer von Kirchensittenbach, die Grafen von Schönborn, die Reichsmarschälle und Grafen von Pappenheim etc. Nicht gar so deutlich, aber für Eingeweihte doch Hinweis genug, sollen die fränkischen Ebner von Eschenbach die Farbe Blau aus besonderer Anhänglichkeit an die bayerische Dynastie der Wittelsbacher übernommen haben, denn gerade zur Zeit Kaiser Ludwigs des Bayern, also im 14. Jh., waren sie nicht nur Parteigänger des großen Wittelsbachers, sondern auch dessen Finanziers. Daß dann und wann gleiche oder ähnliche Wappen sehr wohl auf einen gemeinsamen Ursprung nicht namensgleicher Familien hinweisen können, zeigt das Beispiel der Lemmel und der Löffelholz. Es gilt aber schon wieder nicht für die Pastorius in Windsheim, die mit den beiden anderen Lamm-Wappen-Familien nichts zu tun haben. Zu den Windsheimer Pastorius gehörte übrigens der Gründer von Germantown, einer der Keimzellen deutscher Siedlungstätigkeit in den USA.

Grab der Schwiegereltern Dürers, in dem auch er 1528 bestattet wurde, auf dem Johannisfriedhof in Nürnberg; mit dem Ehewappen Frey/Rummel.

Einer der glanzvollsten Tage in der Geschichte der Reichsstadt Nürnberg fand 1446 anläßlich der Hochzeit des Wilhelm Löffelholz mit Kunigunde Paumgärtner statt. Diese Festivität besiegelte die Aufnahme der Löffelholz in die Nürnberger Führungsschicht. Denn erst der Vater des Bräutigams war von Bamberg nach Nürnberg verzogen. Nach der Familienchronik wurde die Familie ursprünglich die »Sachsen« genannt und hatte Besitz zu Sachsendorf bei Hollfeld in der Fränkischen Schweiz. Ein dort gelegenes Waldstück mit Namen »Löffel« habe, so Freiherr Wilhelm von Loeffelholz aus Bertelsdorf b. Coburg, der Familie schließlich den endgültigen Namen gegeben. Außerdem sei die Schafhaltung gerade in der Fränkischen Schweiz bis hinauf zum Frankenwald von hoher wirtschaftlicher Bedeutung gewesen. Dafür spreche auch das Auftauchen von Schafscheren in dortigen Adelswappen, wie etwa bei den Giech und den Marschall von Altengottern, und eben des Lamms im Schild der Löffelholz. Der um die Genealogie und Heraldik seiner Familie so verdiente H. D. Lemmel, Nachkomme der zum Konnubium des Nürnberger Patriziats zählenden Lemmel, vermutet, daß bereits der 1331 in Bamberg lebende Schöffe Cunrad Lemblin ein Lamm-Wappen geführt hat, »wenn man eine Gerhaus Löffelholz, auf deren Grabstein im Jahre 1400 ein Lamm-Wappen ist, als seine Tochter ansieht. Ihr Mann, Eberhard Löffelholz, dürfte das Lamm-Wappen, das fortan von den Löffelholz-Nachkommen geführt wurde, von seiner Frau Gerhaus Lemblin übernommen haben«. Jedenfalls haben später die Lemmel das Lamm, auf einem Dreiberg stehend, geführt, die Löffelholz die gleiche

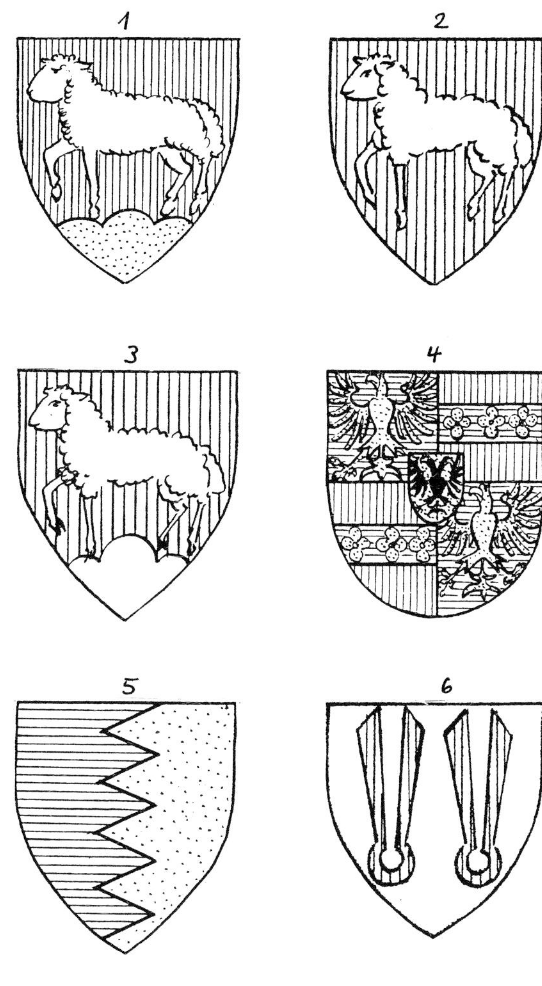

1 = Lemmel
2 = v. Löffelholz (Loeffelholz) (Stammwappen)
3 = Pastorius (Windsheim)
4 = v. Tröltsch (Troeltsch)
5 = Ebner von Eschenbach
6 = Grafen v. Giech (die Marschall von Altengottern führen die gleiche Schildfigur)

Schildfigur, aber ohne den Dreiberg. Außerdem zeigt die Lemmel'sche Helmzier das Lamm auf dem Dreiberg, während bei den Löffelholz ein offener Flug, belegt mit der Schildfigur, die Helmzier bildet. 1515 wurde das Löffelholz-Wappen geviert und durch das Wappen der Judmann von Affeking vermehrt, nachdem der herzoglich bayerische Rat Thomas Löffelholz 1507 Schloß Colberg b. Altötting erhalten hatte. 1716 erfolgte dann der Einschub der mit Halbmonden besetzten Spitze in den Schild, zur Erinnerung an den Generalfeldzeugmeister Georg Wilhelm von Löffelholz und seine Leistungen in den Türkenkriegen.

Wir sehen also, daß ein ähnliches oder gar identisches Wappen gelegentlich die Verwandtschaft zweier Familien andeuten kann, aber keineswegs automatisch einen genealogischen Zusammenhang beweist. Dies gilt auch für die Gleichheit von Namen. Es kann nicht oft genug wiederholt werden:

Namensgleichheit heißt noch lange nicht, daß zwei Familien tatsächlich verwandt sind.

Hier kann umgekehrt die Heraldik helfen, manches Mißverständnis aufzuklären. Das ist in manchen Fällen besonders leicht, wie der Vergleich der beiden in Franken auftauchenden »Römer«-Wappen zeigt. Die im prachtvollen Kiener'schen Wappenbuch im Nürnberger Stadtarchiv (aus den Jahren 1590-1602) aufgeführte Familie Römer darf nicht mit dem fränkischen Zweig der aus dem Vogtland stammenden Römer verwechselt werden. Durch Eheschließungen mit den von Wallenrod und den von Reitzenstein erwarben die von Römer u.a. fürstbischöflich-bambergische Lehen bei Marktschorgast, Besitz in Berg b. Hof a. d. Saale und

in Schwarzenbach a. Wald. Grabsteine dieses
Geschlechts sind an der Kirche zu Marktschorgast, in der Kirche vor Schwarzenbach a. Wald
und auf dem Friedhof von Bayreuth erhalten.
Allianzwappen bzw. Ahnenwappen der Römer,
finden sich auch in der Stadtpfarrkirche zu
Pappenheim. Eine Schwester des Hans Georg
Römer heiratete den Reichserbmarschall Franz
Christoph Graf von Pappenheim. Sie wurde
1672 in Pappenheim beigesetzt, ebenso eine
weitere Schwester, die mit Georg Caspar v.
Reitzenstein verheiratet war. Letzte Namensträgerin eines 1888 in Bayreuth ausgestorbenen Zweiges war Caroline von Römer, die ihr
ansehnliches Vermögen der Stadt Bayreuth
vermachte (frdl. Mitteilung von Oberst a. D.
Achim von Römer-Neumark, München).

Wappen der Nürnberger Familie Römer
(nach Kiener)

(frdl. überlassen von Oberst v. Römer-Neumark,
München)

Die Familie Anspach, auch Onoldspach geschrieben, wiederum, die mit Hans Onelcz-
pach 1434 in Nürnberg das Bürgerrecht erwirbt, hat nichts mit einem Stadtadel von
Ansbach – den es übrigens gar nicht gab – und
erst recht nichts mit den Markgrafen von Brandenburg-Ansbach zu tun. Spätestens das Wappen, das einen Löwen mit einer Sense in den
Pranken zeigt, weist derartige Vermutungen
zurück.

Und der große Hortologe Johann Christoph
Volckamer, † 1720, dem wir die wundervollen
Arbeiten über die Nürnberger Hesperiden-
Gärten verdanken, hat genealogisch überhaupt
nichts mit der Nürnberger Patrizierfamilie von
Volckamer zu tun. F S. 162

Wappen
des
Hortologen
Johann
Christoph
Volckamer

Er stammte aus Thüringen, während die Nürnberger Volckamer aus der Oberpfalz nach Nürnberg kamen. Ein Vergleich der beiden Wappen
macht den Unterschied obendrein deutlich.
Anders gesagt, würde heute eine Familie namens Volckamer, die mit den eben genannten
in keinerlei genealogischem Zusammenhang
steht, eines der beiden nachfolgenden Wappen
führen, so käme das einer historischen Verfäl-
schung gleich.

Auch die beiden Wappen »von Praun« zeigen, daß es sich um zwei verschiedene Geschlechter handelt. Die durch sechs Jahrhunderte in Nürnberg beheimateten von Praun (1) hatten mit Stephan III., † 1591, eine Persönlichkeit mit europaweiten Beziehungen aufzuweisen. Hofdienste führten ihn nach Konstantinopel, England, Spanien und Portugal. 1474 erhielten die Praun ihr Wappen von Kaiser Friedrich III. »erneut« verliehen. 1730 wurde die Familie unter die gerichtsfähigen Familien und 1789, also kurz vor Ende des Ancien Régime, noch unter die ratsfähigen aufgenommen.

Der gestümmelte Ast mit den drei (2:1) Blättern der Nürnberger Patrizierfamilie von Praun: Grab auf dem Johannisfriedhof in Nürnberg für die 1520 verstorbene Ehefrau (Anna) von Steffan Praun.

Gänzlich anders verlief dagegen der Weg der Nachkommen des Wirts und Weinschenks Sebastian Braun, der 1571 Nürnberger Bürger wurde und u. a. die Herberge »zum Trommeten« am Obstmarkt besaß. Sein Sohn Dr. Michael Braun war 1628-1667 Ratskonsulent in Nürnberg und ließ sich vom Hofpfalzgrafen Hoeflich einen Wappenbrief über ein »quartiertes« (quadriertes) Wappen ausstellen. Dr. Michael Praun und seine Söhne wurden schließlich 1663 nobilitiert, die Familie zog dann aber nach Braunschweig.

(frdl. überlassen von Dr. Ing. Ferdinand v. Praun, Oberhausen)

Welch kuriose Wege eine eingebildete Familiengleichheit auf Grund von Namensgleichheit nehmen kann, soll das Beipiel der Glockengießer zeigen.

Wappen der Keßler, gen. Glockengießer auf dem Schlußstein in der ehem. Sakristei der Spitalkirche St. Leonhard in Lauf (Nachzeichnung v. E. Schöler)

Wappen des Christoph Glockengießer auf seinem Porträt, das Lorenz Strauch 1581 malte (hier ist nur der Schild abgebildet, das Porträt zeigt das Vollwappen mit dem offenen Flug als Helmzier, belegt mit der Schildfigur).

So berief sich der Nürnberger Bürger Christoph Glockengießer stolz darauf, daß sein Ahnherr einst das Glockengießerspital zu Lauf an der Pegnitz gestiftet habe. Er setzte in Erinnerung an diese christliche Tat seines vermeintlichen Vorfahren sogar 200 Gulden in seinem Testament für den Wiederaufbau der Spitalkirche ein. Sein Porträt von 1581 – mit dem Glockengießer-Wappen – fand auch prompt Platz in der Spitalkapelle. In Wirklichkeit hatte aber zwei Jahrhunderte vorher k e i n Ahne des nunmehrigen Wohltäters das Laufer Glockengießerspital gestiftet, sondern ein Bürger namens Hermann Keßler, g e n a n n t Glockengießer. Ein bloßer Vergleich der Wappen hätte rechtzeitig den Irrtum aufklären können, denn das Keßler-Glockengießer-Wappen findet sich noch auf dem Schlußstein der ehemaligen Sakristei der Spitalkirche St. Leonhard in Lauf. Bleibt anzumerken, daß der Wiederaufbau innerhalb der gesetzten fünfzig Jahre nicht begonnen wurde und die Erben des Wohltäters das Geld schließlich unter sich aufteilten.

Auch die weiteren Bespiele zeigen, daß trotz Namens- und gelegentlicher Wappengleichheit eine genealogische Überprüfung unerläßlich ist. Da führen die Freiherrn von Eyb nach dem Wappenwechsel seit etwa 1400 im Schild die bekannten (2:1 gestellten) gestürzten roten Pilgermuscheln in Silber.

F S. 162

Wir finden diese schöne Darstellung auf unzähligen Grabdenkmälern, in und an Schlössern, Kirchen und Burgen in Franken. Mit größter Wahrscheinlichkeit dürfte die uradelige Familie aus dem heutigen Stadtteil Ansbach-Eyb stammen, obwohl manche Chronisten, darunter so namhafte wie Johann Heinrich von Falckenstein, sie mit den Pilgrim (bzw. Pilgram) von Eyb aus Nürnberg in Verbindung bringen. Die Schilde sind gleich, die Helmzier ist es jedoch nicht. Ein wirklich ernsthafter historischer oder genealogischer Beleg für die Identität beider Familien existiert dazu bis heute nicht. Obendrein fand der Familienhistoriker Dr. Eberhard von

Eyb in seiner Familiengeschichte nicht einen einzigen urkundlichen Beleg über einen Pilgrim/Pilgram von Eyb. Bleibt noch anzumerken, daß es in Franken noch eine weitere Familie von Eyb gab, die möglicherweise aus dem Ort Eybenberg b. Kronach stammte und mit Leopoldine Beck, geb. von Eyb, 1950 ausgestorben ist. Mit der reichsritterlichen Familie gleichen Namens hatte auch sie genealogisch n i c h t s zu tun. Ihr Wappen: Schild geteilt von Rot und Schwarz, mit vierblättriger Rose und als Helmzier zwei schwarz-rote Flügel.

Die nachfolgenden Familien stellen geradezu eine Zusammenfassung der bisher erläuterten Fallbeispiele dar. Da wären zunächst die Waldstromer zu nennen. Ihr Name ist wohl darauf zurückzuführen, daß sie beim Aufenthalt der deutschen Kaiser und Könige in der Reichsstadt Nürnberg als Reichsforstmeister u. a. Stroh und Waldstreu für die Pferde der Hofhaltung zu beschaffen hatten. Ihr Wappen zeigt offenbar die Geräte (Heu-, Strohgabel), die für diese Tätigkeit erforderlich waren. Merkwürdigerweise sind die »Waldstromer von Reichelsdorf«, obwohl sie in der Literatur wiederholt als älteste lebende Nürnberger Familie bezeichnet wurden, erst 1729 unter die ratsfähigen Geschlechter der alten Reichsstadt aufgenommen worden. 1814 wurden sie noch in die bayerische Adelsmatrikel des Königreichs eingetragen, sind aber bereits 1844 erloschen. Das Waldstromer-Wappen weist übrigens vier verschiedene Helmzierden auf. Nicht zu verwechseln mit den Waldstromer sind die Stromer von Reichenbach. Ulman Stromer (Stromeir), gest. 1407, der 1390 in der Gleißmühle an der Pegnitz die erste Papiermühle Deutsch-

lands einrichtete, schrieb in seinem berühmten »Püchel von meim geslecht und von abenteur«, daß ein Ritter Konrad von Reichenbach, einem Ortsteil von Schwabach, eine Schwester des Ritters Konrad Waldstromer geheiratet, dann bei seinem Schwager gelebt und nur noch »Stromeier« geheißen habe. Dagegen wies der Schwabacher Stadthistoriker Heinrich Schlüpfinger nach, daß Ulman Stromer, hätte er die Urkunden von 1254-1269 gekannt, wohl anders formuliert hätte: Dann hätte er nämlich seinen Ahnherrn als Konrad I. Stromer von Schwabach bezeichnet. Konrad war in der ersten Hälfte des 13. Jh. von dem damals Ebrach'schen Ort Schwabach in die Reichsstadt Nürnberg gezogen, wie auch andere Ministerialengeschlechter. Das bekannte Stromer'sche Familienwappen taucht jedenfalls erstmals auf einem verlorengegangenen Typar des Heinrich II. Stromer im Jahre 1318 auf.

Wappen von Ulman Stromer, 1434 (Original in Privatbesitz).

In einem Winkel von 120° ist ein Y oder eine Art Deichselkreuz mit aneinanderstoßenden Lilienstäben zu sehen (frdl. Mitteilung von Prof. Dr. Wolfgang von Stromer). Damit erinnert die Schildfigur stark an metallene Schildverstärkungen, wie sie in der Hoch-Zeit des Rittertums üblich waren. Die Helmzier zeigt, wie auch heute noch, drei Lilienstäbe. Daß bei den Stromern, wie in anderen Familien, das Wappen zunächst vor allem als persönliches Symbol verstanden wurde, sieht man beim Siegel von Ulrich Stromer zur Rose, der nur eine große Lilie direkt auf dem Helm führte; dann finden wir wieder rote Lilien auf silbernen Stangen usw. Ein einheitlicher Gebrauch e i n e s Wappenbildes in einer Familie ergab sich in vielen Fällen erst später. Daß sehr bald das Stromer'sche Wappen über die europaweit wirkenden Stromer'schen Firmen bekannt wurde, versteht sich von selbst. War eine gewisse heraldische Differenzierung zwischen einzelnen Stromern oder deren Linien noch einzusehen, so stiftete der Wappenstreit mit der Familie Nützel (von Sündersbühl) reichlich Ärger und noch mehr Verwirrung. Im 13. Jh. hatten die Nützel einen Adler geführt. Nach der Teilhabe des Conrat Nützel (bis 1341) an der Handelsgesellschaft des Ulrich I. Stromeier zur Rose aber hatten die Nützel gar nichts dabei gefunden, das Stromer'sche Liliendreieck zu übernehmen. Die Auseinandersetzungen darüber wurden 1380 urkundlich und förmlich beigelegt, wonach fortan beide Familien »wann sie dann pederseit gefreunt sein mit einander das Wappen führen sollen«. Die Nützel trugen von sich aus zur Entschärfung und zur Vermeidung von Verwechslungen bei, indem sie im vermehrten

Schild das Stromer-Wappen u n d den Adler führten. Allerdings starb die Familie bereits 1747 aus, wodurch sich in der Folge dieses Thema teilweise von selber erledigte. Trotzdem blieb der Forschung bis heute die Daueraufgabe, bei der Identifizierung von Stromer-Wappen des Spätmittelalters auch die Möglichkeit zu überprüfen, ob es sich nicht auch um ein Nützel-Wappen handeln könnte. Beispielsweise befindet sich in der Kapelle des Warwick-Castle bei Stratford on-Avon in England ein Glasfenster mit dem Wappen von Conrad IV. Imhoff, gest. 1519, Kriegsrat und Stifter der Rochuskapelle in Nürnberg. Die beiden Allianzwappen weisen als seine erste Frau Magdalena Haller und als zweite Frau k e i n e Stromer, sondern Ursula Nützel aus! Bleibt als letzte Variante zu diesem Thema der Fall zu schildern, daß zwei Familien den gleichen Namen, aber zwei unterschiedliche Wappen führen und doch verwandt sein können (auch diese Information verdanken wir Prof. Dr. Wolfgang von Stromer, Schloß Grünsberg). Aus der Oberpfälzer Familie Stromer von Auerbach stieg der bedeutende Arzt Heinrich Stromer von Auerbach, gest. 1542, zum Rektor der Universität Leipzig auf. Der Freund Martin Luthers gründete auch den nach ihm benannten Kauffahrtei-Hof »Auerbachs Hof und Keller« in Leipzig. Dessen Neffe, Dr. Johann Stromer, kündigte nun 1591 beim »Herrn Vetter«, dem Nürnberger Ratsbaumeister Wolf Jacob Stromer, den Besuch seiner Söhne an, um offenbar alte Verwandtschaftsbande aufzufrischen. Der Nürnberger »Vetter« reagierte aber äußerst reserviert. Auch die Bitte, ob die Stromer von Auerbach, respektive nunmehr in

Wappen des Dr. Johann Stromer von Auerbach (der Doktortitel wurde damals als D nachgestellt) mit der ursprünglichen Schildfigur der Familie (dem Bock) im hinteren Feld und dem gestürzten Liliendreieck der Nürnberger Stromer im vorderen. Die Helmzier ist exakt die der Nürnberger Stromer.

Leipzig und Jena beheimatet, »ihr altes Wappen«, nämlich das der Nürnberger Stromer, wieder annehmen dürften, wurde strikt abgelehnt. Jegliche Verwandtschaft wurde bestritten. Auch spätere Annäherungsversuche fruchteten nichts. Dabei war das Ansinnen der Oberpfälzer Stromer so falsch nicht. Es sprechen zahlreiche Indizien für eine Zusammengehörigkeit beider Familien; vor allem muß berücksichtigt werden, daß die Oberpfalz als Ruhrgebiet des Mittelalters schon seit Generationen immer wieder Anlaß für Nürnberger Unternehmer, auch für die Stromer, war, sich dort ihre Frauen unter den wirtschaftlich erfolgreichen Familien zu suchen, eventuell vor Ort einen neuen Familienzweig zu eröffnen. Warum also dann die spröde Abweisung durch den Nürnberger Baumeister Wolf Jacob Stromer? Man muß wissen, daß von 1556-1592 der Stadtrichter Hans Stromer, der »Bratwuststromer«, als Nürnberger Staatsgefangener einsaß, und zeitweise Baumeister Stromer der einzige des Geschlechts im regierenden Nürnberger Rat war. Es ist gar keine Frage, daß ein Oberpfälzer Zuwachs an neuen Stromern nicht ohne erbrechtliche, wirtschaftliche und innenpolitische Konsequenzen geblieben wäre – man denke nur an Lehensrechte, Fideikommißfragen, Stiftungsrechte und Sitze und damit Einflußmöglichkeiten im Rat. Dr. Johann Stromer von Auerbach, Professor der juristischen Fakultät in Jena, gest. 1608, führte schließlich nach dieser Nürnberger Absage neben dem ererbten Wappentier, dem Ziegenbock, noch das Liliendreieck der Nürnberger Stromer, wenn auch in gestürzter Form. Wollte er damit an die Gesellschaft Gruber & Stromeier erinnern, die ein gestürztes Y geführt hatte?

Wie reich die Palette an derlei Möglichkeiten ist, haben wir eben gesehen. Dabei ließe sich die Reihe beliebig verlängern. So haben die in Hohenlohe-Franken beheimateten Freiherrn von Stetten nichts mit den Augsburger von Stetten zu tun, die Freiherrn von Rotenhan nichts mit den Rothan von Bruckberg und die Tucher von Simmelsdorf nichts mit den nach Franken gekommenen österreichischen Exulanten Tucher von Schoberau, ja nicht einmal die Freiherrn von Kotzau in Oberkotzau mit den 1659 erloschenen von Kotzau im gleichen Ort! Dagegen sind sehr wohl eines Stammes und Wappens die Augsburger von Welser und die Nürnberger von Welser, ebenso die von Feilitzsch mit den von der Heydte und den von Röder, ebenso wie die sog. »fränkischen« von Wildenstein mit den von der Grün und von Rei(t)zenstein. Die eben genannten von Wildenstein haben aber nichts mit den sog. »bayerischen« von Wildenstein zu tun, die aber trotzdem im Fränkischen beheimatet waren und neben der Stammburg Wildenstein bei Dietfurt an der Altmühl einst auch die Burgen Wildenfels und Strahlenfels in der Fränkischen Schweiz besaßen und 1763 erloschen sind. Zwei verschiedene Familien waren auch die Ratsfamilie Stör in Schweinfurt und die Stör von Störenstein b. Neustadt a. d. Waldnaab. Die Voit von Rieneck, die Voit von Salzburg und die Voit von Wendelstein sind schon deshalb nicht miteinander verwandt bzw. eines Stammes, weil »Voit« und »Vogt« Begriffe aus der Ämter- und Rechtsgeschichte des Mittelalters darstellen, und in jedem Einzelfall zu untersuchen wäre, welcher über- oder untergeordneten Schutz-, Schirm- oder Gerichtsfunktion die Ahnen der späteren »Voiten« jeweils zuzurechnen gewesen sind. Entsprechend ist die »Verwandtschaft« – hier ursprüngliche Aufgabengleichheit – aller »Schenken«, also z.B. der Schenk von Stauffenberg, Schenk von Limpurg, Schenk von Castell, Schenk von Siemau etc., und aller Truchseß, wie der Truchseß von Wetzhausen, Truchseß von Henneberg, Truchseß von Wahrberg, Truchseß von Pommersfelden etc., zu sehen.

Fazit: Weder Namens- noch Wappengleichheit allein sind schon ein Beleg für eine genealogische Zusammengehörigkeit von Familien.

1 = von der Grün
2 = v. Reitzenstein
3 = v. Wildenstein (fränk.)
4 = v. Feilitzsch
5 = v. Zedtwitz
6 = von der Heydte
7 = v. Wildenstein (bayer.); Die Familie hatte eigentlich ein schwarzes Mühlrad in Gold als Schildfigur. Die Linie Rothenberg übernahm dann das Wappen der Reichsministerialen v. Rothenberg (= Alter Rothenberg b. Schnaittach); seit dem 15. Jh. führte auch die Gesamtfamilie dieses Wappen.
8 = Schenk von Siemau
9 = Schenk von Castell
10 = Truchseß von Baldersheim
11 = Truchseß von Pommersfelden
12 = Truchseß v. Wetzhausen

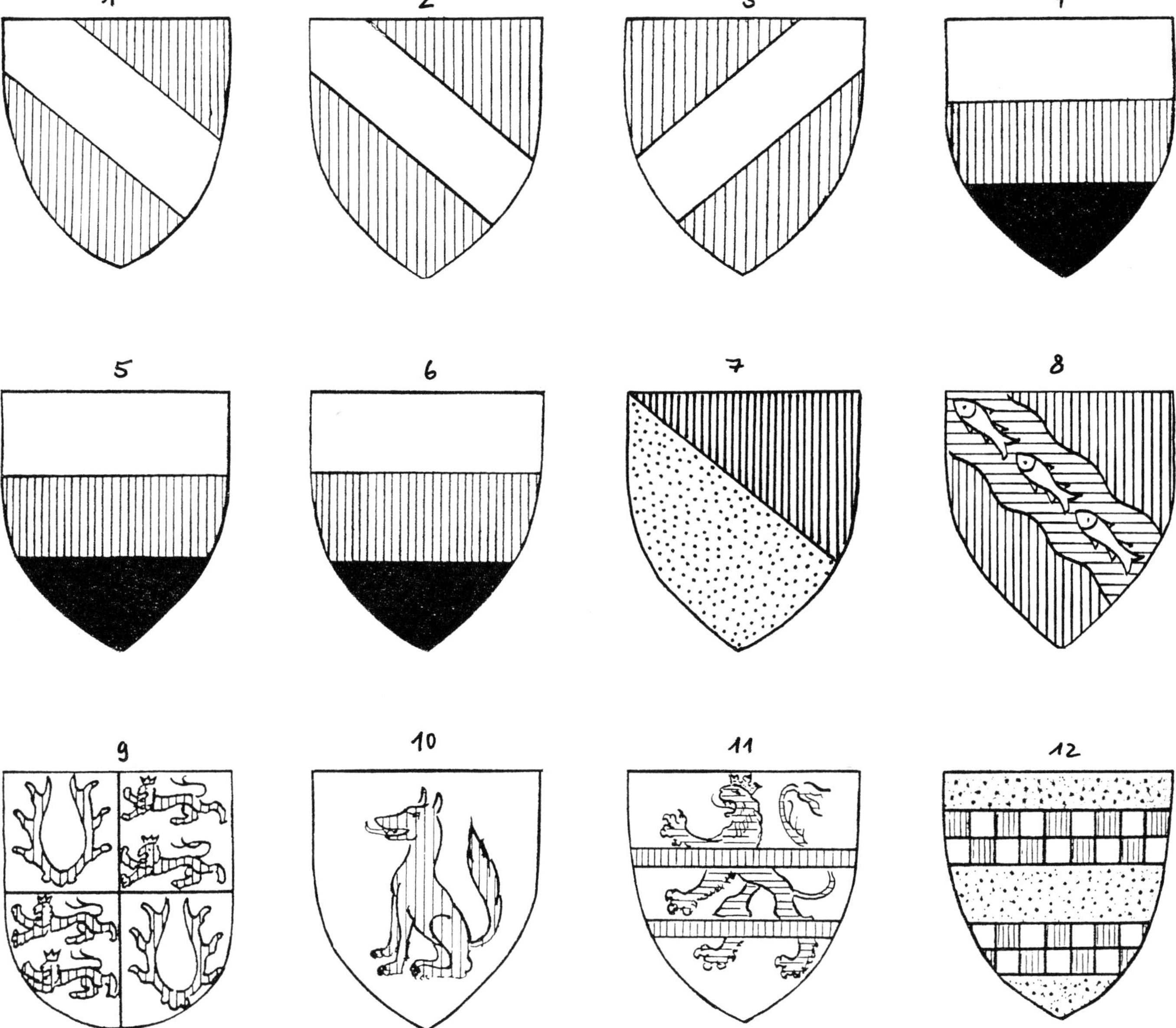

Wozu Heraldik dienen konnte, und welch seltsame Wege ein Grabstein dabei nehmen konnte, nur um eine standespolitisch wichtige »Verwandtschaft« konstruieren zu helfen, erfahren wir u. a. in der Kirche zu Hagenhausen b. Altdorf. Ein Grabmal im Innern scheint nach lesbarem Datum und stilistisch dem 12. Jahrhundert (!) anzugehören und ist obendrein noch farbig gefaßt. Eine kaum bekannte Kostbarkeit also? Es tun sich hier gleich mehrere Fragen auf: Unter der fränkischen Ritterschaft gab es zwar eine Familie von Rechenberg, bei Ostheim im Hahnenkamm, und es gab eine Familie Rech von Rechenberg in der Reichsstadt Nürnberg. Aber es gibt im mittelfränkischen Raum weit und breit keine Burg oder Burgruine Oberleinach, und daß auf einem Grabstein des 12. Jahrhunderts Deutsch statt Latein gewählt worden sein soll, fällt völlig aus dem Rahmen. Außerdem kommt die Bezeichnung »erber« (Ehrbar) und »vest« wie auch »Got genad« erst im 14. Jh. vor. Schlüsselfigur zu diesem seltsamen Grabstein ist der Nürnberger Bürger Sebald Rech, der diesen Stein angeblich 1525 aus Oberleinach b. Würzburg – das wären stolze 150 km Entfernung – nach Hagenhausen verbringen ließ, denn Sebald Rech besaß im nahen Eismannsberg einen Herrensitz, in einem Ort, der damals noch ohne Kirche war und nur 3 km von Hagenhausen entfernt liegt. 1525 hatte er auch den später nach seiner Familie genannten Rechenberg b. Nürnberg, heute innerhalb der Stadt, erworben und darauf ebenfalls einen Herrensitz errichten lassen. Offenbar sollte der Grabstein Sebalds Bestreben unterstützen, die Familie »uradelig zu machen« und allen Interessenten den

ANNO MCXXVII
STARB DER ERBER
VND VEST HER
RVBERTVS RECH
RITER ZV OBER
LEINACH DEM GG
MCXXXII
STARB FRAV
AFRASINA RECHI
EIN GEBORNE
VON LAVENBERG
DGGZ

Der seltsame Grabstein in der Kirche zu Hagenhausen
(Fotosammlung Mulzer)

ständischen Anspruch des Sebald Rech vor
Augen führen. Nur, die Rech wurden erst unter
Karl V. geadelt. Nehmen wir zur Kontrolle
noch die Genealogie der uradeligen Familie
von Rechenberg aus dem Hahnenkamm heran,
so sehen wir schnell, daß darin weder der auf
dem Grabstein genannte ominöse Oberleina-
cher Rech-Vorfahre Rupert, noch der einfalls-
reiche Sebald Rech aus Nürnberg vorkommt.
Vergleichen wir noch die Wappen der Osthei-
mer von Rechenberg, deren letzte Namensträgerin Afra von Buttlar, geb. v. Rechenberg,
1602 gestorben ist, mit den Eismannsberger
Rech von Rechenberg, so wird endgültig klar,
daß wir es hier mit zwei verschiedenen, bestenfalls namensgleichen Familien zu tun haben.
Wappen der Rech von Rechenberg (Reichsstadt
Nürnberg): In Schwarz auf goldenem Dreiberg
(manchmal auch grün) ein pfahlweise gestellter
goldener Rechen. Helmzier 1: Der Rechen auf
dem Dreiberg. Helmzier 2: Ein mit goldenen
Herzen bestreuter schwarzer Flügel, darin ein
Dreiberg mit Rechen. Wappen der ritterschaft-
lichen von Rechenberg (Stammburg einst über
Ostheim): In Rot ein pfahlweise gestellter goldener Rechen. Helmzier 1: runder Hut, darauf
ein schwarzer Hahn. Helmzier 2: zwei rote
Hörner. Helmzier 3: der Rechen zwischen zwei
Hörnern. Das Dorf Ostheim selber stellte vor
einigen Jahrzehnten in seinem Ortswappen den
goldenen Rechen in Rot auf einen grünen Dreiberg, womit der Unterschied zum Wappen der
Adelsfamilie und – zumindest farblich – auch
zu den Rech von Rechenberg gewahrt blieb.
Was bleibt, ist die Feststellung, daß der rührige
Sebald Rech offenbar mit Erfolg eine altadelige Anbindung gesucht und zumindest mit dem

Wappen der reichsritterschaftlichen von Rechenberg

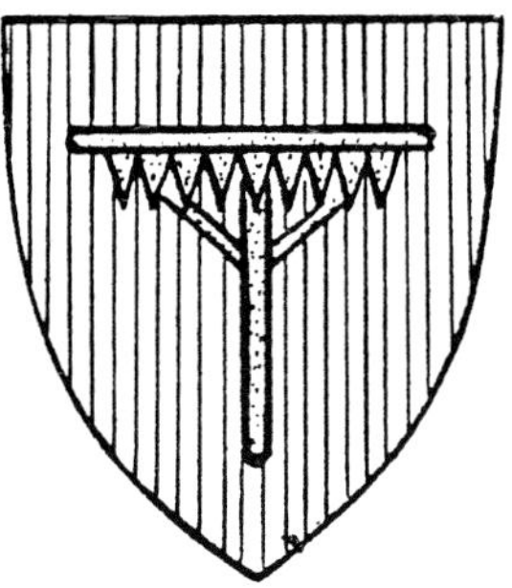

Wappen der Rech von Rechenberg (auch Rech von
Leinach, bzw. Rech von Hohenleinach; im quadrierten Schild führten sie nach Siebmacher neben dem
Rechen auf dem Dreiberg in den Feldern 3 und 4
einen Turm). Totenschilde der Rech v. Rechenberg
befinden sich in der Jakobskirche zu Nürnberg.

auf alt gemachten Grabstein auch noch vor-
getäuscht hat, falls er nicht – wir wollen es zu
seinen Gunsten annehmen – selber an dieses
Abstammungsmärchen geglaubt hat. Eine Re-
aktion der damals ja noch bestehenden Adelsfamilie von Rechenberg ist jedenfalls nicht bekannt. Der Dreiberg im Schild der Nürnberger
Rech half ja ohnehin, Verwechslungen zu vermeiden.
Der vielleicht ungewöhnlichste Fall namensgleicher Geschlechter in der fränkischen Heraldik betrifft die b e i d e n in Franken beheimateten Familien von Streitberg, die nicht miteinander verwandt waren, zwei unterschiedliche
Wappen führten und schließlich doch wieder,
historisch und heraldisch korrekt, durch das
gleiche Wappen auf besondere Weise verbunden sind. Aber lesen Sie selbst im nächsten
Kapitel »Ein Wappen wandert«.

Lit.: Hildebrandt; Schöler, Hist. Fam.; Hirschmann, Albrecht D.; Lemmel, Lemmlein filii; Lemmel, Herkunft; Imhoff, Geneal.; Imhoff, Berühmte;
Kiener; Schnelbögl, 600 Jahre; Eyb; Schlüpfinger,
Kammerstein; Schlüpfinger, Schwabach; Schnelbögl, Auerbacher; Stromer; Kohn; Biedermann,
Altmühl.

34

Ein Wappen wandert
oder
Was die Gemeinde Betzenstein mit der Weißen Frau und dem Fall Anastasia zu tun hat

Es waren einmal die Landgrafen von Leuchtenberg, deren Stammburg hoch über dem gleichnamigen Ort nach wie vor, auch als Ruine, das landschaftliche Weichbild in der nordöstlichen Oberpfalz bestimmt. 1118 schon wird der Stammvater des bedeutenden Geschlechts, Gebehardus de Lukenberge, als Zeuge in einer Stiftungsurkunde erwähnt. Seine Nachkommen heirateten Frauen aus bedeutenden Grafen- und Fürstenhäusern, u. a. der Burggrafen von Nürnberg, der Hohenlohe, Schwarzburg, Henneberg, Nassau-Dillenburg und Bayern. Die Besitzungen des Geschlechts reichten bis nach Luxemburg. Hohe Funktionen bekleideten die Landgrafen u. a. im Königreich Böhmen zur Zeit Karls IV., deshalb ist ihr Wappen auch im sog. »Wenzelschloß« zu Lauf an der Pegnitz an herausragender Stelle des bekannten Wappenfrieses in die Sandsteinmauer eingeschlagen worden und ging außerdem in manches Ortswappen ihres einstigen Territoriums ein, u. a. in das des Marktes Betzenstein in der Fränkischen Schweiz.

1359 hatten die Landgrafen von Leuchtenberg von Kaiser Karl IV. u. a. das Recht erhalten, das zum Markt erhobene Betzenstein mit Mauern und Toren umschließen zu dürfen. Selbst nach dem Übergang an die Reichsstadt Nürnberg blieben die Betzensteiner ihrem vertrauten Leuchtenberg-Schild treu und führten ihn noch bis 1611 in ihrem Stadtsiegel. Als die Betzensteiner aber ihre neuen Nürnberger Herren um die Erlaubnis baten, an ihren beiden Toren das alte Ortswappen, das ja völlig dem Landgrafenwappen entsprach, anbringen zu dürfen, da erhielt 1537 zwar ein Steinmetz von den Nürnbergern den entsprechenden Auftrag, allerdings mit der Auflage, doch auf den blauen Balken das Nürnberger Stadtwappen zu legen,

Wappenschild der Landgrafen von Leuchtenberg

Die einstige Bedeutung der Landgrafen von Leuchtenberg zeigt sich u. a. in der Schedel'schen Weltchronik von 1493: Unter den im Reichstag vertretenen Ständen des römischen Kaisertums sind auch die Leuchtenberg aufgeführt: Ein Page hält das Leuchtenberg-Wappen; links Hessen, rechts Elsaß.

F S. 164

»damit es nicht so ganz und gar leuchtenbergisch sey«. Ein Jahr später holten sich die Betzensteiner ihre Wappen dann aus der Werkstatt des Handwerkers ab, mußten aber erbost feststellen, daß ohne ihre Zustimmung der Nürnberg-Schild aufgesetzt worden war. Sie brachten zwar die fertigen Wappensteine an den Toren an, doch wütende Bürger bewarfen die so veränderten heraldischen Symbole mit Steinen. Daraufhin drohte der Nürnberger Rat mit Konsequenzen, falls das Nürnberger Wappen wieder

herausgebrochen würde, außerdem sollten sich die Betzensteiner gefälligst für die von Nürnberg gewährten Darlehen dankbar erweisen. Zähneknirschend mußten sich die Betzensteiner fügen. Summa summarum dürfte dies ein Beweis dafür sein, wie gut die Erinnerung an das Landgrafenhaus in Betzenstein gewesen sein muß. Der letzte männliche Vertreter des Geschlechts, Landgraf Maximilian Adam, hat in den Wirren des 30jährigen Krieges seine Stammlande verlassen und ist 1646 in Nördlingen gestorben. Bestattet

wurde der ultimus familiae in der Pfarrkirche zu Pfreimd. Die gefürstete Landgrafschaft Leuchtenberg kam nun als Reichslehen durch den Kaiser an den Onkel des letzten Leuchtenberg, Herzog Albrecht VI. von Bayern, und blieb fortan »bayerische Provinz«. Der jeweilige Kurfürst, ab 1806 König von Bayern, führte bis 1817 den Zusatztitel »Landgraf von Leuchtenberg«, und das alte Leuchtenberg-Wappen fand seinen Platz als Teilfeld 10 (springend gelesen) im vermehrten Schild der bayerischen Kurfürsten.

Wappen von Kaiser Karl VII. aus dem Hause Wittelsbach (reg. 1742-1745): Neben den angestammten weiß-blauen Rauten und dem pfälzischen Löwen zeigt es die Anspruchswappen auf das Königreich Böhmen (hier der böhmische Löwe im Herzschild) und Österreich (rot-weißroter »Bindenschild«). Im Feld 4: Landgrafschaft Leuchtenberg. (Nachzeichnung v. E. Schöler)

Wappen des bayerischen Kurfürsten Max IV. Joseph (ab 1806 König Max I. Joseph) im Jahre 1804. Als Teilfeld 10 (springend gelesen) finden wir das alte Wappen der Landgrafen von Leuchtenberg. (Feld 3 nimmt übrigens der »Fränkische Rechen« ein, Feld 5 das Würzburger Rennfähnlein, Feld 4 Fürstbistum Bamberg). (Nachzeichnung v. E. Schöler)

Mögen die Landgrafen auch im Laufe der Jahrhunderte aus dem Bewußtsein der Allgemeinheit verdrängt worden sein, an einer geborenen Landgräfin von Leuchtenberg blieb jedenfalls die wohl berühmteste deutsche Gespenstergeschichte von der »Weißen Frau« hängen. Kunigunde sei als verwitwete Gräfin von Orlamünde in heißer Liebe zu dem Hohenzollern-Burggrafen Albrecht dem Schönen, der auch auf der Plassenburg über Kulmbach saß, entbrannt. Seine Bemerkung, so jedenfalls die Sage, vier Augen stünden dieser Verehelichung entgegen, habe sie auf ihre beiden Kinder aus erster Ehe bezogen und sie daraufhin durch Nadelstiche getötet. Er aber habe mit seiner Begründung seinen Bruder und seine Schwägerin – in einer anderen Version: seine Eltern – gemeint. Nach dieser Mordtat sei aus der Verbindung natürlich nichts geworden. Kunigunde habe schließlich als Gründerin des Klosters Himmelthron b. Nürnberg und als Zisterzienseräbtissin des Klosters Himmelkron b. Kulmbach ihre Tage in Reue beschlossen, in der Klosterkirche zu Himmelkron sei sie auch bestattet. Zur Strafe aber müsse sie bis heute in allen Schlössern der Hohenzollern als »Weiße Frau« spuken, ob in Kulmbach auf der Plassenburg, ob auf der Nürnberger Kaiserburg, ob im Ansbacher Markgrafenschloß oder in dem von Bayreuth, ob im Schloß Ratibor in Roth oder im Berliner Schloß.

Richtig an dieser Gruselgeschichte ist, daß es im 14. Jh. eine geborene Landgräfin Kunigunde von Leuchtenberg, verheiratete Gräfin Orlamünde, gegeben hat. Falsch ist, daß sie ihre Kinder umgebracht habe – soweit bekannt, hatte sie nämlich gar keine.

Siegel der Gräfin Kunigunde von Orlamünde, geb. Landgräfin von Leuchtenberg, der angeblichen »Weißen Frau« (n. Waehler). Merkwürdigerweise ist das Löwenwappen ihres Mannes, entgegen der heraldischen Regel, nicht ihrem väterlichen Leuchtenberg-Schild zugewandt.

Richtig ist, daß sie als Witwe, wie damals keineswegs unüblich und schon wegen der gesicherten Altersversorgung hilfreich, 1343, also drei Jahre nach dem Tode ihres Mannes, das Zisterzienserinnenkloster Himmelthron in Nürnberg gründete, das weitere fünf Jahre später nach Großgründlach – heute ein Stadtteil von Nürnberg – verlegt wurde. Falsch ist, daß sie das Kloster Himmelkron b. Kulmbach gegründet habe und dort Äbtissin geworden sei.

Richtig ist, daß sie von 1360 bis 1382 Äbtissin des Klosters Himmelthron in (Groß-)Gründlach war und auch dort begraben wurde. Ihr Grabstein, der bis 1817 ihr Grab deckte, steht heute an der Nordwand der St. Laurentiuskirche in Großgründlach. (Wir wollen nicht verschweigen, daß es inzwischen Stimmen gibt, die zumindest in Frage stellen, ob es wirklich Kunigundes Grabstein ist). Anstelle des nach der Reformation säkularisierten Klosters, erhebt sich übrigens heute das Barockschloß der Freiherrn Haller von Hallerstein. Falsch ist, daß die Figur auf dem Hochgrab in der ehemaligen Klosterkirche Himmelkron sie darstellen soll. Hätten die Menschen vergangener Jahrhunderte sich die Mühe gemacht, die Inschrift richtig zu lesen, dann hätten sie erfahren, daß hier der tatsächliche Klostergründer, nämlich Graf Otto IV. von Orlamünde, † 1285, begraben liegt. Seine Haarfrisur ist nicht die einer Frau, sondern so, wie sie damals von adeligen Männern bevorzugt wurde, und das Gewand ist auch nicht das einer Frau, sondern der Leibrock, den man damals über der Rüstung oder auch ohne Rüstung trug. Das Schwert stellt außerdem nicht das Richtschwert dar, mit dem die angebliche Kindsmörderin der ewigen Gerechtigkeit zugeführt wurde, sondern ein berechtigtes Attribut für die hohe Gerichtsbarkeit, die den Grafen von Orlamünde zustand.

Tröstlich ist, daß die bedauernswerte Kunigunde nicht die einzige hochadelige Dame in bayerischen Landen ist, die postum als Gespenst spuken muß. Bei den Wittelsbachern ist es zur Abwechslung eine »Schwarze Frau«, bei den fränkischen Freiherrn Geuder von Heroldsberg gar ein »bucklig Männlein«, bei den Freiherrn von Aufsess im Schloß Unteraufsess standesgemäß ein »roter Ritter«, und im mittelfränkischen Aha bei Gunzenhausen übt solch schaurige Funktion eine »Weiße Frau« aus bäuerlichem Stand aus. Was abergläubische Zeitgenossen auch noch heute aufhorchen läßt, ist das Datum 1817. Exakt in diesem Jahr wurde der Grabstein der Äbtissin Kunigunde von seinem jahrhundertelangen Ruheplatz in der Großgründlacher Kirche entfernt und dort an die Wand gestellt, im gleichen Jahr, in dem auch der Name Leuchtenberg und das Leuchtenberg-Wappen ihre Wanderschaft fortsetzten. Denn 1817 gab, im Zuge der Neuordnung Europas nach dem endgültigen Sturz Napoleons, der bayerische König Max I. Joseph seinen Leuchtenberg-Titel samt Wappen an seinen Schwiegersohn Eugène Beauharnais, den Stiefsohn Napoleons weiter, der sich nunmehr »Herzog von Leuchtenberg und Fürst von Eichstätt« nennen durfte.

Wappen der Herzöge von Leuchtenberg und Fürsten von Eichstätt:

Der Herzschild zeigt als besonderes bayerisches Gnadenzeichen in Blau eine goldene Königskrone. Feld 1: In Silber ein blauer Balken (= Wappen der Landgrafen von Leuchtenberg). Feld 2: In Blau über grünem Boden eine gezinnte silberne Burg, aus deren beiden Türmen je ein grüner Eichbaum wächst (= Fürstentum Eichstätt). Feld 3: In Grün ein silbernes aufgerichtetes goldbegrifftes Schwert, begleitet von sieben (4:3) Sternen, deren mittlerer aus der unteren Reihe über der Parierstange über dem Schwert liegt (= Erinnerung an die militärische Laufbahn von Eugène Beauharnais). Feld 4: In Silber ein schwarzer Balken, besetzt von drei schwarzen Merletten (= Stammwappen der Beauharnais). (Beschreibung nach G. Zimmermann; Nachzeichnung v. E. Schöler)

Die neuen Leuchtenbergs heirateten in der Folgezeit in verschiedene regierende Häuser Europas. Herzog Maximilian wurde Schwiegersohn des russischen Zaren und begründete das Haus der »Herzöge von Leuchtenberg und Fürsten von Romanowski«, das ab 1853 nicht mehr zum bayerischen, sondern zum russischen Adel zählte. Unser altes Leuchtenberg-Wappen hatte damit seine weiteste Entfernung vom Ursprungsort erreicht. Nach dem Zusammenbruch der Monarchie in Rußland ist die Familie, wie andere russische Adelsgeschlechter, in die Emigration gegangen. In Bayern hat das ehemalige Kloster Seeon, Lk. Traunstein, von 1852 bis 1933 der herzoglichen Familie gehört. Auf dem kleinen Friedhof des Nebenkirchleins St. Walburgis befinden sich Grabstätten der Familie in russisch-orthodoxem Stil. Die Verwandtschaft der Leuchtenberg zum russischen Zarenhaus war ein Grund, weshalb die 1984 verstorbene mutmaßliche Zarentochter Anastasia, verheiratete Manahan, an gleicher Stätte beigesetzt zu werden wünschte. Und so hat – nach mancherlei Wirrungen – ihre Urne in der Friedhofsmauer zu St. Walburgis ihre letzte Ruhestätte gefunden. Wer sich auf diesem Friedhof die Mühe macht, die alten Inschriften und die vermehrten Leuchtenberg-Wappen zu lesen, findet darauf auch das alte Wappen der Landgrafen mit dem (blauen) Balken (in Silber) wieder.

Eine der originellsten Wanderungen vollzog das Wappen derer von Streitberg, die zu den ältesten Adelsgeschlechtern in der Fränkischen Schweiz gehörten und mit Walter de Stritberch erstmals 1121/22 urkundlich erwähnt sind. Die Streitberg waren einst Bamberger Ministerialen, standen in andechs-meranischen und Schlüsselberger Diensten und zählten zur fränkischen Reichsritterschaft des Kantons Gebürg. Im Jahre 1690 sind sie mit Hans Wilhelm von Streitberg im Mannesstamm erloschen. Sein Grabmal befindet sich in der Kirche zu Strössendorf b. Lichtenfels. Das Stammwappen der Familie, die silberne Sichel (das Rebmesser bzw. Weingartmesser, die Heppe) in Rot, wie auch das vermehrte Wappen (mit dem blauen, gekrönten Löwen in Gold), begegnet uns in vielen fränkischen Kirchen und Schlössern und auf Grabdenkmälern. Wenige Jahrzehnte vor dem Erlöschen dieses Geschlechts hatte Königin Christine von Schweden in Stockholm den Oberstleutnant Ernst Ottowaldsky von Ottenwald zum Oberst ernannt, 1651 in den schwedischen Adelsstand mit dem neuen Namen »v o n S t r e i t b e r g« erhoben und auch ein Wappen verliehen.

F S. 59

Das Wappen für Ernst von Streitberg, Stockholm 1651.

1654 erwarb Oberst Ernst von Streitberg von dem Nürnberger Patrizier Carl Tucher das Rittergut Oberndorf bei Möhrendorf. Für einige Jahre gab es also z w e i Familien »von Streitberg« in Franken, die genealogisch nichts miteinander zu tun hatten. Ernst von Streitberg hat übrigens mit Maria Magdalena Schmiedl

von Seeberg eine Enkelin der Rosina Haller von Hallerstein geheiratet. Seine Nachkommen sind damit in Ahnengemeinschaft getreten zum gesamten Nürnberger Patriziat, aber auch zu zahlreichen Geschlechtern des landsässigen Adels, wie z. B. den von Seckendorff, v. Bruckberg, v. Grumbach, v. Vestenberg, v. Kühedorf,

Holzgeschnitztes Wappen der (1690 erloschenen) von Streitberg auf Burg Greifenstein in der Fränkischen Schweiz.
Stammwappen (nach Voit): In Rot ein silbernes Rebmesser bzw. eine Sichel. Gemäß Wappenbrief von 15.9.1538 wurde den Brüdern Lorenz, Georg, Valentin und Mathias von Streitberg ein »verbessertes« und durch die Wappenlöwen der ausgestorbenen von Payerstorff vermehrtes Wappen verliehen. In diesem Wappenbrief steht die Sichel im silbernen Feld (!) »umgeben mit zwei gelben Ringen« auf »drei grünen Puckeln« (also auf einem Dreiberg), die blauen Löwen sind auf einem »weißen Felsen« in Gold dargestellt. Der geharnischte Mann trägt in der Helmzier gemäß Wappenbrief »einen Hut mit schwarzen Straußenfedern geschmückt«. Dem Wortlaut des Wappenbriefes entspricht auch die Darstellung bei Siebmacher. Die späteren Abbildungen zeigen (entgegen dem Wappenbrief) die Löwen auch ohne Krone, mal schreitend und nicht stehend, und vor allem das Rebmesser wieder im roten Feld; immer häufiger wird die Schildfigur als Sichel und nicht als Weingart- oder Rebmesser dargestellt (z. B. bei Tyroff 1793). Auch der grüne Dreiberg unter dem Rebmesser (bzw. der Sichel) und der felsige Grund unter den Löwen fehlt gelegentlich. Eine farbige, plastische Ausführung des Streitberg-Wappens befand sich früher über dem linken Seitenaltar der Kirche zu Heiligenstadt: Sie zeigte die Sichel in rotem Feld, die Löwen schreitend und mit Krone, jeweils mit Dreiberg, bzw. dem felsigen Untergrund. (Lit.: O. v. Streitberg)

v. Mayenthal etc. Der Enkel des ersten von Streitberg aus dieser Familie, Wenzel Norbert von Streitberg, wurde Truchseß und Schatzmeister bei Kaiser Karl VI., dem Vater von Maria Theresia. Anläßlich der Krönung Karls zum König von Böhmen wurde Wenzel Norbert die außergewöhnliche Ehre zuteil, zum Wenzelritter geschlagen zu werden – unter den 43 ausgezeichneten Personen befanden sich allein 20 Grafen. Die kaiserliche Familie blieb dem Geehrten und seiner Frau, einer Hofdame, auch weiterhin gewogen. 1728 erfolgte schließlich die Aufnahme Wenzel Norberts in den böhmischen Ritterstand. Er erhielt als Wappenbesserung ausdrücklich das in Franken durch Erlöschen der Uradeligen von Streitberg 1690 ledig gewordene gevierte Wappen in den gleichen Farben und mit dem gleichen Inhalt. Mit anderen Worten, die zweite Familie von Streitberg verzichtete ab 1728 auf das »schwedische« Wappen von 1651 und führt bis zum heutigen Tage korrekterweise das ihnen zu Laxenburg b. Wien 1728 neu verliehene Wappen der 1690 erloschenen Streitberg aus der Fränkischen Schweiz. (Zu danken haben wir die Aufhellung der historischen Zusammenhänge und das Aufspüren der urkundlichen Belege dem verdienten Familienhistoriker Rektor a. D. Otto von Streitberg, Erlangen).

Der übliche Weg für die »Wanderschaft« eines Familienwappens war allerdings der, daß eine im Mannesstamm erloschene Familie zumindest heraldisch sichtbar und zumeist auch genealogisch über eine Erbtochter »weiterlebte«. Unter den vielen Beispielen seien hier exemplarisch die Echter von Mespelbrunn genannt.

Nach dem Tode des letzten männlichen Vertreters der Familie im Jahre 1665 durfte Philipp Ludwig von Ingelheim, Amtmann zu Miltenberg, mit kaiserlicher Genehmigung sein Wappen (das rot-silbern geschachte Kreuz in Schwarz) mit dem seiner Frau Ottilia, der Erbtochter des letzten Echter, (die drei Echter'schen Ringe) vereinigen. Die Echter leben insofern genealogisch, heraldisch und namentlich bis heute fort, und nach wie vor befindet sich im Schloß Mespelbrunn die »Reichsgräflich zu Ingelheim-Echter'sche Verwaltung«. Auf vergleichbare Weise wurde das Erlöschen der

Skizze des Wappens der Freiherrn von Ingelheim gen. Echter von und zu Mespelbrunn. Die gräfliche Linie führt einen gekr. dritten (Mittel-)Helm mit fünf weißen Straußenfedern.

Rabensteiner von Döhlau (in Rot drei im Dreipaß gestellte silberne, gepanzerte Beine) »verhindert«, deren Grabdenkmäler wir in Schloß und Kirche zu Döhlau b. Hof sehen können. 1693 setzten die verwandten Geuder von Heroldsberg (in einer Linie) nach dem Aussterben der Rabensteiner deren Wappen zusammen mit ihrem Stammwappen (in Blau ein auf einer Spitze stehendes silbernes Dreieck; auf jeder Spitze besteckt mit einem sechsstrahligen silbernen Stern) in einen gevierten Schild und nannten sich »von Geuder, genannt Rabensteiner«.

Rabensteiner von Döhlau

Freiherrn Geuder von Heroldsberg

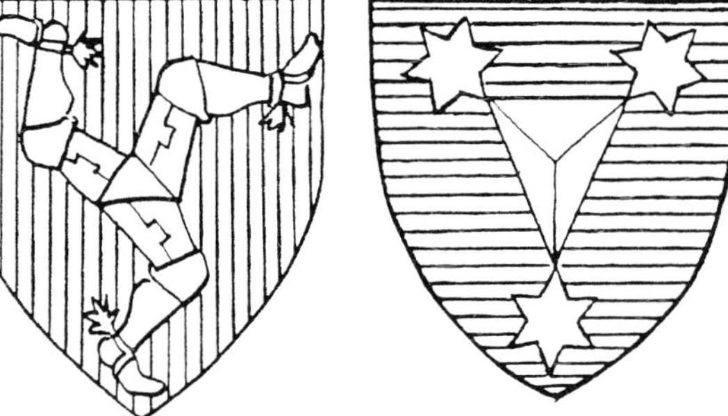

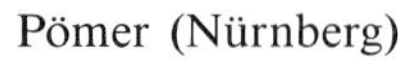

Pömer (Nürnberg)

Etwas anders wurde im Falle der bedeutenden Industriellenfamilie von Faber verfahren, die im 19. Jahrhundert die Bleistiftfirma A. W. Faber zur Weltgeltung führte. Die letzte Namensträgerin Ottilie Freiin von Faber, Enkelin von Lothar von Faber, hatte Graf Alexander zu Castell-Rüdenhausen (1866-1928) geheiratet. Mit Genehmigung des Königs von Bayern aus dem Jahre 1898 führte Graf Alexander den Namen »Graf von Faber-Castell«. Wie im Namen wurde auch im neuen gevierten Wappen der Familie Faber der Vortritt gelassen. So finden wir in den Feldern 1 und 4 den Faber'schen Schmied, in den Feldern 2 und 3 das uralte Stammwappen des Hauses Castell. Auch in der Helmzier erhielt Helm Nr. 1 die Faber'sche Helmzier, den Schmied, und Helm Nr. 2 den gekrönten, mit Pfauenfedern und der Schildfigur belegten Castell'schen Hut zugewiesen.

Wieder anders wurde im Falle der 1814 im Mannesstamm erloschenen Patrizierfamilie Pömer verfahren, die erstmals 1395 im Nürnberger Rat gesessen war. Das nunmehr »heimgefallene« Wappen wurde am 2.6.1814, also umgehend, vom Reichsheroldsamt, verbunden mit dem erblichen Adel, an den aus Straßburg stammenden und dann in Rußland tätigen Franz Livio und seinen Vater neu verliehen. Die Familie nannte sich nun sogar von Pömer-Livio, obwohl zwar das Pömer-Wappen, nicht jedoch der Name Pömer an die Livio vergeben worden war.

Da nehmen sich kleine Wanderbewegungen innerhalb eines Wappens schon recht bescheiden aus. Wie wir wiederholt beobachten können, haben mehrere Familien um 1400 ihre alte Schildfigur als Kleinod auf den Helm wandern

lassen und setzten dafür neue, zumeist geometrische und flächig leicht darzustellende Motive in den Schild. Bei den von Eyb wanderte der Pfau auf den Helm und dafür kamen drei (2:1) Muscheln in den Schild, bei den von Waischenfeld fand der wachsende Bock, den 1370 noch Stefan Waischenfelder im Schild geführt hatte, 1432 seinen Platz auf dem Helm, und in den Schild rückte ein geschachteter Balken; die Pappenheimer wechselten den schwarzen Königskopf, aus dem dann die Mohrin wurde, gegen den bekannten weiß-blauen Eisenhutfeh aus. Eine wirklich zweifelsfreie Begründung für diese Wechsel ist nur schwer zu finden.

Gleich in mehrere Geschlechter wanderte das alte Wappen der Schenken von Limpurg. Bereits unter den Königen Philipp, Otto IV. und dem Staufer Friedrich II. gehörte diese später so bedeutende Adelsfamilie zu den wichtigsten Reichsministerialen. Unter den Staufern legten sie die Grundlage für ihr später recht ansehnliches Territorium – neben dem heutigen Schwäbisch Hall errichteten sie ihre gleichnamige Burg Limpurg. Die eindrucksvollen Grabdenkmäler für Friedrich V. und seine Frau Susanna die »zarte Burgunderin aus dem Herbst des Mittelalters« (Decker-Hauff) und das ihres Sohnes Georg in der Schenkenkapelle der Komburg b. Schwäbisch-Hall lassen noch heute die Bedeutung dieser Hochadelsfamilie erahnen. 1541 verkaufte Erasmus Schenk von Limpurg die Stammburg an die Stadt und wählte Obersontheim als Sitz. Im 17. Jahrhundert führte das uralte Geschlecht dann unwidersprochen den Grafentitel, da man sich ohnehin schon eh und je als »Semperfrey«

(sendbarfrei) betrachtete. Immerhin konnten die Limpurg darauf verweisen, daß sie seit 1356, gleich nach dem König von Böhmen, als »Reichserbafterschenken« fungiert hatten. 1713 erlosch die Familie im Mannesstamm, und über sage und schreibe acht Erbtöchter zersplitterte sich das Erbe auf andere Adelshäuser und so wanderte auch das Wappen weiter!

Nun muß man wissen, daß diese Familie sich ursprünglich Schenken von (Unter-)Schüpf genannt hatte. Damit scheint es auch naheliegend, die 3:2 gestellten Gegenstände im Stammwappen ursprünglich als Schippen anzusehen und weniger als Rohrkolben oder gar Keulen, wie sie in der neueren Literatur oft bezeichnet und auch dargestellt werden. Nach 1200 nehmen die Mitglieder der Familie in verschiedenen Linien andere Namen an, alle aber führen die Schippen weiter. Da sind zunächst die Schenk von Klingenburg (Klingenberg) in Unterfranken, von denen uns 1235 ein Walter begegnet. Als Schwiegersohn von Ulrich II. von Königstein (Oberpfalz) und ab 1252 dessen Universalerbe kombiniert er sein ererbtes Wappen mit dem des Schwiegervaters hälftig in einem Schild. Walters Söhne nennen sich bereits Schenken von Reicheneck b. Happurg und führen nur noch die Rose des Großvaters Königstein im Wappen. Dieses Geschlecht ist 1411 erloschen. Ein steinernes Wappen Klingenberg/Königstein wurde 1957 im Kreuzgang des ehemaligen Klosters Engelthal aufgefunden, gilt aber als verschollen. Das vermehrte Wappen der Schenken von Limpurg ging nach dem Erlöschen der männlichen Vertreter 1713 über Erbtöchter an deren Ehemänner, u. a. die Grafen von Rechteren-Limpurg-Speckfeld und an die Grafen von

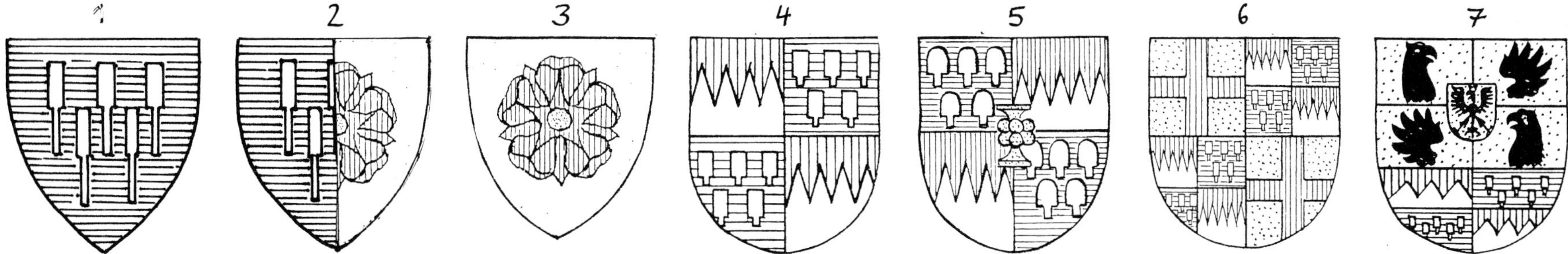

1 = Schenk von Klingenburg und Prozelten 1235 urk. Walter Schenk v. Kl.

2 = Allianzwappen Schenk von Klingenburg/Königstein (1253-1275): Walter Schenk v. Kl. war 1243 Schwiegersohn Ulrich II. v. Königstein und nach 1252 dessen Universalerbe.

3 = Walters Söhne nannten sich 1278 Schenk von Reicheneck und führten nur noch die Rose im Schild (also ihr mütterliches Wappen).

4/5 = Die Schenk von Limpurg führten den quadrierten Schild in verschiedener Feldaufteilung. Die Schippen bzw. Kolben sind jedoch immer dabei. Im 2. Beispiel nimmt in Anspielung auf das Schenkenamt ein Doppelbecher die Position eines Herzschildes ein.

6 = Grafen von Rechteren-Limpurg-Speckfeld

7 = Grafen Pückler-Limpurg

Anm.: Weisen die Spitzen in den Beispielen 4–7 einen realen genealogischen Zusammenhang aus, so zeigen sie im großen Staatswappen der Markgrafen v. Brandenburg-Ansbach ab 1742 territorialen Zugewinn, aber keine Verwandtschaft an.

Pückler-Limpurg (zu Burgfarrnbach b. Fürth). Anzumerken ist, daß im vermehrten Schild der Limpurg ein dem »fränkischen Rechen« sehr ähnliches Wappenbild auftaucht, das sich aber vom »Rechen« durch eine ganze Spitze m e h r unterscheidet. Daß trotzdem in der Familie eine Wappensage weitergegeben wurde, wonach die Schenken von Limpurg von »fränkischen Herzögen« abstammen würden, überrascht nicht. Damit können wir auch das folgende Politikum verstehen: Das alte Limpurg-Wappen erkletterte seinen höchsten Rang in der damaligen Ständegesellschaft, als 1742 dem Markgrafen Carl Wilhelm Friedrich zu Brandenburg-Ansbach »gräflich Limpurgsche Reichslehen und Güter als Reichsafterlehen überlassen wurden« (Schumann). Umgehend nahm der Markgraf die beiden Limpurg-Wappen (Schippen bzw. Kolben und die Spitzen) in sein großes Staatswappen auf, aber dergestalt, daß die Spitzen an auffallend exponierter Stelle im Schildfuß zu stehen kamen. Nun konnte von Gegnern und Feinden der fränkischen Markgrafen trefflich gerätselt werden, ob sie vielleicht damit doch auf einen Herzogstitel – wie die Würzburger Fürstbischöfe – »in« oder »von« Franken Anspruch erheben wollten – den kleinen Unterschied mit der einen Spitze m e h r als im Würzburger Schild merkten ja ohnehin nur die Fachleute. Noch der letzte fränkische Markgraf Alexander beließ in seinem 34-Felder-Staatswappen die Limpurgschen Spitzen (siehe Farbtafel Seite 21) an dieser exponierten Stelle, obwohl weder er noch sein Vater in ihrer langen Titulatur den »Herzog von oder zu Franken« führten. Ganz abgesehen davon hätte sich ein politisch derart wichtiger Anspruchstitel an drittletzter Stelle – wenn man den Markgrafenschild richtig »springend« liest – höchst seltsam gemacht. Ein Beweis mehr, daß die beiden letzten fränkischen Markgrafen bzw. ihre Berater, sehr wohl zwischen dem Familienwappen der Limpurg und einem realen fränkischen Herzogswappen zu unterscheiden wußten. Was es damit auf sich hatte, werden wir im letzten Kapitel erfahren.

Lit: Wagner; Waehler; Kolbmann, Mauern; Kolbmann, Betzensteiner; Kraft; Fehring; Bayern, A. v.; Lang; Schrott; Streitberg; Schöler, Hist. Fam.; Hirschmann, Stein; Kiener; Eyb; Wunder; Kolb, P.; Voit, Adel a. d. Pegnitz; Schuhmann, Markgrafen; Dobeneck; Haller, Großgründlach.

Wie unterscheiden sich bürgerliche und adelige Wappen?
oder
Wie kam man als Bürger zu einem Familienwappen und wie in den Adelsstand?

Auch bürgerliche Familien, deren Vorfahren keineswegs hoch zu Roß zum Kampf oder zum nicht minder gefährlichen Turnier ritten, sondern sich als Schuster oder Kaufleute den Lebensunterhalt verdienten, übernahmen auf dem Wege der Nachahmung die gleiche Art persönlicher oder familiärer Kennzeichnung mit (in der Regel e i n e m) Helm, Decken, Helmzier und Schild. Insofern unterscheiden sich adelige und bürgerliche Wappen überhaupt nicht. Natürlich dienten viele Adelswappen als Motivvorlage. Allerdings setzte man auch Zeichen in den Schild, die den eigenen Beruf oder den der Vorfahren kennzeichneten, z. B. ein Mühlrad bei einem Müller, evtl. eine Hausmarke, mit der Gerätschaften, Handelsgüter etc. versehen wurden, möglicherweise auch ein »redendes« Symbol für den eigenen Familiennamen, zumindest eines, das man dafür hielt. Dem Einfallsreichtum waren keine Grenzen gesetzt. Nicht selten hat dabei, insbesondere im 17. bis 19. Jh., die heraldische Ästhetik gelitten. Anlaß schließlich für Kaiserin Maria Theresia, dem ausufernden Wappenwesen durch ein geharnischtes Hofkanzleidekret vom 19. Januar 1765 (Codex Austriacus VI. 669) einen Riegel vorzuschieben:

»Allerhöchst Ihre k.k. Majestät hätten auf Vernehmen, daß der Mißbrauch wegen von Bürgers- und anderen Leuten ohne Befugniß gebrauchender mit Schilde und Helme gezierte Wappen immer mehr überhand nehme, allergnädigst zu verordnen geruhet, daß sothaner unbefugter Wappengebrauch abgestellet und ohne erlangter Concession oder Wappenbrief in gesammten deutschen Erbländern, unadelichen Personen der Gebrauch der Wappen nicht gestattet werden soll«.

Genützt hat es nicht allzu viel. In der Fachwelt wurde es aber im Laufe der Zeit üblich, daß man bei der Darstellung von Adelswappen einen Bügel- oder Spangenhelm verwendete, bei bürgerlichen dagegen den Stechhelm. Uradelige Familien bevorzugen manchmal die heraldischen Darstellungen des 13./14. Jh. mit

Willibald Stoß, ein Sohn des berühmten Holzschnitzers Veit Stoß, führte ursprünglich das Wappen Nr. 1, ehe 1555 Kaiser Karl V. sein Wappen »bessern« ließ (Nr. 2; Zeichnung v. W. Jaeger, siehe Literaturverzeichnis). (Wappen Nr. 1 zeigt einen Stechhelm; Wappen Nr. 2 einen Spangenhelm, da Willibald Stoß gleichzeitig in den Adelsstand erhoben worden war.)

schräggestelltem Schild (Kurzschild des Reiters) unter einem Topf- bzw. Kübelhelm und wellenförmig bzw. mantelartig aufgeschwungenem Deckentuch. Wie man in vielen Wappenbüchern sehen kann, hat heraldische Unkenntnis trotzdem zu einem reichlichen Durcheinander geführt.

Das Bedürfnis, eigene Häuser mit dem Familienwappen zu schmücken und Stiftungen in den Kirchen damit auszuweisen, ist ein weiteres Indiz dafür, daß Standesbewußtsein und Standespolitik bei den Bürgern nicht weniger ausgeprägt waren als beim Adel. So mußten die Ehepartner »taubenrein«, also von ehelicher, ehrlicher und freier Abkunft sein, wodurch nach mittelalterlichem Verständnis bereits mögliche Kandidaten aus dem Kreis der Zigeuner, Bader, Henker, Schäfer etc. ausgeschlossen waren. Der erste Kaiser, der sich dieses Präsentationsbedürfnis des aufstrebenden Bürgertums zunutze machte, war Kaiser Karl IV. (1346-1378). Er erklärte die Erhebung bürgerlicher Familien in den Adelstand, inklusive Wappenverleihung, zum kaiserlichen Reservatrecht, aber auch das Ausstellen von Wappenbriefen an Nicht-Adelige, und zudem noch die Bestätigung oder »Besserung« bereits vorhandener Familienwappen, wie z. B. Erweiterung eines einfeldrigen zu einem mehrfeldrigen. Schon zu Zeiten Karls IV. war damit begonnen worden, diese Zuständigkeiten an die kaiserlichen Hofpfalzgrafen als seine »Stellvertreter« zu übertragen. Die Ausstellung eines Wappenbriefes war selbstredend mit hohen Gebühren verbunden, allerdings wurden die hofpfalzgräflichen Dokumente gegen Ende des 18. Jahrhunderts immer billiger, nachdem der heraldische Markt in manchen Gegenden offenbar gesättigt war. Jede dieser Urkunden begann mit der Aufzählung aller kaiserlichen Titel. Allerdings – und das wird noch immer mißverstanden – war ein

Grabmal (Kopie) für den Bürger Hermann Maurer († 1358) an der Sebalduskirche in Nürnberg. Helmzier, Topfhelm, Decke und Schild ahmen die klassische Präsentation adeliger Wappen des 14. Jh. nach und sollen wohl den Anspruch auf Gleichstellung des reichsstädtischen Bürgertums mit dem reichsritterschaftlichen Adel zum Ausdruck bringen.

Wappenbrief nicht identisch mit einer Erhebung in den Adelsstand! Er war aber in manchen Fällen die Vorstufe dazu. F S. 165

Der bloße Besitz eines ererbten Familienwappens ist also kein Nachweis für eine adelige Herkunft, auch dann nicht, wenn die Darstellung des Wappens mit Topfhelm oder Spangenhelm künstlich »auf alt« und »adelig« gemacht ist, oder wenn sich z. B. der Coburger Ratsherr und mehrfache Bürgermeister Hans Schön »von Schlettach« nannte und sich um 1466 ein Wappen zulegte. In jedem einzelnen Fall wären schriftliche Dokumente zusätzlich zu Rate zu ziehen. Heutigen bürgerlichen Wappeninhabern, die einmal ihr ererbtes heraldisches Familiensymbol samt Begleittext wissenschaftlich überprüfen oder sich bei der Neuannahme eines Familienwappens beraten lassen wollen, sei folgende Anschrift empfohlen:

Heroldsausschuß der Deutschen Wappenrolle
Archivstraße 12-14
1000 Berlin 33

Es gibt für den heraldischen Laien Orientierungshilfen bei der Zuordnung eines Wappens. Familienwappen bürgerlicher Geschlechter sind zumeist einfeldrig, geteilt, gespalten oder auch mal quadriert. Schilde mit mehreren Feldern, mehreren Helmen, mit Schildhaltern oder gar einem Wappenmantel bzw. Wappenzelt, sollten den Familien des Hochadels oder überhaupt F S. 166 des Adels vorbehalten bleiben, denn Wappen mit sechs, neun etc. Feldern wollten einst den Zuwachs an Gebieten bzw. den Anspruch darauf, an Ämtern, Titeln, Funktionen etc. ausweisen.

Eine Blattkrone auf einem bürgerlichen Wappen ist – wie bei einem Adelswappen auch – alleine noch kein Hinweis darauf, daß ein Kaiser oder König der Familie ein besonderes Gnadenzeichen verliehen hat. Sie diente, wie der gedrehte Tuch-Wulst auch, dem Verdecken der Nägel oder Schnüre, mit denen eine Helmzier auf dem Helm befestigt war. Anders sieht es aus, wenn der Monarch, wie im Falle der Nürnberger Familie Grundherr geschehen, ausdrücklich eine »goldene Krone« in einem entsprechenden Wappen- bzw. Adelsbrief verliehen hat. Wollte sich aber eine adelige Familie, die beispielsweise einen Bären im Schild führte, von einer bürgerlichen Familie mit gleichem Wappenbild deutlich unterscheiden, so setzte sie dort, wo sie diese ständische Unterscheidung sichtbar machen wollte – z. B. an einer Kutsche, über einem Kirchenstuhl etc. – anstelle der Helmzier und des Helmes eine R a n g k r o n e über den Schild. Dabei bezeichnete in den unteren Adelsklassen die Zahl der Perlen bzw. Zacken den Rang. Wenn »jemandem eine Perle aus der Krone fiel«, war er rangmäßig heruntergestuft. Beim Hochadel dagegen zeigte die Gestalt der Krone den jeweiligen Rang. Auf bürgerlichen Wappen haben also Rangkronen nichts zu suchen.

Skizzen einiger Rangkronen im deutschsprachigen Raum

1 = Königskrone

2 = Großherzog (zum Großherzogtum Würzburg s. letztes Kap.)

3 = Herzog

4 = Fürst (war bis Anfang 18. Jh. die Rangkrone für die Markgrafen zu Brandenburg-Ansbach und Brandenburg-Kulmbach-Bayreuth, danach bevorzugte man Form 3)

5 = reichsständische Grafenkrone (für Grafen mit eigenem staatlichem Territorium im Gegensatz zu reinen Titulargrafen; war u. a. Rangkrone der Grafen von Schönborn).

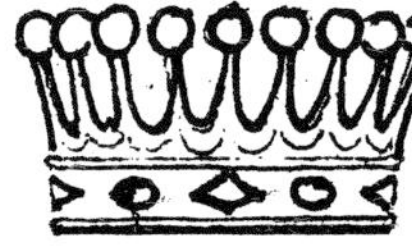

6 = Grafenkrone

7 = Freiherr

8 = einfache Adelskrone für den untitulierten Adel

Zu den schönsten fränkischen Beispielen eines bürgerlichen Wappens zählt das des traditionsreichen Geschlechts R a a b in Weißenburg.   F S. 167

Die korrekte Blasonierung (Beschreibung) lautet: In Silber ein kampfbereiter schwarzer Rabe mit rot ausgeschlagener Zunge auf grünem Dreiberg; auf dem schwarz-silbern bewulsteten Helm ein gesenkter schwarzer Anker, dessen Schaft in eine die Zahl 4 darstellende Hausmarke ausläuft. Helmdecken: schwarz-silbern. Die älteste Abbildung der Schildfigur des bereits seit 1360 in Weißenburg urkundlich nachweisbaren Geschlechts finden wir auf dem Siegel des Daniel Raab von 1578. Damit wurde nach seinerzeitigem Brauch ein Brief aus Wien an die Stadt Weißenburg bestätigt. Der kampfbereite Rabe findet sich schon auf dem Siegel des Dekans Georg Raab vom Jahre 1621. Ein noch erhaltener goldener Siegelring des Ratsherrn Georg Sebastian Raab (1704-1740) zeigt das noch heute gebräuchliche Vollwappen samt Helmzier. Erhalten geblieben ist auch der eindrucksvolle Grabstein des Bürgermeisters Georg Leonhard Raab in der Andreaskirche zu Weißenburg aus dem Jahre 1768. Im Jahre 1897 ließ Rudolf Raab dieses Wappen unter der Nr. 27718 in die Zeichenrolle beim kaiserlichen Patentamt eintragen, um so den Rechtsschutz dieses alten Familiensymbols sicherzustellen. 1950 schließlich beschloß der damals aus 21 Mitgliedern bestehende Familienrat, daß nur direkte Nachkommen des Pfarrers Georg Raab (1537-1605) zur Führung des Familienwappens berechtigt sind.

Dank der fundierten Forschungen des Weißenburger Fabrikbesitzers Klaus Raab konnte 1966 eine umfassende Ahnentafel samt Lebensbeschreibungen des Geschlechts veröffentlicht werden. Dieses Werk ist zu einer genealogischen Fundgrube auch für andere Familien geworden, zeigt es doch das jahrhundertelange Konnubium der Weißenburger Ratsfamilien, die in ihrer Gesamtheit in der kleinen Halle des Weißenburger Rathauses heraldisch verewigt sind. Es machte also Sinn, wenn man sich einst in Weißenburg auf der Straße vorsorglich mit »Herr Vetter« ansprach, auch wenn man den Grad der Verwandtschaft nicht mehr definieren konnte.

F S. 167

Wichtige Namen aus der Geschichte der alten Reichsstadt Weißenburg tauchen in der Raab'schen Ahnentafel auf. So sind die heutigen Raab direkte Nachkommen jenes Bürgermeisters Ulrich Hagen, der mit einer beispiellosen Volksabstimmung im Stile des parlamentarischen »Hammelsprung-Verfahrens« 1530 in Weißenburg die Reformation einführte. Zu den direkten Ahnen zählt auch Ratsherr Hans Kuttenfelder, der die Stadt auf dem alles entscheidenden Augsburger Reichstag von 1530, also bei der Geburtsstunde der evangelischen Kirche, vertreten hat. Wir finden die Namen bekannter Rothenburger Patriziergeschlechter, wie Jagstheimer, Winterbach, Trüb, Eisenhard, Hornburg etc., ebenso, wie adelige Spitzenahnen aus den Familien Schenk von Stauffenberg, von Tierberg, von Ow, von Bernhausen etc. Anlaß genug, auf eine unergiebige Qualifikation zwischen »reinen« Bürgergeschlechtern und »reinen« Adelsfamilien zu verzichten. Dies

gilt auch für deren Wappen, wenn sie den heraldischen Regeln bzw. denen der Ästhetik folgen.

Eine der schönsten Sammlungen farbiger Wappen des Adels und der Bürgerschaft enthält das Kiener'sche Wappenbuch im Stadtarchiv Nürnberg, das zwischen 1590 und 1602 entstanden ist. Unter den prachtvollen farbigen Abbildungen findet man auch ein Wappen mit einem aufspringenden silbernen Widder in Rot, zugehörig einer Familie »von Wimpffen« – unter soviel bürgerlichen Geschlechtern ein etwas überraschender Fund. Handelt es sich beim Namensgeber gar um Uradel aus der Stadt Wimpffen am Neckar, den es unter die Bürgerschaft der damaligen Reichsstadt Nürnberg verschlagen hat? Wir verdanken Lore Sporhan-Krempel die Klärung dieser Fragen und erfahren von einem etwas ungewöhnlichen Überwechseln einer bürgerlichen Familie in den Adel bis hin zur Mitgliedschaft in einem fränkischen Ritterkanton. Die Familie stammt tatsächlich aus der ehemaligen Reichsstadt Wimpffen, hieß aber nicht »von Wimpffen« und war auch nicht adelig, sondern führte den Namen »Hermann« (auch Hörmann) und war ganz bürgerlich. Anfangs des 15. Jahrhunderts sei, so berichtete die Familientradition, Sigmund Hermann nach Augsburg gekommen und habe »mit Erlaubnis Kaiser Karls IV., der ihn 1373 (!) zum Ritter geschlagen habe, den Namen von Wimpffen angenommen«. Dann aber erfahren wir, daß ein Heinrich Hermann 1512 nach Nürnberg gekommen sei und sich als erster »von Wimpffen« genannt habe. Schließlich ließ die Familie den alten Namen Hermann weg und behielt aus gutem Grund

nur noch das »von Wimpffen« – gelegentlich ergänzt durch das »genannt Hermann« – bei.

Immerhin schaffte es dieser erste Nürnberger Hermann aus Wimpffen, Genannter des Größeren Rats zu werden. Der große Durchbruch für die Familie kam durch den außergewöhnlich »geltungsbedürftigen« Johann Friedrich, dessen Frau vom Nürnberger Rat mit einer Geldstrafe belegt worden war, weil sie sich – im Gegensatz zu den Ratsvorschriften – beim Kirchgang mit einer ganz goldenen Haube zu arg herausgeputzt hatte. Nun setzte Johann Friedrich alles daran zu beweisen, daß die Wimpffen »zum ersten Stand« zu rechnen seien. Er erreichte immerhin, daß seine Familie zwar nicht zur führenden Schicht der ratsfähigen Geschlechter, aber immerhin zu den quasi an zweiter Stelle rangierenden Gerichtsfähigen zugelassen wurde. Hans Friedrich ließ aber nicht locker. Er überhäufte zunächst seine Heimatstadt mit allerlei Stiftungen und stellte gleichzeitig den Antrag in Wien, in die Ritterschaft des Kantons Altmühl aufgenommen zu werden. Wie er das schaffte, war vielen ein Rätsel. Jedenfalls ist die Urkunde Kaiser Leopolds I. vom 13.11.1658 datiert, in der dem Hans Friedrich und dem Hans Dietrich von Wimpffen, genannt Hermann, ein Wappen verliehen wird und beide »in ewige Zeiten rechtgeborene Lehen-Turniergenoss und rittermäßige Edelleute sein«. Nun brauchte Hans Friedrich nur noch die standesgemäße Frau. Hatte er in erster Ehe immerhin schon eine Fürleger aus dem Konnubium des Nürnberger Patriziats geheiratet, so wurde seine zweite Frau eine Kreß von Kressenstein aus der ersten

F S. 168

Garnitur des Patriziats. Sein standesmäßiger Höhenflug endete dennoch rasch und schmachvoll. Zehn Jahre nach seinem Wiener Triumph wurde er in Nürnberg wegen Unterschlagung, Bestechlichkeit und Dokumentenfälschungen verhaftet und starb im gleichen Jahr in Nürnberger Gefangenschaft. Die Söhne zogen verständlicherweise von Nürnberg fort. Nachkommen der Familie von Wimpffen haben später an fürstlichen Höfen hochgeachtete Positionen bekleidet und stiegen sogar in den Freiherrn- und Grafenstand auf.

Andere b ü r g e r l i c h e Geschlechter schafften den ersehnten »Aufstieg« in den Adel auf ganz klassische Weise. Der aus dem schwäbischen Memmingen stammende Bäckersohn David Kresser, er war das 12. Kind gewesen – erwarb 1571 das Bürgerrecht in Nürnberg und gehörte als Kaufmann bereits zu den Genannten des Größeren Rats. Seine Frau Elisabeth von den Fellen war keineswegs, wie der Name vermuten ließe, aus adeligem Hause, sondern die Witwe eines Bortenwirkers, sie brachte ihm aber ein »ziemliches Vermögen« zu. Sein gleichnamiger Sohn, der bereits in Nürnberg geboren wurde, verkaufte seinen Anteil am Handelsgeschäft der Familie an seine Brüder und erwarb 1615 von dem Freiherrn Christoph von Crailsheim das Rittergut Burgfarrnbach b. Fürth um die gewaltige Summe von 30 000 Gulden. Schon zwei Jahre später wurde der neue Rittergutsbesitzer in den Adelsstand erhoben und in die Fränkische Reichsritterschaft aufgenommen. Kaiser Ferdinand II. verlieh ihm 1623 gar den Titel »Kaiserlicher Rat«. Auch hier folgte die obligatorische Vollendung der Nobilitierung durch eine entsprechende

Heirat. War David II. Kresser in erster Ehe noch mit der Bürgerstochter Susanna Burckhardt verheiratet, so ehelichte er nach deren Tode um ca. 1619 mit Anna Sybilla Rosina Fuchs von Dornheim bereits eine Dame aus fränkischem Uradel. Nach seinem Tode 1628 wurde David II. Kresser in der Kirche zu Burgfarrnbach bestattet, sein Grabstein befindet sich noch heute dort.

Kresser von Burgfarrnbach

Der Enkel des Bäckersohnes David Kresser aus Memmingen, David III. Kresser, schaffte den adeligen Aufstieg vollends, als er von Kaiser Leopold 1662 in den Freiherrnstand erhoben, schließlich »Kaiserlicher Wirklicher Rat« und zusätzlich noch Direktor des Ritterkreises Franken wurde. Wen wundert es noch, daß von seinen beiden Frauen die erste aus dem gräflichen Hause Pappenheim und die zweite aus der nicht minder berühmten gräflichen Familie Auersperg stammte. Trotzdem war dem Geschlecht – was seine adelige Existenz angeht – nur ein relativ kurzer Erdenweg beschieden. Von den drei Töchtern Davids III. erreichte nur Anna Cordula das Erwachsenenalter, heiratete

1676 in die freiherrliche, dann gräfliche Familie Pückler (und Limpurg) und brachte den Besitz somit in ein neues Geschlecht ein.

Etwas anders verlief der Weg vom Bürger- zum Adelsstand bei der österreichischen Exulantenfamilie Dangrieß. Unter den evangelischen Glaubensflüchtlingen, die zwischen 1624 und 1626 Oberösterreich verließen, war auch der Handelsmann Leonhard Dangrieß aus Eferding. Er verließ bald das mit Flüchtlingen überfüllte Regensburg und kam in das markgräfliche Städtchen Schwabach. Hier erwarb er die sog. Fürstenherberge, den Renommiergasthof »Zur Güldenen Gans« (heute Marktplatz Nr. 29). Sein Pech war es, die schrecklichsten Tage Schwabachs 1632 mit der Erstürmung und Plünderung der Stadt durch Wallensteins Soldateska zu erleben – außerdem hatte er noch Wallenstein zu bewirten. Schwer traf ihn der Tod seiner Frau im gleichen Jahr. Ein Epitaph in der Schwabacher Stadtkirche erinnert noch heute an seine treue Lebensgefährtin. Das Allianzwappen zeigt das bürgerliche Dangrieß-Wappen und das Aman'sche seiner Frau.

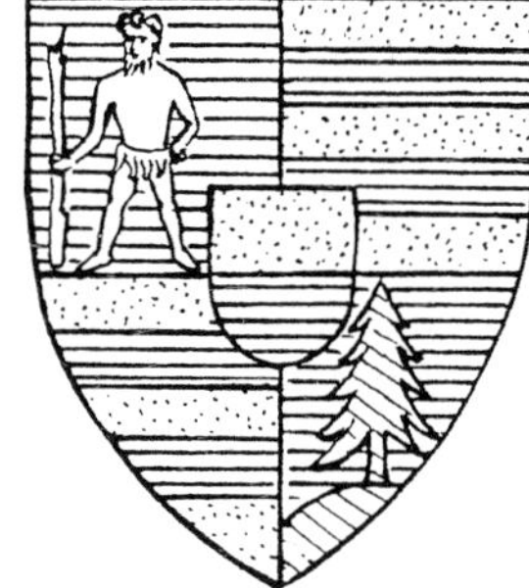

von Danngrieß

Wie angesehen Dangrieß in seiner neuen Heimat geworden war, beweist die ehrenvolle Berufung zum Amtsbürgermeister und Stadthauptmann. Als solcher hat er in Schwabach 1650, also zwei Jahre nach dem offiziellen Ende des Dreißigjährigen Krieges, die Dank- und Friedensfeste zum Westfälischen Frieden mitfeiern können. Seinen Sohn Ulrich drängte es nicht zum Gastwirtdienst. Er wurde 1663 Offizier der Brandenburg-Ansbachischen Leibgarde. Schon ein Jahr zuvor hatte er über seinen Lehrmeister, Freiherrn Christoph Friedrich von Eyb, ein Lehen in Vach b. Fürth erhalten.

Auch bei ihm öffnete eine Eheschließung das Tor zum Adel. In zweiter Ehe heiratete er 1668 im Schloß zu Weisendorf b. Höchstadt die Tochter Emerentia Magdalena des ehemaligen schwedischen Majors Martin von Ballhorn. Nur neun Monate später wurde er »wegen seiner Verdienste in Kriegs- und Friedenszeiten« durch Kaiser Leopold I. zu Wien in den Adelsstand erhoben. Von jetzt an schrieb sich Ulrich, zur Unterscheidung von seinen Geschwistern Dangrieß, »von Danngrieß« und führte nunmehr auch ein vermehrtes Wappen. Erstaunlicherweise erhielt das alte väterliche Wappen mit dem Tannenbaum das mindere Feld 4 zugewiesen, während das mütterliche Wappen – der Wilde Mann – das üblicherweise dem Stammwappen zustehende Feld 1 erhielt. Die eigentliche Wappenmehrung machen die Felder 2 und 3 mit den blauen Balken in Gold und der gold-blau geteilte Herzschild aus. Auf dem Helm liegt nicht, wie in der Literatur oft angegeben, eine Königskrone auf, sondern eine simple Blattkrone zur Verdeckung der Befestigung der Helmzier. Der Spangenhelm für eine

Adelsfamilie ist jedoch zutreffend, die Helmzier zeigt einen geharnischten Arm zwischen zwei gold-blau geteilten Adlerflügeln.

Nachdem Ulrich von Danngrieß 1682 das Rittergut Gleißenberg b. Scheinfeld erworben hatte, wurde das dortige Schloß zum Hauptwohnsitz der Familie. In der Pfarrkirche erinnert noch die Gruft und ein großes Grabdenkmal an das einst österreichische Geschlecht. Mit Carl Ludwig v. Danngrieß, der leider zu den Vergeudern der Familie zählte, wurde 1754 die Gruft für immer geschlossen. Schuldenberge, Mißwirtschaft und Leichtsinn führten, trotz zwischenzeitlicher Heiraten mit vermögenden Ehepartnern, nach dem Verlust von Gleißenberg – das Schloß wurde 1853 abgebrochen – 1810 auch zum Konkurs des erheirateten riesigen Besitzes und Vermögens zu Dettendorf-Obersachsen-Eggensee. Der letzte der Familie, Carl Friedrich Heinrich, resignierter königlich-preußischer Hauptmann, kehrte völlig verarmt nach Dettendorf zurück, landete dort im Armenhaus des Dorfes und starb am Heiligabend 1823. Seine letzte Ruhestätte fand er in der zweiten Erbgruft der Familie in Diespeck b. Neustadt/Aisch. Wenngleich er zum Selbstunterhalt »wegen Kränklichkeit und moralischer Unfähigkeit« nicht geeignet gewesen sei, habe er doch noch soviel Stolz besessen, das Angebot eines bürgerlichen Grundbesitzers auszuschlagen, ihn finanziell und wirtschaftlich abzusichern, falls er den bürgerlichen Gönner durch Adoption zu einem »von Danngrieß« machen würde.

Von der Ausnahme-Reichsstadt Nürnberg einmal abgesehen, haben auch in anderen fränkischen Städten manche Bürgerfamilien, wenn

auch nicht in dieser Fülle wie in Nürnberg, den Übergang in den Adel geschafft. Dabei wurden, je nach Rangerhöhung, in der Regel auch die Wappen verändert. Aus der Dinkelsbühler Familie Drechsel wurde 1556 Melchior Drechsel von Kaiser Karl V. zu Brüssel in den Adelsstand erhoben, der – wie wir vom Vorstand des (bayerischen) Reichsheroldsamtes von 1815, Karl Heinrich Ritter von Lang, erfahren – 1579 auch auf die beiden Brüder Melchiors ausgedehnt wurde. Walther wurde Stammvater der Freiherrn von Drechsel, und Peter, Stadtamtmann von Dinkelsbühl, eröffnete die Reihe der Herren von Drechsel. Die gräfliche Linie des Hauses leitet sich wiederum von Carl Joseph her, königlich bayerischem Kämmerer und Präsidenten des Rezatkreises, der 1778 in Ansbach zur Welt kam und von König Max I. Joseph 1817 in den bayerischen Grafenstand erhoben wurde.

Von den Rothenburger Geschlechtern sind die von Staudt, geadelt 1700, und die von Winterbach zu erwähnen. Letztere erhielten 1600 einen Wappenbrief und 1695 das Adelsdiplom »mit Zugabe des Namens Schauenburg, eines ihm verwandten ausgestorbenen Elsässischen adelichen Geschlechts, das sich Schauenburg-Winterbach geschrieben«, wie uns Ritter von Lang berichtet. Erinnert sei auch an die aus Gollachostheim stammenden (von) Bezold, die in den Rat zu Rothenburg kamen und deren zahlreiche Grabdenkmäler noch in den Rothenburger Kirchen erhalten sind. Die Wappen der Familie datieren aus den Jahren 1591 und 1843. Von den Weißenburger Familien erhielten die Lotzbeck 1559 einen kaiserlichen Wappenbrief und 1800 den Reichsadel mit dem Namenszusatz »von Blancfort« samt obligatorischer »Wappenbesserung«, was der Vermehrung der Felder entsprach. 1815 wurden die von Lotzbeck noch bayerische Freiherrn. Schon 1765 waren die Weißenburger von Troeltsch in den Reichsadel und 1790 in den Freiherrnstand aufgenommen worden.

Mit einer der eindrucksvollsten gestalterischen Leistungen in (Bad) Windsheim bleibt der Name des Senatorengeschlechts Keget verbunden. Das Herzstück der alten Reichsstadt, das imperiale barocke Rathaus, ließ der Bürgermeister und kaiserliche Oberrichter Georg Wilhelm von Keget erbauen. Jahrhundertelang hatte die Familie – bisweilen Kegelt oder Kechett geschrieben – in Windsheim gelebt, und seit dem 15. Jh. in jeder Generation einen Ratsherren gestellt. Den großen ständischen Durchbruch schaffte dann der schulisch und wirtschaftlich bestens ausgebildete und dann auch als Handelsmann erfolgreiche Bürgermeister Augustin Keget, der nicht nur Kaiser Josef I. in seinem Haus zu beherbergen wußte, sondern von ihm auch 1708 geadelt wurde. Selbst das Umfeld für die Nobilitierung war von der Familie geschickt und langfristig vorbereitet worden. So konnte Augustin Keget bereits vorher einen adeligen Schwiegersohn und eine adelige Schwiegertochter vorweisen. Mit seinem Sohn Georg Wilhelm, dem Rathauserbauer, erreichte das Geschlecht schließlich seinen geschichtlichen Höhepunkt. 1774 starb der letzte Keget in Windsheim, die Rothenburger Linie erlosch 1841 im Mannesstamm. Die letzte Namensträgerin überhaupt, Hedwig von Kegeth – wie sich das Geschlecht in Rothenburg schrieb – heiratete 1867 den königlich bayer. Oberleutnant Bähr.

1 = Winterbach
2 = von Winterbach
3 = von Kegeth
4 = von Schwarz
5 = von Neu
6 = von Lotzbeck
7 = Drechsel (Dinkelsbühl)
8 = Grafen Drechsel v. Deufstetten
9 = von Bezold
10 = von Staudt
11 = von Seefried
12 = Freiherrn Seefried v. Buttenheim

Anmerkungen zur Familie v. Seefried:
Das Bildepitaph für den 1638 verstorbenen Marx Jacob Seefridt in der St. Georgskirche zu Nördlingen zeigt im goldenen Schild einen schwarz gekleideten oberhalben bärtigen Mann mit (grüner?) Stirnbinde, in der rechten Hand zwei grüne Blätter haltend. Der 1723 in den Adelsstand erhobene Zweig der Seefried von Buttenheim führte das Wappen Nr. 11, der der Freiherrn (ab 1790) den Schild Nr. 12.
(Die Grafen v. Seefried ab 1904 in den Feldern 2 und 3 in Rot einen silb. Hundekopf mit schwarzem Kettenhalsband = Wappen der erloschenen von See).

Einen vergleichbaren Weg nahm die Familie von Schwarz, die 1816 geadelt wurde, im gleichen Jahr die Rittergüter Schloß Artelshofen im Pegnitztal und im Jahr darauf Schloß Henfenfeld b. Hersbruck erwarb. Größere Schwierigkeiten hatte die Familie von Neu mit der Anerkennung ihres Adels im neuen Königreich Bayern nach 1806. 1614 war Balthasar Neu, Geheimer Sekretarius des Markgrafen von Brandenburg-Ansbach, geadelt worden. Die beglaubigte Abschrift des Adelsdiploms genügte den bayerischen Behörden jedoch nicht, sie forderten »aufsteigende Taufscheine« zur Vorlage. Schließlich half eine Lehensurkunde, ausgestellt 1742 von Markgraf Carl Wilhelm Friedrich für Dürrenmungenau, in der sich ausführliche Ahnenhinweise über die von Neu fanden. Nun stand der Aufnahme der Familie in die bayerische Adelsmatrikel 1812 nichts mehr im Wege.

Den rasantesten und weitesten Sprung, vom angesehenen Bürger- bis in den Fürstenstand innerhalb von zwei Jahrzehnten (!), schaffte die ursprünglich aus Westfalen stammende Familie Wrede. 1790 stieg der kurpfalzbayerische Geheime und Regierungsrat Ferdinand Josef Wrede in den Reichs- und pfalzbayerischen Adelsstand auf und ein Jahr später in den Freiherrnstand. Bereits sein Sohn Karl Philipp, der große bayerische Feldmarschall, erhielt dann von Kaiser Napoleon 1809 den französischen

Wappen der Fürsten Wrede (in: E. Bachmann, Residenz Ellingen; Wiedergabe mit frdl. Erlaubnis des Präsidenten der Bayer. Verwaltung der staatlichen Schlösser, Gärten und Seen, Frhr. v. Crailsheim).

Grafentitel (Comte de l'Empire), den ihm König Max I. Joseph auch für Bayern bestätigte und bereits 1814 den bayerischen Fürstenstand als Dank des Königs für Karl Philipps einzigartigen Einsatz für das Werden des Königreiches Bayern. Schon zwei Jahre später wurde der neue Fürst noch mit der ehemaligen Deutschordensresidenz Ellingen in Form eines Thronlehens ausgestattet. Als einziges Wappen in Franken enthält das der Fürsten Wrede im heraldisch rechten oberen Eck ein sog. »napoleonisches Freiviertel« (in Blau ein aufwärts gestelltes silbernes Schwert), wie Napoleon es üblicherweise französischen Grafen verliehen hat.

Ob alter Adel, alteingesessene Bürgergeschlechter oder Neu-Geadelte, alle lernten früher oder später, was es hieß, einer traditionsreichen Familie anzugehören. Der verstorbene Staatssekretär Karl Theodor Freiherr von und zu Guttenberg hat es einmal so formuliert: »Einen alten Namen zu tragen, ist nichts als ein Auftrag. Eine Last, kein Privileg. Ein Inhalt, keine Hülle. Ein Müssen, und niemals ein Dürfen«.

Lit.: Schöler, Hist. Fam.; Jäger-Sunstenau; Bieberstein; Imhoff, Berühmte...; Hildebrandt; Arndt, Hofpfalzgrafenreg.; Raab; Kiener; Sporhan-Krempel; Hirschmann, Die Familie v. Neu; Jaeger; Kübele; Roth; Sandhöfer; Crailsheim; Eyb; Lang; Bachmann, Ellingen; Schöler, Weißenburg; Sayn-Wittgenstein; Schwarz.

Was hat ein Ehepaar mit einem Bischof – heraldisch – gemeinsam?
oder
Welches Wappen hat eine Frau?

Die berühmte Jungfrau von Orleans in allen Ehren, aber sonst sind die Frauen nicht mit Schild, Helm, Schwert und Lanze hochgerüstet [...] in Wappen »mit allem [...] Damen aber sehr [...] der nicht. Solange sie unverheiratet waren, selbstredend das ihres Vaters, nach der Hochzeit das ihres Mannes oder auch das ihre mit dem des Mannes vereint. Schon anläßlich der Hochzeit wurden gerne die Wappen der Ehepartner am Tor des Hochzeitshauses, in der Kirche, bei Tisch und auf Hochzeitsgeschenken angebracht. Sorgte ein Ehepaar gar für den Neubau einer Kirche, eines Schlosses, eines Anbaus, eine Altarstiftung oder ähnliches, dann wurde ebenfalls das Allianzwappen in Stein oder Metall gefaßt bzw. aufgemalt, um künftigen Generationen die

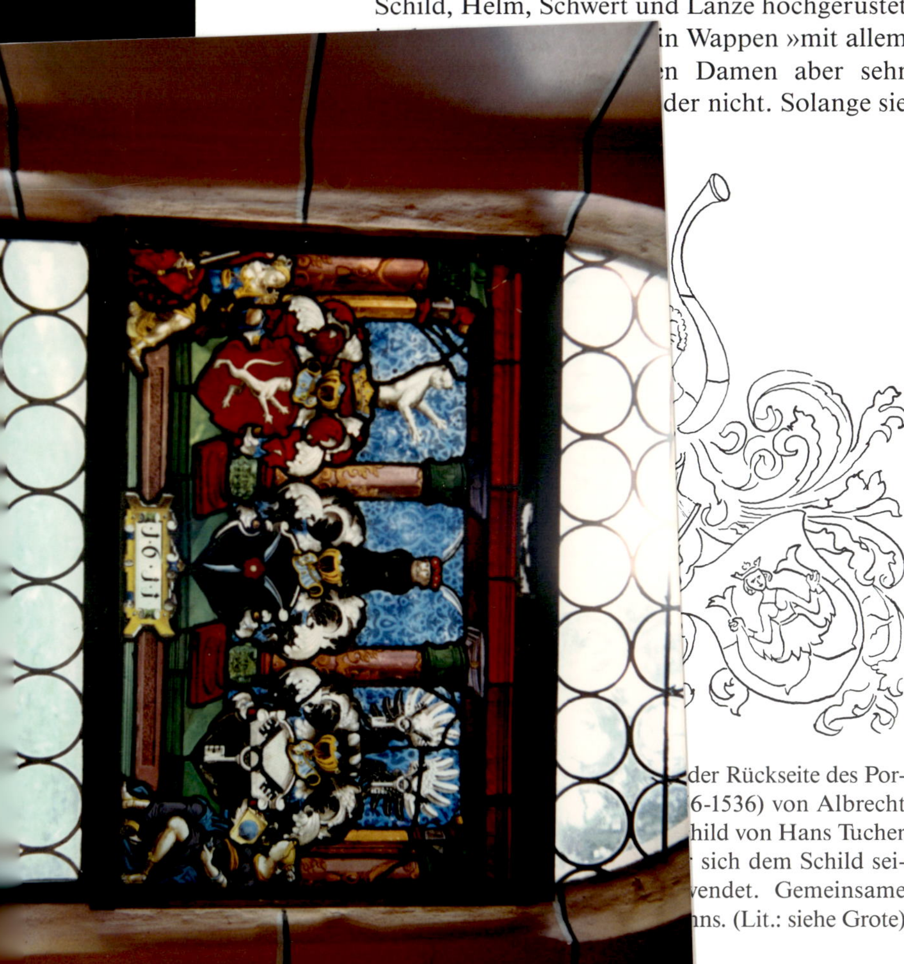

[...] der Rückseite des Por-[...] 6-1536) von Albrecht [...] hild von Hans Tucher [...] sich dem Schild sei-[...]vendet. Gemeinsame [...]ns. (Lit.: siehe Grote)

Ehewappen Tetzel/Schlüsselfelder (Glasmalerei) in der ev. Pfarrkirche zu Kirchensittenbach b. Hersbruck: Das Wappen von Jobst Friedrich Tetzel (die Katze) wendet sich dem heraldisch links stehenden Wappen seiner Frau Anna Schlüsselfelder zu, das seine Helmzier beibehält (1611).

Frage nach den Bauherrn, den Stiftern etc. zu erleichtern. Daß hier auch ein gutes Stück berechtigten Stolzes bildhaft zum Ausdruck gebracht wurde, liegt auf der Hand.

Dabei galt und gilt folgende Grundregel: Immer muß das Wappen des Mannes vom Beschauer aus links stehen (heraldisch rechts; »Schwertseite«, vom Schildträger aus gesehen). Sollte das Wappen des Ehemannes ein Lebewesen bzw. einen »richtungsweisenden« Gegenstand darstellen, so muß es sich aus heraldischer Höflichkeit (Courtoisie) dem Wappen der Frau zuwenden, also entgegengesetzt der heraldischen Grundregel, nach der ein Wappen vom Beschauer aus immer nach links in Richtung des gedachten Schildträgers blicken müsse. Auch der Helm und die Helmzier haben sich dem Wappen der Frau (der »Spindelseite«) zuzuwenden, falls nicht ohnehin die Helmzier des Mannes als e i n e gemeinsame Helmzier genommen wird. Auch dann muß sich das gemeinsame Kleinod dem des Frauenwappens zuwenden. Selbstredend darf das Wappen der Frau nicht wegschauen, sondern muß in der klassischen heraldischen Richtung – vom Beschauer aus nach links – blicken. Hier liegt auch eine der Fehlerquellen für heraldisch Unkundige, wenn sie beim alleinigen Abzeichnen des »männlichen« Wappens vergessen, Schild, Helm und Helmzier wieder umzudrehen!

Besonders häufig treten Frauenwappen als Beischilde auf den Totenschilden ihrer Männer, auf Stifterbildern, aber auch auf eigenen Grabdenkmälern auf. Dagegen finden wir in Franken ziemlich selten die nur Frauen vorbehaltene Form des rautenförmigen Schildes, in dem ihr väterliches Wappen alleine oder gemeinsam mit dem des Ehemannes abgebildet ist.

Schema:
1 2 5 6
3 4 7 8

Rückseite der in den Fürther »Medaillen-Kunst«-Werkstätten (von Medailleur Hans Mohl) geschaffenen Medaille zur 500-Jahr-Feier des »Erdapfels« von Martin Behaim. Die Szene findet sich u. a. auf einem Leuchter wieder, den Martin Behaims Sohn 1519 für seinen 1507 verstorbenen Vater gestiftet hat:
Feld 1: Stammwappen Behaim
Feld 2: Martin Behaims Mutter Agnes Schopper
Feld 3: Vaters Mutter, eine geb. Hirschvogel
Feld 4: Mutter seiner Mutter, eine geb. Muffel
Felder 5–8 zeigen das Wappen von Martin Behaims portugiesischer Ehefrau Johanna (Tochter des Jobst Hurter und einer portugiesischen Adeligen).

Ausschnitt aus dem Titelblatt des Trauergedichts für die 1757 verstorbene Maria Magdalena Kreß von Kressenstein, geb. Fürer von Haimendorf: Ihr ererbtes väterliches Wappen ist in Rautenform dargestellt. (Nachzeichnung des Verf. nach einem Kupferstich von M. Tyroff)

52

Die Fülle der Allianzwappen ist in Franken kaum zu zählen. Hier nur einige Beispiele für die Vielfalt der Präsentation:

Am Haupteingang des Schlosses Weißenbach, Markt Zeitlofs, seit 1358 im Besitz derer von Thüngen, gilt das Allianzwappen dem verdienten Forstmann und langjährigen Majoratsherrn der Freiherrlich von Thüngenschen Domänenverwaltung, Wolf-Hartmann Freiherr von Thüngen, ✳ 1923, und seiner Frau Gabriele, geb. Freiin von Zedlitz und Neukirch.

Am »Blauen Schloß« zu Obernzenn zeigt das Ehewappen von 1711, daß beide Ehepartner

Totenschild des Franz Haller, † 1371, mit den Beischilden seiner beiden Ehefrauen Anna von Stiebar (mit der Lanzenspitze) und einer geb. von Ehenheim (Balken) (Nachzeichnung vom Verfasser) (Lit.: Pilz).

Grabdenkmal der 1419 verstorbenen Elisabeth Gräfin v. Rieneck, geb. Gräfin v. Castell, in der kath. Pfarrkirche zu Lohr am Main. Hier steht das ererbte väterliche Wappen heraldisch rechts und hat damit Vorrang vor dem (neunmal geteilten) Schild ihres Mannes. (Nachzeichnung vom Verf.)

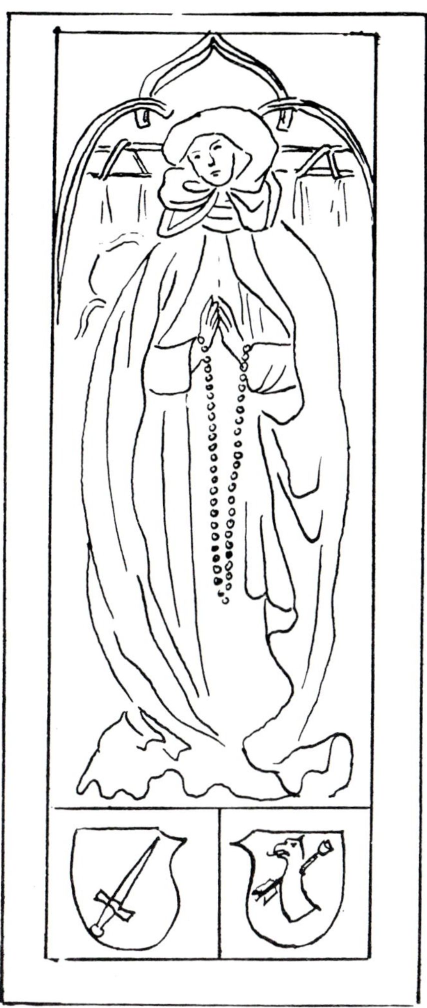

Grabstein der 1502 verstorbenen Elisabeth Kreß von Kressenstein, geb. v. Löhneisen, an der Kirche zu Pressath/Opf.: Hier steht das väterliche Wappen, wie üblich, heraldisch links, und die Schildfigur im Wappen des Ehemannes (Schwert) wendet sich dem Schild der Frau zu. (Ausschnitt aus einem Kupferstich, Nachzeichnung vom Verf.)

der Familie von Seckendorff entstammten. Im Giebel von Schloß Rügland b. Ansbach erinnert das Allianzwappen von 1717 an die Ehe des Freiherrn Hannibal von Crailsheim mit Maria Sidonia Freiin von der Beck. Eine der kostbarsten Brauttüren, geschmückt mit den Wappen der beiden Brautleute und der Jahreszahl 1587 brachte Anna Rufina von Rotenhan, geb. Riedesel zu Eisenbach, in die Ehe mit Bastian von Rotenhan und in die Ausstattung von Schloß Eyrichshof im Tal der Baunach ein. Im Schloß Ahorn, das seit 1821 den Freiherrn von Erffa gehört, erinnert ein Himmelbett mit dem Allianzwappen v. Streitberg/Truchseß von Henneberg an den Vorbesitzer Wilhelm von Streitberg, der die technisch und künstlerisch berühmte Wendeltreppe in den Treppenturm des Vorderen Schlosses einbauen ließ.

Wappenhaltende steinerne Löwen zeigen an der Brücke zur Burg Greifenstein, einer der schönsten Wehranlagen in der Fränkischen Schweiz, heraldisch korrekt die Ehe eines Schenk von Stauffenberg mit einer Dame aus dem Hause Groß von Trockau an. Während der Führung durch die sehenswerte historische Anlage wird der Besucher auch in den »Ahnensaal« geführt, in dem er keine Porträts, sondern auf runden Scheiben die Wappen sämtlicher Frauen bis zur Gegenwart vorfindet, die in das Haus der Grafen Schenk vom Stauffenberg eingeheiratet haben.

Daß nicht jedes Allianzwappen, das an ein Ehepaar erinnert, auch zum Talisman für eine glückliche Ehe geworden ist, bedarf eigentlich keiner besonderen Erwähnung. Und doch fallen manche Schicksale aus dem üblichen Rahmen. Dazu zwei Beispiele jeweils verschiedener Stände:

Da wäre die unglückliche Ehe des »wilden Markgrafen« Carl Wilhelm Friedrich zu Brandenburg-Ansbach zu nennen, der 1729 als 17jähriger aus Gründen der Staatsräson die 15jährige preußische Prinzessin Friederike Louise, die Schwester Friedrichs des Großen, heiraten mußte. Anstelle der vielfeldrigen Staats- und Familienwappen beider Hohenzollernlinien wählte man an Kirchen, Pfarrhäusern und an Fürstenlogen oft die vereinfachte Darstellung von Monogramm-Medaillons, die sich wie Wappen einander zuneigen. Auch hier hat der Mann die heraldisch rechte (vom Beschauer aus linke) Seite zu übernehmen, während für die Frau immer die heraldisch linke Seite reserviert ist. Über beiden Medaillons ruht in der Regel der Fürstenhut.

Monogramm-Medaillons (in heraldischer Stellung) von Markgraf Carl Wilhelm Friedrich zu Brandenburg-Ansbach und Markgräfin Friederike Louise, geb. Prinzessin von Preußen, an der ehem. Hofloge der St. Gumbertuskirche in Ansbach (Nachzeichnung v. Verfasser).

Eine Tragik ganz anderer Art steht hinter dem Allianzwappen des Nürnberger Ratsherrn und Vordersten Losungers Nikolaus III. (auch Niklas) Muffel und seiner Ehefrau Margarethe, einer geb. von Laufamholz (Laufenholz), das wir unter den Glasmalereien im Muffelfenster der Lorenzkirche zu Nürnberg ausmachen können. Der Schild des Ehemannes ist heraldisch korrekt gedreht und dem seiner Frau zugewandt, d. h. der steigende Löwe schaut zum Laufenholz-Wappen. Das Unglück der beiden beruht nun nicht auf ehelichen Zwistigkeiten, sondern im schrecklichen Ende von Niklas Muffel. Aus einer der ältesten in Nürnberg nachweisbaren Familien stammend – erstmals 1286 nachgewiesen – hatte er eine glanzvolle Karriere vor sich. Mit 21 Jahren heiratete er standesgemäß die adelige Margarethe von Laufenholz. Bereits zwei Jahre später, im Jahre 1433, wurde er Ratsherr. Hochbegabt, erhielt er bald wichtige diplomatische Aufgaben seiner Vaterstadt übertragen. So war er verantwortlich für die Überbringung der Reichskleinodien von

Allianzwappen des Losungers Niklas Muffel und seiner Frau Margarethe, geb. von Laufenholz (Laufamholz) (Zeichnung v. Verfasser). Das Muffelwappen ist, gemäß heraldischer Courtoisie. umgedreht und dem Wappen der Ehefrau zugewandt.

Nürnberg nach Rom zur Kaiserkrönung im März 1452. Nach der Übernahme des höchsten Amtes seiner Vaterstadt, also des Vordersten Losungers, ging fortan sämtlicher geheime Schriftverkehr durch seine Hände, und außerdem oblag ihm, wie dem Zweiten Losunger, die gesamte Finanzverwaltung. Die Katastrophe für ihn und seine engere Familie brachte schließlich seine geradezu pathologische Sammelleidenschaft von Reliquien. Seine Sammlung war inzwischen auf über 300 Exemplare angewachsen und deren Erwerb hatte ihn Unsummen gekostet, so daß er sich schließlich in der Staatskasse vergriff. 1468 entwendete er tausend Goldgulden und wurde dabei erwischt. Bemerkenswerterweise brachte ihn aber nicht dieses Vergehen zu Fall, sondern ein nachweislicher Bruch seines Amtsgeheimnisses. 1469 verübte die Oligarchie der staatstragenden Patrizier grausame Selbstjustiz an ihrem Standesgenossen und obendrein vielfach Verwandten: Niklas Muffel wurde durch den Strang hingerichtet. Die Kinder von Niklas und Margarethe Muffel – an sie erinnert außerdem noch eine Wappenabbildung in der Kirche zu Beerbach b. Lauf – hatten in ihrem Fortgang innerhalb des Patriziats keine Nachteile. Sie verschwägerten sich auch in Zukunft mehrfach mit den übrigen Geschlechtern der Nürnberger Führungsschicht. Ein Enkel des Niklas, Jakob Muffel, gehörte wieder zu den Sieben Älteren Herren des Rats und wurde von Albrecht Dürer porträtiert.

Wir haben gesehen, daß das Wappen des Mannes immer heraldisch rechts und das der Frau immer heraldisch links zu stehen kommt. Aber auch hier sei eine amüsante Anmerkung gestattet und gleichzeitig vor einer schematischen Anwendung dieser so wesentlichen heraldischen Regel gewarnt:

An der Einfahrt zum Barockschloß der Freiherrn von Franckenstein in Ullstadt begrüßen zwei mächtige steinerne Löwen als Wappenhalter den Besucher. Die mehrfeldrigen Wappen sind identisch und obendrein jeweils mit einem Fürstenhut gekrönt. Trotzdem wird hier keine Ehe eines Fürstenpaares mit gleichem Familiennamen und -wappen heraldisch ausgewiesen und auch keine Eheschließung innerhalb

Wappen des Bamberger Fürstbischofs Wigand von Redwitz († 1556), dargestellt als Wappenallianz zwischen dem Bistumswappen (Löwenwappen belegt mit der Schrägrechtsleiste) und seinem Familienwappen. Der Bamberger Löwe ist hier in der im 16. und 17. Jh. verbreiteten irrtümlichen Auffassung als »Stangenreiter« abgebildet.

der Familie von Franckenstein. Beide Wappen gelten dem von 1746-1753 regierenden Bamberger Fürstbischof Johann Philipp Anton von Franckenstein und zeigen jeweils das große Allianzwappen Franckenstein/Bistum Bamberg, wobei die Bamberger Löwen hier im typisch barocken Mißverständnis als »Stangenreiter« dargestellt sind.

Wir sehen, daß man auch das Wappen eines Fürstbischofs als Allianzwappen bezeichnet. Hier im Fränkischen waren das die Amtsinhaber von Würzburg, Bamberg und Eichstätt. Wie bei einem Ehewappen wurden zwei Wappen entweder gegenübergestellt, einander zugeneigt oder in einem Schild vereinigt, allerdings mit einem wesentlichen Unterschied: Das Familienwappen des Bischofs wurde nicht mit dem einer Frau, sondern mit dem Staatswappen des Bistums vereinigt. Häufig erhielt das Bistumswappen dabei in einem quadrierten Schild die Felder 1 und 4 – wie in einer Ehe der Mann – reserviert.

Gleiches galt natürlich auch für die Äbte der Klöster. Daß – wie bei den Bischöfen – hier anstelle der Helmzier und des Helms zumeist eine Mitra auf den Schild und der Krummstab dahinter gesetzt wurde, erleichtert heute die Unterscheidung geistlicher und weltlicher Wappen. Der Versuchung, möglichst viel weltliche Machtfülle, oder den Anspruch darauf, für alle Welt über die Heraldik sichtbar zu machen, sind auch geistliche Würdenträger, insbesondere in der Barockzeit, erlegen. Woran man sehen kann, daß es auch bei den hohen geistlichen Herren, bei allem verehrungswürdigen und zu respektierendem heiligem Leben, dann und wann auch reichlich »menschelte«.

Am Beispiel des Wappens von Eugen Montag, des letzten Abtes des Zisterzienserklosters Ebrach (er amtierte von 1791-1803), soll diese Selbstdarstellung und die der erstrebten Reichsunmittelbarkeit etwas ausführlicher dargestellt werden, schließlich hatte der Abt noch fünf Jahre vor seiner Wahl die Schrift »*Ob der Abtei Ebrach in Franken das Prädikat reichsunmittelbar rechtmäßig gebühre?*« publiziert.

F S. 168

Der »redende« Herzschild (in Blau ein silberner Stern über einem liegenden silbernen Halbmond) soll den Familiennamen des Abtes zum Ausdruck bringen. Auch das eigentliche Klosterwappen kann als »redend« bezeichnet werden. Der Eber mit dem zurückgewandten Kopf und dem Krummstab im Rüssel spielt auf die nette Klostersage an, wonach das Kloster justament dort entstanden sei, wohin ein Eber den Krummstab geschleppt habe. Auch das dritte Wappenfeld, der in zwei Reihen silbern und rot geschachte Schrägbalken (in der Regel in Schwarz), ist zu akzeptieren, da dieses Symbol als gemeinsames Ordenswappen aller Zisterzienserklöster und obendrein als überliefertes Wappen des Ordensgründers Bernhard von Clairvaux gilt. Aber dann beginnt der Nebelvorhang der Historien- und Legendenbildung. Noch in diesem Jahrhundert wurde der aufrechte schwarze Greif in Gold (er ist seit 1562 im Klosterwappen) als Wappentier der legendären Klostergründer Berno und Riwin betrachtet. Und warum ein Greif? Weil dieses Fabelwesen u.a. die Aufgabe gehabt habe, »die Edelsteinschätze der Gebirge zu hüten« und damit als Beweis für die edle Abkunft von Berno und Riwin dienen könne. Diese »Erklärung« ist ebenso blanke Phantasie wie das Wappen

selber. Zu Zeiten der beiden als Ministerialen der Grafen von Höchstadt belegten Stifterbrüder gab es noch gar keine Wappen.

Anders steht die Sache mit den drei übereinander schreitenden schwarzen Löwen in Gold, die seit rund 1660 das Ebracher Klosterwappen bereichern. Es ist tatsächlich das Geschlechtswappen des Kaiserhauses der Hohenstaufen und erstmals in dieser Form im Reitersiegel Kaiser Heinrichs VI. (regierte von 1190-97) nachgewiesen, nur, sein Vor-Vorgänger Konrad III., der von der Ebracher Klostertradition ebenfalls als Stifter angesehen wird, hat dieses Wappen noch nicht geführt. Bleibt der doppelköpfige Reichsadler, den sich die Ebracher Äbte ebenfalls 1562 in den Gesamtschild setzten. Mag dieses Symbol ursprünglich als Amtswappen von Konrad III. mißverstanden worden sein (der doppelköpfige Kaiseradler wird erst ab ca. 1400 gängige Praxis), so wurde es doch im Laufe der Jahrhunderte immer mehr zum Anspruchswappen auf den ersehnten Rang einer reichsunmittelbaren Abtei. Der Übergang an das Königreich Bayern hat dann alle Träume in dieser Richtung beendet.

Allianzwappen (in Medaillonform) des letzten Eichstätter Fürstbischofs Joseph von Stubenberg (reg. 1790-1803): Analog einem Ehewappen nimmt das Bistumswappen (der Bischofsstab) die Stelle des Mannes und das Familienwappen der Stubenberg die Stelle der Frau ein; heraldisch korrekt dreht sich der Bischofsstab dem Familienwappen zu, und beide Medaillons sind einander zugeneigt.

Lit.: Grote; Schöler, Hist. Fam.; Frank; Thüngen; Sayn-Wittgenstein; Schöler, Federspiel; Imhoff, Berühmte; Stolz, St. Lorenz; Schröder; Bieberstein; Hirschmann, Muffel.

Wenn ein Schild gestürzt wird
oder
Vom Erlöschen einer Familie

Einen Laien mag irritieren, wenn in der heraldischen, genealogischen oder historischen Literatur bei einer Familie der Vermerk »Erloschen« erscheint. Gemeint ist damit immer, daß besagtes Geschlecht im M a n n e s s t a m m ausgestorben ist. Auch wenn dieser letzte männliche Vertreter acht Schwestern gehabt haben mag, galt das Geschlecht als nicht mehr vorhanden, zumindest im juristischen Sinne, wobei Erbfragen und Erbrecht natürlich eine ganz andere Angelegenheit sind. Jedenfalls war diese Praxis, Familien als »erloschen« oder »ausgestorben« zu erklären, Ausdruck des durch Jahrhunderte geübten Namensrechts, das bei der Eheschließung – im Gegensatz zu heute – der

Ehefrau automatisch den Familiennamen des Mannes gab. In fürstlichen Häusern schied z. B. eine Prinzessin juristisch aus ihrem bisherigen väterlichen Familienverband aus und zählte ab sofort als Mitglied des Hauses ihres Mannes, was schon aus Gründen der späteren Versorgung außerordentlich wichtig war. So erhielten in einer fürstlichen Familie bis vor kurzem alle männlichen Mitglieder und die unverheirateten Prinzessinnen anteilmäßig Apanagen aus dem Familienvermögen, nicht jedoch die verheirateten weiblichen Mitglieder des Hauses.

Ob aus bürgerlicher oder adeliger Familie, mit dem letzten männlichen Vertreter galt das Geschlecht deshalb als erloschen, weil der Name

nicht mehr weitergegeben werden konnte. Eine berühmte Ausnahme bildete das Haus Habsburg, das genau genommen 1740 mit dem Tode Kaiser Karls VI. im Mannesstamm ausgestorben war, aber dank der sog. Pragmatischen Sanktion zugunsten von Maria Theresia und ihres Mannes, des Herzogs von Lothringen, über die Bildung des Doppelnamens Habsburg-Lothringen fortbestehen konnte und auch bis in die Gegenwart diesen Namen führt.

Das Ende einer Familie wurde in Stammfolgenverzeichnissen, in Familienchroniken oder überhaupt in der historischen Literatur gerne mit der lateinischen Formulierung »ult. fam.« (ultimus familiae = Letzter des Geschlechts) hinter dem Namen gekennzeichnet. Im Biedermannschen Geschlechtsregister, das als historische oder genealogische Quelle hinsichtlich Zuordnung und Daten nicht immer zuverlässig ist, folgt hinter dem Namen des ultimus familiae manchmal der Wortlaut »*gestorben anno … als der Letzte seines Namens, Geschlechts, Schilds und Helms…*«. Heraldisch wurde das Aussterben einer Familie im Mannesstamm durch die Abbildung eines gestürzten Familienwappens am Grabmal des letzten männlichen Vertreters zum Ausdruck gebracht. Gelegentlich wurden Wappen und/oder Inschrifttafel, wie beim Erlöschen der Pfedelbach-Linie des Hauses Hohenlohe in der Stiftskirche zu Öhringen an einem Epitaph deutlich zu erkennen, mit einem künstlichen Riß versehen.

Das prachtvolle Grabdenkmal für den letzten Pfinzing von Henfenfeld in der Kirche zu Großgründlach (nördl. Nürnberg) zeigt mit dem von Putten getragenen gestürzten Schild das Erlöschen der Familie im Jahre 1764 an. Bestattet wurde er in der Erbgruft der Familie zu Henfenfeld. Dort steht auch ein weiteres barockes Grabdenkmal für den »ultimus familiae«. Wie die Feierlichkeiten für diesen letzten Namensträger einer Familie abliefen, die durch ein halbes Jahrtausend lang die Geschicke der Reichsstadt Nürnberg und auch an den kaiserlichen Höfen mitgestaltet hatte, schildert uns Helmut Freiherr Haller von Hallerstein in seinem Buch »Schloß und Dorf Henfenfeld« (S. 52): »(1763) ... wurde Johann Sigmund Pfinzing zum vordersten Losunger, Reichsschultheißen und Kastellan auf der Reichsveste erwählt. Aber nur wenige Monate war es ihm vergönnt, diese hohen Ämter zu bekleiden. Am 10. März 1764 starb er und wurde in der Erbgruft in der Kirche zu Henfenfeld beigesetzt. In allen Kirchen Nürnbergs wurden am Sonntag, d. 11. März, Trauergottesdienste für ihn abgehalten. Zu Henfenfeld geschah dies durch den Prediger Andreas Rehberger von St. Jakob. Eine umfangreiche und prunkvolle Trauerschrift mit dem vom Diacon bei St. Egidien verfaßten Lebenslauf kam im Druck heraus. Paul Wilhelm Ebner von Eschenbach erfüllte namens der Standesgenossen die traurige Pflicht, die Standrede am Grab zu halten mit der Zeremonie des Zerbrechens von Schild und Helm für den letzten des uradeligen Geschlechts der Pfinzing von Henfenfeld mit dem Ruf:
> *Heute Pfinzing von Henfenfeld und nimmermehr*‹.

Gestürztes Wappen für Johann Sigmund Pfinzing von Henfenfeld, † 1764, als letztem männlichen Mitglied seines Geschlechts (i. d. Kirche zu Großgründlach/Nürnberg).

Pfinzings Witwe, eine geb. Haller von Hallerstein, ließ eine Medaille ihres verstorbenen Gatten und ein Schabkunstblatt seines Porträts herstellen. Vor allem aber ließ sie in den Kirchen zu Henfenfeld und zu Gründlach je ein großartiges, figurenreiches Grabdenkmal von dem bekannten Bildhauer Bonaventura Mutschele mit der Büste des Entschlafenen ausführen«.

Johann Sigmunds Beisetzung war nicht die letzte in der Henfenfelder Gruft. Die 1613 von seinem Ahnherrn Martin III. Pfinzing erbaute Grabstätte unter dem Chor, aber mit Zugang von außen, wurde noch bis 1766 benutzt. Insgesamt haben hier über 50 Mitglieder der Familie – natürlich auch die zahlreich verstorbenen Kinder – ihre letzte Ruhestätte gefunden. Erst später verschloß eine Steinplatte endgültig den Gruftzugang:

»In dieser nun verschlossenen Gruft
Schläft Pfinzings Stammgeschlecht in Frieden,
Bis die Erweckung ihm beschieden,
Wenn die Posaune Gottes ruft,
Bis zu dem künftigen Erwachen
Soll niemand diese Gruft aufmachen«.

Das vermehrte Wappen der Pfinzing, wie wir es von unzähligen Kunstdenkmälern kennen, offenbart uns eine heraldische Besonderheit: Daß die Felder 1 und 4, wie die Felder 2 und 3 identisch sind, überrascht nicht. Und daß der Herzschild nicht das Stammwappen der Pfinzing darstellt, läßt sich leicht beweisen. Der gold-blau-silber geteilte Schild gehörte der niederadeligen Familie von Henfenfeld, die auf der Burg Henfenfeld als Sulzbacher Niedervögte fungierte und nach 1397 erloschen ist. Als spätere Besitzer von Henfenfeld haben die Pfinzing das Wappen der mit ihnen nicht verwandten Familie für den Namenszusatz »von Henfenfeld« in den Schild gesetzt. In manchen vermehrten Pfinzing-Wappen, wie etwa auf dem Schabkunstblatt für den 1685 verstorbenen Carl Sebastian Pfinzing von Henfenfeld in Gründlach, ist im Feld 4 auch das Gründlach-Wappen für den zweiten großen Ansitz der Familie heraldisch ausgewiesen. Nach der 1739 erneuten Wiedervereinigung des gesamten Besitzes durch das Erlöschen des Gründlacher Familienzweiges änderte sich im Wappen der Henfenfelder Pfinzing nichts. Heraldisch ge-

F S. 168

übte Betrachter des vermehrten Wappens der Pfinzing von Henfenfeld werden aber mit dem quadrierten Schild trotzdem ihre Schwierigkeiten bekommen, wenn sie nach dem eigentlichen Stammwappen dieser bedeutenden Familie fragen, denn üblicherweise wären dem ältesten Familiensymbol die Felder 1 und 4 reserviert. So ist das bei den vermehrten Schilden der von Furtenbach, der Loeffelholz von Colberg, der Holzschuher von Artelshofen, der Behaim von Schwartzbach, der Haller von Hallerstein, der Volckamer von Kirchensittenbach, der Scheurl von Defersdorf, der Oelhafen von Schöllenbach und vielen anderen.

So einfach ist das bei den Pfinzing nicht. Ahnherr Fritz Pfinzing (urkundlich 1311 bis 1327!) wird mit einem Wappenwechsel in Verbindung gebracht. Demnach hätten seine Nachkommen das alte gold-rot geteilte Wappen, das oben einen halben schwarzen Adler und unten den Koler'schen Ring gezeigt hat, zugunsten des gold-schwarz geteilten Wappens der »ausgestorbenen« Geuschmid aufgegeben, weil die Frau Elspeth des besagten Fritz Pfinzing die letzte Geuschmid gewesen sei. Was nun? Allen Forschern zum Trost sei der Kommentar eines Genealogen vor Jahrhunderten zitiert: »*Kann nicht seyn, weil Jakob Geuschmid hat gelebt 1359*«.

Immerhin hat man aber doch zwischen den Geyer-Pfinzing (war also der Adler in Wirklichkeit ein Geier?) und den Geuschmid-Pfinzing eine Weile unterschieden. Die Maßnahme, b e i d e Schilde als Stammwappen anzunehmen und in einem Schild zu vereinen, scheint wohl die beste Lösung gewesen zu sein. Das Pfinzing-Wappen mit dem halben Adler und dem Ring hat außerdem eine Pfinzing-Tochter in die Ehe mit einem von Oelhafen eingebracht und so ziert es noch heute die Felder 2 und 3 im vermehrten Schild des nach wie vor blühenden Geschlechts.

Allein dieses Beispiel zeigt uns, daß ein Geschlecht zwar vom Namen her, aber keineswegs genetisch ausgestorben sein muß. So leben die eben genannten Pfinzing, aber auch die Tetzel, die Pirckheimer etc. über ausgeheiratete Töchter in unzähligen Adels- und Bürgerfamilien fort. Auch die direkte männliche Linie des Götz von Berlichingen innerhalb der noch zahlreichen Familie von Berlichingen mag ausgestorben sein, Nachkommen des Götz leben aber über Töchter, Enkelinnen und Urenkelinnen bis heute in den Geschlechtern v. Gemmingen, v. Stetten, v. Wistinghausen etc.

Und überhaupt ist das mit der Feststellung »ausgestorben« so eine Sache. Bei mancher Familie nahmen die Chronisten einfach an, daß mit dem Tode des letzten ihnen bekannten männlichen Angehörigen der Fall des »ultimus familiae« gegeben sei. Woher sollten sie wissen, daß z. B. die männlichen Nachkommen eines weggezogenen Großonkels weiter am Leben waren? Die außerordentlich mühsame Kommunikation und Information, manchmal über ganze Kontinente hinweg, macht das eine oder andere Fehlurteil entschuldbar. Als eines der bekanntesten Beispiele seien die Freiherrn Geuder von Heroldsberg genannt. Gewiß ist sowohl der deutsche als auch der österreichische Zweig der Familie »erloschen«, aber in Cleveland/USA leben noch Nachfahren des 1848 ausgewanderten Adolph Geuder. Und außerdem lebt der Familienname in Heroldsberg selber (seit 1964) im Doppelnamen Brunel-Geuder fort. Durch Adoption wiederum ist der Name der seit vier Generationen in Obertheres ansässigen, aus Somerset bzw. Yorkshire stammenden Freiherrn von Swaine vor einigen Jahren an Achim Graf Beust übergegangen.

Wappen des Carl Sebastian Pfinzing von Henfenfeld († 1685). (Lit.: v. Haller, Henfenfeld)

Als »erloschen« gemeldet wurde in der historischen Literatur wiederholt die uradelige Familie von der Grün, Stammes- und Wappengenossen derer von Reitzenstein und derer von Wildenstein (hier der »fränkischen«). Der Grund: Die Familie erlitt im 17. Jahrhundert im Rahmen der Gegenreformation schwere wirtschaftliche Einbußen und verschwand quasi von der adeligen Bühne des 18. Jahrhunderts. In Wirklichkeit blüht sie in mancherlei Zweigen bis zum heutigen Tage. Ebenso überlebten die von Lonnerstadt b. Höchstadt/Aisch ihr bei Siebmacher genanntes offizielles Aussterbedatum 1554, wie die Forschungen von Gerhard Kösterke aus Pforzheim eindeutig belegen.

Das ritterliche Geschlecht von Stauf (Burg Stauf b. Hilpoltstein) ließen die Forscher gleich mehrfach aussterben, einmal um 1300, dann 1303, dann im frühen 14. Jahrhundert. Tatsächlich sind sie am 11. März 1598 mit Hans Bernhard Stauf von Ernfels erloschen. Tatsächlich? Inzwischen harren diverse Stauf-Familien in der Oberpfalz genealogischer Nachforschungen, ob nicht doch die eine oder andere mit der Ritterfamilie v. Stauf zusammenhängt. Vergleichbare Untersuchungen liegen zur Familie des Raubritters Eckelein Geiling (Geyling) von Illesheim vor (siehe Literaturverzeichnis bei M. Winter und H. Geiling).

Unstrittig dagegen und überaus tragisch verlief das Erlöschen der mächtigen Schlüsselberger in der Fränkischen Schweiz. Mit Konrad II. von Schlüsselberg stellte das Geschlecht die politisch überragende Persönlichkeit. Hochangesehen bei König Ludwig dem Bayern führte er ihm in der Schlacht bei Mühldorf 1322 so-

Wappensiegel des Konrad v. Schlüsselberg, † 1347 (Nachzeichnung v. Verf.).

gar das Reichsbanner voran. Sechs Jahre später zog er mit dem Herrscher in Rom ein, wo Ludwig zum Kaiser gekrönt wurde. In der Folgezeit erscheint Konrad sogar als Zeuge in kaiserlichen Urkunden, der Wittelsbacher Pfalzgraf Rupprecht und Landgraf Ulrich von Leuchtenberg nennen ihn ihren Freund, 1339 auch der Burggraf von Nürnberg. Die Katastrophe beginnt sich ab 1343 anzubahnen, als Bischof Otto von Würzburg, Graf Heinrich von Henneberg und die Burggrafen von Nürnberg sich gegen Konrad von Schlüsselberg und die fränkischen Reichsstädte Nürnberg, Rothenburg und Windsheim sowie die Stadt Würzburg ver-

bünden. Das Ende kommt 1347, als wegen strittiger Zoll- und Geleitrechte bei Streitberg, gegenüber von Burg Neideck, die Nürnberger Burggrafen und die Bischöfe von Bamberg und Würzburg mit ihren Truppen die hervorragend befestigte Burg Neideck belagern, in der sich Konrad gegen die Übermacht seiner Feinde zur Wehr setzt. Getroffen »von einer Pleyden« (einem Wurfgeschoß) ist der etwa 70jährige am 14. September auf der Neideck verstorben. Er wird als letzter männlicher Vertreter seines Hauses, »betrauert von allen Edlen des Landes«, im Kloster Schlüsselau beigesetzt. Ein Grabstein ist nicht vorhanden. Vielleicht ist Konrad, wie Hellmut Kunstmann vermutet hat, »außerhalb der Kirche beerdigt worden, weil er als Anhänger des Kaisers Ludwig des Bayern sicher auch mit dem päpstlichen Bannfluch belegt war«.

Bleibt uns noch zu konstatieren, daß nicht jeder Grabstein eines ultimus familiae mit einem gestürzten Wappen versehen wurde. Das prachtvolle Grabdenkmal im Dom zu Würzburg für den 1495 im 94. Lebensjahr verstorbenen Fürstbischof Rudolf von Scherenberg verzichtet auf diese Aussage. Sollte Tilman Riemenschneider auf Wunsch der Kirchenoberen diesen heraldischen Brauch auf einem Bischofsgrabmal vermeiden? Der große geistliche Fürst ist nun tatsächlich der Letzte seines Geschlechts, Helms und Schilds gewesen.

Lit.: Schöler, Hist. Fam.; Biedermann, Gebürg; Biedermann, Altmühl; Haller, Henfenfeld; Wunder, Pfinzing; Imhoff, Geneal.; Ulmschneider; Barth; Rechter, Studien; Winter, Zur Geschichte; Geiling; Voit, Schlüsselberger; Voit, Adel a. Obermain; Kunstmann, Die Burgen der südw. Fr. Schweiz; Kolb, P.

Heraldischer Spaziergang durch eine Kirche
oder
Ein Bruderzwist im Hause Tetzel

Es ist reizvoll, heraldische Kenntnisse einmal in einem der zahlreichen historischen Kirchengebäude des Frankenlandes auszuprobieren. Man kann dann vielerorts wie in einem Buch lesen. Eines der schönsten Beispiele finden wir in der ehemaligen Kirchenburg und Patrizierkirche zu Kirchensittenbach, nördlich von Hersbruck. Herrschaftsempore, Glasgemälde, Gruft, Totenschilde und Gedächtnistafeln mit Porträts, Kanzel und Taufstein – alles zusammen wirkt wie ein anschauliches heraldisches Bilderbuch zur fränkischen, ja internationalen Geschichte! Wieviele Menschen und Schicksale sind allein in dieser Kirche heraldisch verewigt worden! Wir begegnen wiederholt den Namen Tetzel, Volckamer, Holzschuher, Kreß, Groland, Schlüsselfelder, Behaim, Stockamer, Rieter. Wir gehen am Taufstein vorbei, gestiftet 1594 und geschmückt mit den Wappen von Jobst Friedrich Tetzel und seiner beiden Gemahlinnen aus den Familien Groland und Schlüsselfelder. Der schön geformte Holzdeckel wiederum trägt das Wappen des Administrators Volckamer und seiner Frauen Holzschuher und Kreß. Was ein Administrator war, werden wir gleich erfahren. Wir steigen die Stufen unter der Herrschaftsempore zum marmornen Tumbengrab des 1612 verschiedenen Jobst Friedrich Tetzel von Kirchensittenbach hinauf und sehen auf der prachtvollen, von Bildhauer Hans Werner geschaffenen Deckplatte, wie der verstorbene Patrizier selber seine Abstammung gesehen hat: Aus dem ritterlichen Ahnherrn wächst – expressis verbis – der Stammbaum der Tetzel. Jede der neun Generationen ist dargestellt durch ein Ehewappen bis hin zum Wappen des Verstorbenen, dieses

Grabtumba für den 1612 verstorbenen Jobst Friedrich Tetzel von Kirchensittenbach (i. d. Kirche von Kirchensittenbach) mit Stammbaum (Foto v. Verf.).

wiederum flankiert vom Wappen seiner ersten Frau Groland und dem seiner damals noch lebenden zweiten Frau und Witwe Anna Schlüsselfelder. Beim Namen Tetzel werden sich Nürnberg-Kenner sofort an die prachtvolle Tetzelkapelle in der Egidienkirche und an die Tetzelgasse erinnern.

Durch eine Tür erreichen wir den Aufgang zur einstigen Herrschaftsempore der hiesigen Grundherrschaft. Wieder begegnet uns, wie an so vielen Stellen der Kirche, die silberne Katze in Rot, das Wappentier der Tetzel (eine silberne Katze in Blau führte die Familie von Murr). Wer waren diese Tetzel? Seit 1343 gehörten sie zu den »Bürgern vom Rat« der Reichsstadt Nürnberg, und im gleichen Jahrhundert beginnen ihre wirtschaftlichen Erfolge als Montanunternehmer, zugleich mit den verschwägerten Fürer von Haimendorf. Die weltweiten Aktivitäten der Familie kulminieren in Hans Tetzel, der sich auf Kupferbergbau und Kupferherstellung spezialisiert, deshalb in Spanien und auf der Karibikinsel Cuba als Pionier weltweiter Wirtschaftsbeziehungen wirkt und Geschäfte betreibt. Erzproben aus Übersee bringt er in seine Heimatstadt, weil er hier ein geeignetes Schmelzverfahren vorfindet. 1546 erreicht er in einem Vertrag mit der spanischen Krone, daß er die Kupferminen auf Cuba ausbeuten darf. Trotz mancherlei Hindernisse hält er erfolgreich bis 1554 durch, doch dann bringen den risikobereiten Unternehmer wiederholte Seeräuberüberfälle und vor allem Zerstörungen durch Orkane an den Rand des Ruins. Trotz dieser Rückschläge gibt er nicht auf. Er wagt erneut die gefahrvolle Seereise zurück nach Spanien, stirbt aber 1571 in Madrid.

Am 18. Juli 1569 erwirbt sein Bruder Jobst Tetzel die umfangreiche Grundherrschaft der Erlbeck in Kirchensittenbach und schafft »mit großer Energie, vielen Opfern, aber auch mit Liebe das Muster einer völlig geschlossenen und wohlgeordneten Grundherrschaft«. Das Glasgemälde zeigt sein Wappen und das seiner Frau, einer geb. Volckamer. Darunter erkennen wir die Wappen seiner Kinder, vereint mit denen der Schwiegerkinder. In allen Allianzwappen, in denen die Tetzel-Katze in Richtung des väterlichen Wappens schaut, sind die Söhne mit ihren Ehepartnern ausgewiesen. In umgekehrter Richtung, d. h. in klassischer heraldischer Blickrichtung, schauen die Wappen der verheirateten Töchter: Tucher/Tetzel, Kreß/Tetzel, Tucher/Tetzel, ein unverheirateter Tetzel-Sohn, Fütterer/Tetzel, Imhoff/Tetzel, Scheurl/Tetzel, dann kommen die beiden Söhne, Jobst Friedrich Tetzel mit seiner ersten Frau, eine Groland, darunter seine zweite Frau, eine Schlüsselfelder, und Karl Tetzel mit Ehefrau Imhoff. 1575 starb Vater Jobst Tetzel. Er hinterließ ein wohlbestelltes Feld. Die sechs Töchter wurden finanziell gut versorgt, der gesamte Kirchensittenbacher Besitz sollte wunschgemäß von den beiden Söhnen gemeinsam verwaltet und genutzt werden. Die Söhne jedoch tun das Gegenteil. Vier Jahre nach dem Tod des Vaters und langen Streitereien teilen sie den Besitz und den Ort nach wirtschaftlichen Gesichtspunkten in etwa zwei gleiche Hälften, und

schaffen damit in Kirchensittenbach ein ziemliches Neben- und Durcheinander von »Zugehörungen und Zuständigkeiten«. Der tiefe Haß zwischen den beiden Brüdern äußert sich in insgesamt sieben Prozessen, die sich an lächerlichen Kleinigkeiten entzünden, wie beispielsweise an der Behauptung, daß das Wasser aus einer Brunnenröhre des einen Tetzel angeblich die Obstbäume des andern faulen lasse und daß der eine vorsätzlich bezahlte Kriminelle unter die Schöffen des gemeinsamen grundherrschaftlichen Gerichts schmuggle, um Abstimmungen zu beeinflussen. Dann streiten beide um den Platz ihrer künftigen Gruft. Jobst Friedrich hat das Erlbeck'sche Grab im Chor der Kirche gekauft, Karl will aber auch im Chor

begraben werden. Das Schiedsgericht der patrizischen Landpfleger entscheidet schließlich, daß keiner im Chor begraben werden dürfe. Beide sollten im Querhaus, einander gegenüber, ihre letzte Ruhe finden. Schließlich behauptet Jobst Friedrich das Feld. Er hat sich nicht nur 1590-1595 das heutige repräsentative Patrizierschloß in Kirchensittenbach, ein Musterbeispiel der sog. »deutschen Renaissance«, nach dem Vorbild des Ebner-Schlosses in Eschenbach bauen lassen, er läßt auch unter der Herrschaftsempore seine Gruft anlegen. Karl aber errichtet sich auf einem ehemaligen Bauerngut zu Vorra im Pegnitztal ein eindrucksvolles Schloß. Als er 1611 stirbt, wird er nicht in Kirchensittenbach, sondern auf dem

Glasgemälde in der Herrschaftsempore der Kirche zu Kirchensittenbach: Wappen von Jobst Tetzel († 1575) und seiner Frau Anna Volckamer, darunter die Allianzwappen von Kindern und Schwiegerkindern (ein Tetzel-Sohn ohne Ehepartner). Farbige Wiedergabe siehe Titelseite.

Nürnberger Johannisfriedhof bestattet. Der vor Ort in Kirchensittenbach triumphierende Jobst Friedrich Tetzel überlebt den verhaßten Bruder nur um ein Jahr. Unter großem Gepränge wird er in »seiner« Gruft beigesetzt, anwesend sind die Vertreter aus 17 Patrizierfamilien.

Anschließend führen die beiden Tetzel-Witwen den Familienkrieg weiter. Karls Witwe, die nicht zur Beerdigung des Schwagers und auch nicht zur Testamentseröffnung eingeladen wurde, muß sich eine Abschrift des letzten Willens von Jobst Friedrich vor Gericht erstreiten. Das ist dann schon der achte Prozeß innerhalb der Familie. Das Testament enthält keine Spur der Versöhnung. Der kinderlose Jobst Friedrich hat seine Schwägerin und die Kinder seines Bruders enterbt und verfügt, daß alle Nachkommen Karls »auf ewig« von der Kirchensittenbacher Erbschaft ausgeschlossen sein sollen. Vielmehr hat er seinen gesamten Besitz in eine »Jobst Friedrich Tetzel'sche Familienstiftung« umgewandelt. Demnach soll zunächst seine Witwe Anna, geb. Schlüsselfelder, Alleinerbin sein, nach ihr sein Schwager Willibald als Administrator (Sachwalter) aller Güter, danach der älteste Tetzel, der allerdings nicht aus der Linie Karls stammen dürfe, und dieser wieder jeweils im Wechsel mit dem ältesten Schlüsselfelder. Nach dem Erlöschen einer dieser Familien sollen in der Reihenfolge Volckamer, Groland, Rummel, Stockamer weitere Patriziergeschlech-

ter hinzukommen. Nach deren Aussterben solle eine weitere Patrizierfamilie hinzugelost werden. Das Ergebnis dieser Verfügung: Die Stiftung besteht heute noch. Derzeit wirken als Administratoren die Volckamer von Kirchen-

Gestürztes Wappen des letzten Tetzel von Kirchensittenbach. (Ausschnitt aus dem Totenschild im Schloß zu Kirchensittenbach; Nachzeichnung vom Verf.)

sittenbach und, nach dem Aussterben der Behaim im Jahr 1942, die Freiherrn Stromer von Reichenbach. Im Wechsel mit den Kreß von Kressenstein sorgen die Volckamer außerdem als Administratoren für Erhalt und Pflege der vergleichbaren »Schlüsselfelder'schen Familienstiftung«, die der 1709 verstorbene letzte Schlüsselfelder ins Leben gerufen hat und zu der u. a. das zauberhafte Schlößchen Kugelhammer in Röthenbach b. St. Wolfgang und das im Germanischen Nationalmuseum in Nürnberg verwahrte berühmte »Silberschiff« gehören.

Bleibt zu vermerken, daß im Jahre 1736 mit dem 62jährigen Felix Jakob Tetzel – übrigens ein Nachkomme Karls – der Letzte des Geschlechts gestorben ist. Seine Witwe bot nun der »Jobst-Friedrich-Tetzel-Stiftung« sämtliche Kirchensittenbacher Güter der Karl-Linie zum Verkauf an. So wurden Ort und Schloßherrschaft Kirchensittenbach nach exakt 158 Jahren wiedervereinigt. Welche Genugtuung wäre es für Karl Tetzel gewesen, zu erfahren, daß einst der gestürzte Totenschild seines letzten männlichen Nachkommen ausgerechnet im Schloß seines verfeindeten Bruders das Ende der Gesamtfamilie heraldisch zum Ausdruck bringen würde.

Lit.: Schwemmer; Schöler, Hist. Fam.; Imhoff, Berühmte; Imhoff, Geneal.; Hirschmann, Nürnberger Patriziat.

Von Linien, Nebenlinien, morganatischen Verbindungen und Kindern zur Linken Hand

Daß in einer bürgerlichen Familie ein einmal angenommenes Wappen in der Regel von allen Linien unverändert beibehalten wurde, solange das Geschlecht existierte, liegt auf der Hand. Weshalb hätte man es ändern sollen? Die Frage stellte sich völlig anders bei Adelsgeschlechtern und vor allem beim Hochadel. Denn schon aus den komplizierten, oft verwirrenden Besitz- und Erbverhältnissen des Ancien Régime ergab sich nicht selten die Notwendigkeit, durch äußere Kennzeichnung die Sachwerte und territorialen bzw. Titel-Ansprüche auseinanderzuhalten. Dabei konnte besonders leicht die Heraldik helfen, in einigen Fällen sogar eine verblüffend einfache Farbunterscheidung, z. B. in so kleinen überschaubaren Verhältnissen wie in Obernzenn b. Ansbach. Je nach Farbanstrich der Häuser des Dorfes wußte man, welche Bauern bzw. Höfe zum Roten Schloß der Freiherrn von Seckendorff-Gutend oder zum Blauen Schloß der Grafen von Seckendorff-Aberdar gehörten. Das uralte, jedem Geschichtsfreund in Franken bestens vertraute Wappen, nämlich der rote zu einer Acht geschlungene Lindenzweig in Silber, blieb im wesentlichen bei allen Linien – im frühen 14. Jahrhundert waren das elf! – unverändert, von gelegentlichen Brisüren (Abänderungen) bzw. Vermehrungen bei Einzelpersonen abgesehen, wie z. B. für den von Kaiserin Maria Theresia in den Grafenstand erhobenen Feldmarschall Friedrich Heinrich von Seckendorff. Einerseits strebten Adelsgeschlechter natürlich in ihren Linien eine fein säuberliche Unterscheidung der Zugehörigkeit ererbter oder erworbener Besitztümer oder Rechte an, andererseits

F S. 163

wollte man aber die Gemeinsamkeit betonen, um beim möglichen Erlöschen einer Linie von vornherein jeden genealogischen Zweifel an der »Erbfolge« auch sichtbar auszuschließen, und das gelang besonders anschaulich durch die Bildersprache der Heraldik. Zu all diesen Überlegungen boten sich verschiedene Möglichkeiten der Realisierung an.

Wollte ein Geschlecht das gemeinsame Stammwappen ohne jede Veränderung beibehalten, so

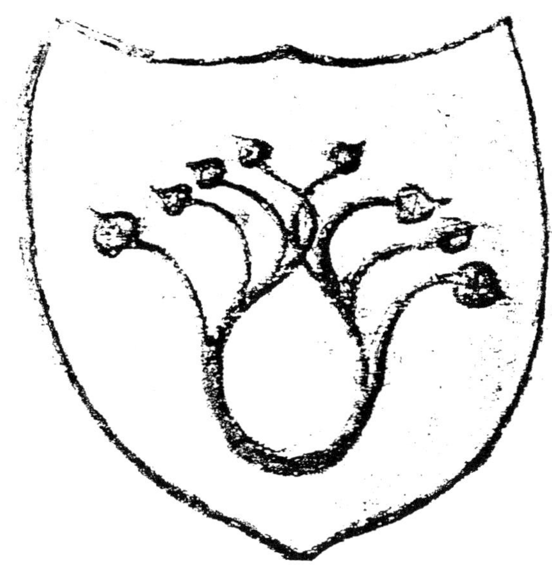

Wappen der Herren von Seckendorff in der Kapelle von Seckendorf b. Cadolzburg (15. Jh.).

behalf man sich gelegentlich mit Namenszusätzen zur Unterscheidung der Linien bzw. mit der Abänderung der Schreibweise des Namens, wie im Fall der katholischen Freiherrn von Künsberg und der protestantischen Freiherrn von Künßberg.

Die Castell, neben den Hohenlohe das älteste blühende Dynastengeschlecht in Franken, führen seit 1205 den Grafentitel und erhielten im Königreich Bayern 1901 jeweils für den Erstgeborenen der beiden Linien Castell-Castell und Castell-Rüdenhausen den Fürstentitel zugesprochen. Der Wappenschild aber blieb – wie schon seit Jahrhunderten – in der Familie gleich. Anders die Grafen von Faber-Castell: Seit 1898 führte, wie bereits angesprochen, Graf Alexander zu Castell-Rüdenhausen mit Zustimmung des Königs von Bayern diesen Namen, nachdem er die Erbtochter der berühmten Bleistift-Industriellenfamilie, Ottilie Freiin von Faber, geheiratet hatte. Um auch äußerlich, in diesem Fall heraldisch, die Weltfirma A. W. Faber zu repräsentieren, wurden die Wappen des Ehepaares in der Form vereinigt, daß den Feldern 1 und 4 das Faber-Wappen (oberhalber Schmied, begleitet von zwei blauen Sternen) zugewiesen wurde und dem Castell'schen Schild die Felder 3 und 4.

Für eine Unterscheidung von Linien, Ästen und Zweigen eines Geschlechts bot sich natürlich auch die Helmzier an, während der Schildinhalt die gemeinsame genealogische Herkunft symbolisierte. In wieder anderen Fällen kommen noch wechselnde Schildinhalte dazu.

Wappen der Grafen von Faber-Castell (Nachzeichnung des Verf. nach der Ausführung v. G. Zimmermann in: Altfränk. Bilder und Wappenkalender, 89. Jahrgang 1990, Stürtz Verlag Würzburg).

1 = Wappen der fränkischen Uradelsfamilie von Hutten, Linie Steckelberg, (zu ihr gehörte auch der große Humanist Ulrich von Hutten) genannt nach Burg Steckelberg südlich Fulda, Kreis Schlüchtern: In Rot zwei goldene Schrägrechtsbalken (manchmal auch schräglinks). Die Schildfigur wiederholt sich auf der Helmzier; Decken rot und golden. Die Linie Steckelberg ist 1650 erloschen (Skizze v. Verf.).

2 = Wappen der Freiherrn von Hutten, Linie Frankenberg und des Zweiges Stolzenberg (letztere genannt nach Burg Stolzenberg in der Nähe von Bad Soden, Kr. Schlüchtern): Schild wie bei 1, unterscheidende Helmzier: ein rot gekleideter Mannesrumpf mit Bart und gold-gestülptem, mit schwarzen Hahnenfedern bestecktem Hut. Decken rot und golden. (Die Linie Hutten-Stolzenberg wurde 1818 in die Freiherrnklasse des Königreiches Bayern eingetragen.) (Skizze v. Verf.)

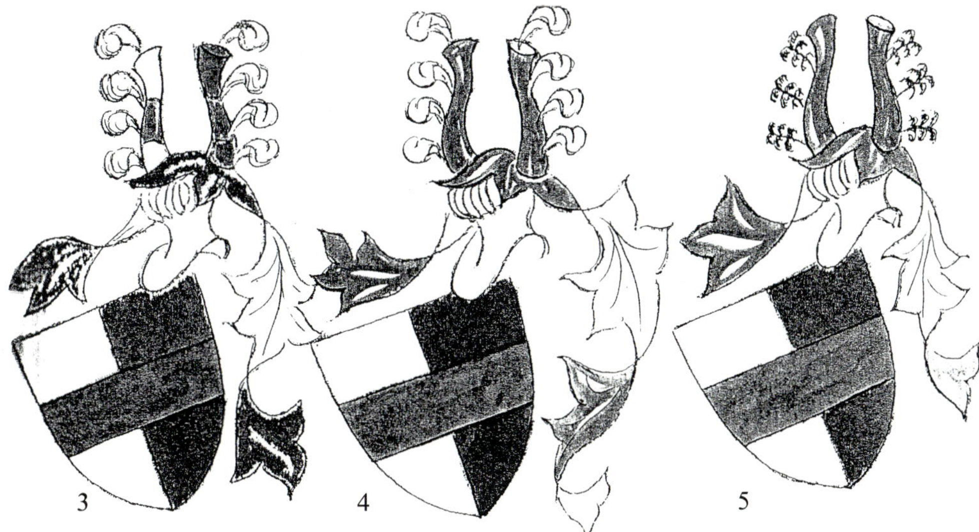

Wappenskizzen der stammesgleichen Familien Freiherrn Groß von Trockau (3), von Pfer(d)sfeld (4) und von Christanz (Kristanz) (5) mit unterscheidender Helmzier (n. Siebmacher; Skizzen v. Verf.).

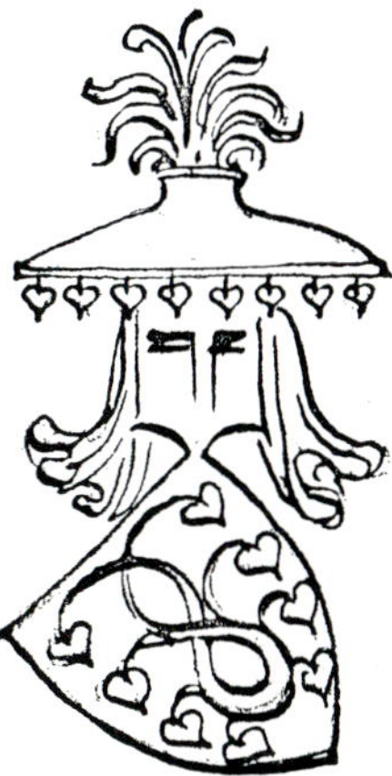

Wappen des Johann v. Seckendorff aus der Linie Hörauf, 1395 (frdl. überlassen v. Karl-Friedrich Frh. v. Seckendorff). Vergl. dazu Farbtafel Seite 163

Heikel wurde dieses Thema, wenn fürstliche Personen aus, wie es damals hieß, morganatischen (nicht ebenbürtigen) Verbindungen Nachwuchs bekamen. Welches Wappen sollten oder durften diese Nachkommen führen? Zunächst müssen wir den Personenkreis ausklammern, der zwar nachweislich »blau-blütiger« Abstammung war, aber als Ergebnis einer flüchtigen Beziehung entweder gar nicht zur Kenntnis genommen oder – samt Mutter – finanziell oder wirtschaftlich abgefunden bzw. versorgt wurde. So geschehen bei einer Tochter des Markgrafen Carl Wilhelm Friedrich zu Brandenburg-Ansbach, reg. 1729-57, die den nachmaligen Stadtschreiber von Wassertrüdingen, G.M.F. Rotter, geheiratet hat. Heraldische Konsequenzen hatten solche »Folgen« nicht.

Anders liegt der Fall bei regelrechten Eheschließungen oder vergleichbaren Lebensgemeinschaften »zur linken Hand« zwischen fürstlichen oder anderen Standespersonen mit unebenbürtigen Partnern, deren Nachkommen mit kaiserlichem Adels- und Wappenbrief, zumeist auf Bitte oder Antrag des Erzeugers bzw. dessen diplomatischen Vertreters, in eine der – vom Vater aus – niedrigeren Adelsklassen aufgenommen wurden, was übrigens einen »Aufstieg« in der gleichen oder nachfolgenden Generation nicht ausschloß.

Eines der bekanntesten Beispiele ist die Entstehung der Fürsten von Löwenstein-Wertheim. Wer das Wappen der Familie zu entschlüsseln versucht, gerät leicht in genealogische und heraldische Irritationen. Deshalb hier eine etwas ausführlichere genealogische Analyse: Die jetzigen Fürsten Löwenstein sind die dritte fränkische Familie dieses Namens. Die ersten Löwen-

Wappen der Fürsten Löwenstein-Wertheim (Nachzeichnung des Verf. nach einer farbigen Darstellung von M. Hofmann im 64. Jg. Altfränk. Bilder und Wappenkalender 1965): Diese Zeichnung enthält nur die Hauptelemente des fürstlichen Wappens, das sich in den beiden Hauptlinien Löwenstein-Wertheim-Freudenberg (gefürstet 1812) und Löwenstein-Wertheim-Rosenberg (gefürstet 1711) aus neun und mehr Teilfeldern zusammensetzt.

1 2
3
4

1 = Wappen der Grafen von Löwenstein (hier schreitet der Löwe aus Courtoisie zum benachbarten Wappen).

2 = Stammwappen des Hauses Wittelsbach ab 1242 (weiß-blaue Rauten).

3 und 4 = Wappen der Grafen von Wertheim.

stein lebten im 11. Jahrhundert als Edelfreie auf der gleichnamigen Burg östlich Heilbronn. Sie nannten sich auch Grafen von Calw (im Nagoldtal) und in zwei jüngeren Linien im 12. Jahrhundert Grafen von Löwenstein und Grafen von Vaihingen. Das redende Wappen zeigte einen auf einem Drei- (manchmal auch Vier-) Berg schreitenden Löwen. Dieses Geschlecht verkaufte 1277 seine Stammburg und anderen Besitz an das Hochstift Würzburg. 1281 erwarb der erste Habsburger auf dem deutschen Königsthron, Rudolf I., die Herrschaft Löwenstein und gab sie als Lehen 1287 an seinen »natürlichen« – sprich: außerehelichen – Sohn Albrecht weiter, der zu diesem Zeitpunkt den Namen Albrecht von Schenkenberg (im Aargau) geführt hatte. Damit war die zweite Grafenfamilie von Löwenstein entstanden. Auch sie führte das alte Löwenstein-Wappen weiter. Die Familie erlosch mit dem hochbetagten Bamberger Domherrn Georg Graf von Löwenstein 1464. Ein Tafelgemälde von Hans Pleydenwurff und eine erzgravierte Grabplatte in der Nagelkapelle des Bamberger Domes haben die Erinnerung an diesen letzten habsburgischen Löwenstein überliefert. Noch zu seinen Lebzeiten hatte er übrigens mit seinem kinderlosen Bruder, angesichts der drückenden Pfandschaft der Herrschaft Löwenstein, den Verkauf auf Rentenbasis an den Gläubiger, den Kurfürsten von der Pfalz aus dem Hause Wittelsbach, in die Wege geleitet. Das erklärt, weshalb Kurfürst Friedrich I. von der Pfalz (1425-1476) die Herrschaft Löwenstein mit zur Grundausstattung für seine Nachkommen aus der morganatischen Verbindung mit der Augsburger Patriziertochter Klara Tott verwendete. Damit waren die dritten

Grafen von Löwenstein entstanden. 1590 konnte Reichshofratspräsident Ludwig Graf von Löwenstein über seine Gemahlin, eine geb. Gräfin zu Stolberg, auch die Reichsgrafschaft der 1556 erloschenen Grafen von Wertheim samt Wappen erwerben. Die 1711 in den Reichsfürstenstand erhobenen katholischen Löwenstein-Wertheim-Rosenberg (Hauptsitz Bronnbach) und die evangelischen, erst 1812 gefürsteten, Löwenstein-Wertheim-Freudenberg (Hauptsitz Kreuzwertheim), sind folglich die dritten Träger des Namens Löwenstein und die zweiten des Namens Wertheim. Unzweideutig blieben aber in den Wappen beider Linien die wittelsbachischen Rauten als klarer Hinweis auf die Abstammung des Hauses von Kurfürst Friedrich von der Pfalz erhalten.

Obwohl in der Regel Kinder aus morganatischen Verbindungen von jeglicher Erbfolge in der Hauptlinie ausgeschlossen blieben – es gab Ausnahmen, wie das Beispiel des Dynastiewechsels im Hause Baden 1830 nach dem Aussterben der alten Zähringer Linie und die Übernahme des Großherzogtums durch die Grafen Hochberg beweist, keimte Ende des 18. Jahrhunderts, angesichts des in der Zwischenzeit eingetretenen personellen Notstandes bei den bayerischen Wittelsbachern, im Hause Löwenstein-Wertheim sehr wohl die Vorstellung auf, möglicherweise doch die Thronfolge in Bayern übernehmen zu können. Bekanntlich ist es dazu nicht gekommen.

Deutlich erinnert auch das Wappen der 1983 im Mannesstamm erloschenen Fürsten von Weikersheim an die genealogische Herkunft der Familie aus dem Hause Hohenlohe. 1861 hatte Fürst Karl von Hohenlohe-Langenburg unter Verzicht auf seine angestammten Rechte in nicht hausgemäßer Ehe die bürgerliche Dorothee Grathwohl aus dem Hohenlohe-Residenzstädtchen Weikersheim geheiratet. Der damals üblichen Praxis folgend, wurde die Ehefrau durch die Eheschließung keineswegs zu einer Fürstin bzw. Prinzessin Hohenlohe, sondern ein Jahr nach der Hochzeit zu einer »Frau von Bronn« geadelt und 1890 dann zur »Freifrau von Bronn« erhoben. Der Sohn des Paares erhielt zunächst den Namen der Mutter: Karl Freiherr von Bronn. 1911 wurde ihm durch allerhöchsten Erlaß in Wien der Stand eines Fürsten von Weikersheim inklusive Titel »Durchlaucht« zuerkannt.

Bereits am Beispiel der Fürsten Löwenstein-Wertheim und Weikersheim fällt auf, daß eine bestimmte heraldische Ausdrucksform für Nachkommen aus sog. unebenbürtigen Verbindungen zumindest in Franken – im Gegensatz zu Frankreich – glücklicherweise eine Seltenheit blieb: Die Angewohnheit nämlich, »natürlichen« Kindern und solchen aus morganatischen Ehen das Wappen ihres väterlichen Erzeugers, verziert mit einem Schräglinksfaden, führen zu lassen und sie damit öffentlich zu »kennzeichnen«.

Wappenschild der Fürsten von Weikersheim (Skizze v. Verf.).

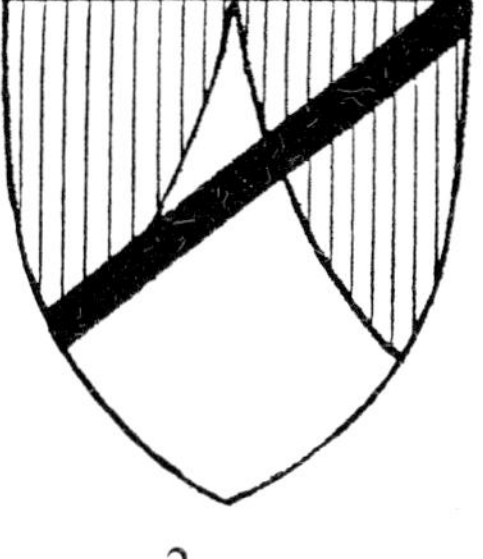

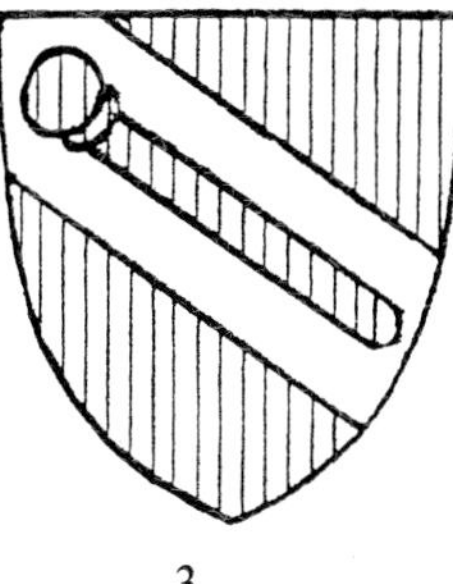

1

2

3

1 = Ab 1545 führten die unehelichen Kinder des Patriziers Jakob Welser das durch einen Schräglinksfaden abgeänderte Welser-Wappen.

2 = 1723 verlieh Kaiser Karl VI. den unehelichen Kindern des Markgrafen von Brandenburg-Bayreuth Namen und Wappen der erloschenen v. Plassenberg (letzteres abgeändert durch einen schwarzen Schräglinksfaden).

3 = Carl Robert Reitzenstein, Sohn aus der Verbindung des Leutnants Ernst Frhr. von Reitzenstein und der Theresia Standtener, geb. 1810 in Schlesien, führte das Reitzenstein-Wappen belegt mit einem Schulzenstab.

Die heraldische Formulierung für die Folgen eines außerehelichen Seitensprungs zeigt das Wappen der Kinder des Patriziers Jakob Welser, das ihnen 1545 von Kaiser Karl V. verliehen wurde. Ähnlich eindeutig wurde 1723 die »natürliche« Abstammung derer »von Plassenberg« heraldisch ausgewiesen, wobei der Wappenkenner zunächst in die Irre geleitet wird. Denn nicht ein Mitglied der uradeligen von Plassenberg war Erzeuger dieser Nachkommen »zur linken Hand«, was schon deshalb gar nicht möglich gewesen wäre, weil das Uradelsgeschlecht bereits 1632 erloschen ist, sondern der seinerzeit amtierende Markgraf zu Brandenburg-Kulmbach-Bayreuth, dessen Dynastie längst die namengebende Plassenburg ob Kulmbach besaß. Man gab also am kaiserlichen Hof in Wien diesen neuen »von Plassenberg« das Wappen der erloschenen von Plassenberg (plus Schräglinksfaden), vielleicht als dezenten Hinweis darauf, daß die Entstehung bzw. die Niederkunft der »Neuen« auf der Plassenburg stattgefunden hat.

Ansonsten darf zur Ehre des markgräflichen Hauses in Franken festgestellt werden, daß »Kinder zur linken Hand« in der Regel vorzüglich versorgt, in mehreren Fällen durch Erhebung in den Freiherrnstand auch gesellschaftlich abgesichert und mit völlig neutralen, ja sogar ideenreichen Wappen beschenkt worden

F S. 169 sind.

Ein besonders positives Beispiel ist die Lebensgemeinschaft des sog. »Wilden Markgrafen« Carl Wilhelm Friedrich zu Brandenburg-Ansbach (reg. v. 1729-1757 und offiziell verheiratet mit Prinzessin Friederike Louise von Preußen, einer Schwester Friedrichs des Großen) mit der Falknerstochter Eva Elisabeth Wünsch bzw. Winkler. Aus dieser rund drei Jahrzehnte andauernden glücklichen Verbindung sind vier Kinder hervorgegangen, die auf Wunsch des Vaters vom Kaiser in Wien zu Freiherrn und Freiinnen von Falkenhausen erhoben wurden. Das eigens für sie neu geschaffene Wappen ließ zumindest damals, angesichts der Leidenschaft des Fürsten für die Falkenjagd, den Stammvater erahnen. Von den beiden Markgrafensöhnen Friedrich Carl und Friedrich Ferdinand Ludwig von Falkenhausen leiten sich die noch heute bestehenden Linien Trautskirchen und Wald ab, wobei allein Schloß Wald b. Gunzenhausen sich nach wie vor im Familienbesitz befindet.

Der Markgraf hat übrigens aus dieser Tatsache keinerlei Geheimnis gemacht und sogar seinem Berliner Schwager, König Friedrich dem Großen, offiziell mitgeteilt, daß er »natürliche« Kinder habe und diese auch standesgemäß zu versorgen gedenke. Der freundliche Antwortbrief des preußischen Königs zeigt, daß dieser nichts dagegen hatte, schließlich galten die neuen Verwandten »zur linken Hand« ohnehin nicht als thronfolgeberechtigt. So war es nur folgerichtig, daß Ansbach-Bayreuths letzter kinderloser Markgraf Alexander seine beiden fränkischen Fürstentümer 1791 an die königliche Hauptlinie in Berlin abtrat, ohne daß seine Halbbrüder von Falkenhausen auch nur den leisesten Widerspruch eingelegt hätten.

Zu diesem mittelfränkischen Beispiel gibt es eine oberfränkische Parallele. Die Nachkommen aus der morganatischen Verbindung des Markgrafen Georg Albrecht zu Brandenburg-Kulmbach, † 1703, mit Regina Magdalena Luz erhielten den Titel »Freiherrn von Kotzau« (Schloß Oberkotzau), wobei man bei der Gestaltung des Wappens teilweise auf die gängige Praxis zurückgriff, Namen und Wappen einer ausgestorbenen, nicht verwandten Familie einfach weiterzugeben, hier den silbernen Widder in Rot, der mit dem Bamberger Domdechanten Hektor von Kotzau 1659 ausgestorbenen ehemaligen Erbschenken des Markgraftums Brandenburg-Kulmbach-Bayreuth. Immerhin deutete der blaue Adler im vermehrten Schild seine heraldische Verwandtschaft mit dem roten Brandenburger Adler des markgräflichen Stammvaters an.

Skizze des Wappenschildes der Freiherrn von Kotzau (v. Verf.). Der Herzschild ist das Wappen der vorher erloschenen und mit den Freiherrn nicht verwandten gleichnamigen Familie gewesen.

Auch unser letztes Beispiel soll zeigen, daß man in Franken den anrüchigen Schräglinksfaden bei der Gestaltung von Wappen aus unebenbürtigen Verbindungen in der Mehrzahl der Fälle tunlichst vermieden hat. 1819 erhob König Max I. Joseph von Bayern die drei Töchter des Grafen von Pappenheim nebst deren Mutter Maria Eder in den Adelsstand und gab ihnen mit dem Namen »von Calatin« den ältesten Geschlechtsnamen derer von Pappenheim. Das Wappenbild schließlich ließ überhaupt keinen Hinweis auf die gräflich Pappenheim'sche Herkunft zu.

Wappenschild der Familie Calatin (Nachkommen des Hauses Pappenheim).

Bleibt uns noch eine amüsante Klarstellung, daß das wohl bekannteste fränkische Wappen mit einem Schrägbalken (bzw. Faden) k e i n e r »natürlich« entstandenen Familie zugehört, sondern das in Oberfranken bestens vertraute Symbol des Bistums Bamberg darstellt. Der Grund: Das 1007 gegründete Bistum hat später zu staufischer Zeit einen Löwen im Schild geführt und zur Vermeidung von Verwechslungen mit den seinerzeit modernen unzähligen Löwenwappen schließlich den Schrägbalken über den Löwen gelegt, allerdings heraldisch schrägrechts und nicht schräglinks!

In der Barockzeit war der eigentliche Grund für die Wappenabänderung in Vergessenheit geraten und so zeigen manche Abbildungen den Löwen quasi auf einer Stange reitend. Doch dieser Irrtum wurde später wieder beseitigt. Die Amtswappen der Bamberger Fürstbischöfe bilden also korrekt die Allianz des Bamberger Bistumswappens mit dem jeweiligen Familienwappen, und alle Bischöfe sind selbstredend ehelicher Abkunft gewesen.

Lit.: Rechter, Die Seckendorff, Bd.1; Schöler, Das Wappen der Grf. und Freiherrn v. Seckendorff; Seckendorff, K.F. Frh.v.; Mett; Horster; Meyer, O. u. Kunstmann, H.; Hirschmann, Stein; Schöler, Hist. Fam.; Hohenlohe-Waldenburg, Fst. zu; Schöler, Federspiel; Schuhmann, Markgrafen; Bieberstein; Zimmermann, G., 76. Jg., 1977; Engel, Graf Löwenstein; Bayern, A. v.; Hofmann, M.; Zimmermann, G., Fürstl.; Schöler, Fränkische; Schöler, Eine Lanze; Kist, Bamberg. (Für wertvolle Hinweise habe ich Freiherrn Karl-Ludwig von Künßberg, Schloß Wernstein, zu danken).

Von Caspar Sturm und anderen Herolden
oder
Vom Turnier zum Gesellenstechen und zum Tanz auf dem Rathaus

Wir haben viel von heraldischen Regeln erfahren. Wer aber sorgte für deren Einhaltung? Wer kannte sie ganz genau? Wer beriet Kaiser, Könige, Fürsten, Städte und Ritterschaft? Diese Funktion hatten die H e r o l d e neben einer ganzen Reihe anderer Aufgaben. Sie waren die Überbringer wichtiger Nachrichten zwischen benachbarten oder feindlichen Territorialherren, auch vor und nach kriegerischen Auseinandersetzungen, und sie genossen deshalb eine von allen Seiten respektierte diplomatische Immunität. Einen Herold zu töten – und sei es aus Versehen, galt als Verbrechen. Die Herolde der kriegführenden Parteien mußten nach der Schlacht die Gefallenen identifizieren, weil sie die Betreffenden entweder selber kannten und damit b e w e i s e n konnten, um wen es sich handelt, oder, zumindest solange es noch Ritterschlachten gab, weil sie die Wappenschilde und Helmkleinode der beteiligten Personen oder Familien richtig zuordnen konnten. Herolde fungierten auch als Schiedsrichter und Zulassungsbehörde bei Ritterturnieren und verlangten – um »ungebetene Gäste« ausfindig zu machen, daß die Turnierteilnehmer zuvor ihre Helme mit Helmzier »zur Schau stellen« müssen. Erst die Genehmigung durch einen Herold erlaubte die Teilnahme. Die Herolde gehörten nicht dem Adel an, legten sich aber phantasievolle Amtsnamen zu. Sie hießen »Deutschland« oder »Romreich«, »Lyon« oder »Garter« und schufen aus ihrer reichen praktischen Erfah-

rung die Grundlagen der H e r a l d i k , wie diese Wissenschaft seit rund drei Jahrhunderten genannt wird. Auch als es längst kein Rittertum mehr gab, war das Amt des Herolds noch lange als eine Art »Chef des Protokolls« in Flaggen- und Wappenfragen erwünscht. Heute wird diese Tradition vom **Heroldsausschuß der Deutschen Wappenrolle, Archivstraße 12-14, 1000 Berlin 33,** fortgeführt.
Manche der Herolde hinterließen bedeutende Wappensammlungen, die bis zum heutigen Tag nicht nur für Heraldiker, wie die Fachleute für Wappenkunde und Wappenkunst genannt werden, unentbehrlich sind, sondern auch wertvolle Informationen zur Allgemeingeschichte beinhalten.

Eines dieser Werke verdanken wir dem berühmten Reichsherold und praktizierenden Heraldiker Caspar Sturm, der zunächst in Diensten des Mainzer Erzbischofs und dann von Kaiser Karl V. stand. Er war in seiner Herold-Funktion Teilnehmer fast aller Reichstage zwischen 1521 und 1530, wurde sogar von Dürer gezeichnet und,

Reichsherold Caspar Sturm

als Begleiter Martin Luthers nach Worms, personaler Bestandteil der Reformationsgeschichte und zum Augenzeugen und Chronisten einer der aufwühlendsten Epochen der deutschen Geschichte. Von seinem ursprünglich umfangreicheren Wappenbuch konnten durch die renommierte deutsche Heraldikervereinigung »Herold« zu Berlin 110 Zeichnungen sichergestellt und durch einen Nachdruck der Öffentlichkeit und Forschung zugänglich gemacht werden. Caspar Sturms Wappenzeichnungen (etwa ab 1527) sind heraldische Porträts des 1521 eingesetzten Reichsregiments, der Teilnehmer des Reichstages zu Speyer von 1529, des Hofstaates des Erzbistums Mainz, etwa in der Zeit von 1529-1545, und schließlich auch aus jenem Kreis einflußreicher Nürnberger Geschlechter und Personen, die einerseits durch wichtige Funktionen auf den Reichstagen, andererseits durch persönliche Bekanntschaft zu Sturm Eingang in das exzellente Wappenwerk des Reichsherolds gefunden haben.

Alle 34 Ratsherrenwappen des Jahres 1537 aus dem Patriziat der Reichsstadt, aber auch mehrere der mit diesen durch Konnubium verbundenen »ehrbaren« und sonstigen bürgerlichen Geschlechter und Personen aus seinem Bekanntenkreis sind, neben denen von Fürstlichkeiten und anderen hohen Herrschaften, heraldisch verewigt worden. Warum gerade Nürnberg? Caspar Sturm hatte sich klugerweise und rechtzeitig 1533 als »alleweg gut Nürnbergisch« bezeichnet und der fränkischen Reichsstadt mit deren seinerzeit weltweiten Handelsbeziehungen als wichtiger Informant gedient, was letztlich später den Nürnberger Rat bewog, den für die Reichsstadt so wichtigen ehemaligen Reichs-

herold, selbstredend auch angesichts seiner verwandtschaftlichen Bindungen zu Nürnberg, 1538 als Pfründner des bekannten Heilig-Geist-Spitals aufzunehmen und damit für den Rest seines Lebens, das war bis 1552, zu versorgen. Kein Wunder also, daß gerade Nürnberger Geschlechterwappen in Sturms Wappenwerk reichlich Aufnahme gefunden haben.

Sein Kollege Georg Rixner, mit Berufsnamen

Reichsherold Georg Rixner, genannt »Jerusalem«
(Holzschnitt v. Hans Burgkmair d. Ä. 1504)

»Jerusalem«, hat keinen vergleichbaren Ehrenplatz in der Geschichte erhalten. Schuld daran war sein 1530 gedrucktes Turnierbuch, in dem er ein angebliches Ritterturnier in Nürnberg aus dem Jahre 1198 schildert, das zwar den Nachkommen der angeblichen Teilnehmer zunächst zu einigem Stolz verhalf, von Historikern jedoch als Phantasieprodukt entlarvt wurde. Schon im 17. Jahrhundert hatte der bedeutende Nürnberger Ratsschreiber und Intimkenner der Nürnberger Stadtgeschichte, Johannes Müllner, auf die Unglaubwürdigkeit dieses seltsamen Turnierbuches hingewiesen. Tatsache ist jedenfalls, daß vier Jahre vor Erscheinen seines bekanntesten – besser wohl: berüchtigten – Werks besagter Reichsherold Rixner den Nürnberger Ratsherren »die eigenhändige Aufzeichnung jenes sagenhaften Turniers« übergab und von den hochbeglückten Ratsherren gleich zweimal mit einem Geldgeschenk belohnt wurde. Der Grund der patrizischen Freude ist leicht verständlich, denn Rixner hatte in seinem Widmungsexemplar an den Rat 39, in einer weiteren Fassung für den damaligen Reichsbann- und Stadtrichter Bartholomäus Haller 40 Nürnberger Ratsgeschlechter, darunter 15 der 1526 blühenden Familien aufgeführt, die angeblich 1198 den Kaiser nach beendigtem Turnier bis Donauwörth begleitet haben sollen. Daß dieser »historische Beleg« der Standespolitik der Nürnberger Patrizier von 1526 äußerst gelegen kam, versteht sich von selbst. Seinem Ruf als ernsthafter Herold bzw. Heraldiker oder gar als historische Quelle hatte aber Rixner auf diese Weise keinen guten Dienst erwiesen.

Das fragwürdige Turnierbuch blieb nicht das einzige Erbe Georg Rixners. Manche Familie verdankt ihm bis heute positive heraldische Bereicherungen. So erhielten die Nürnberger Haller im Jahre 1528 mit Erlaubnis von Kaiser Karl V. den Zunamen »von Hallerstein« und auch eine Wappenmehrung. Im quadrierten Schild verblieb natürlich das schöne Stammwappen, der Sparren, in den Feldern 1 und 4, in die Felder 2 und 3 kam als Neuerung »ein güldener dreieckiger Stein in Rot über einem schwarzen laufenden Löwen in Silber«. Besagte Zutat ist jedoch, so erfahren wir vom verdienten Familienhistoriker Helmut Freiherr Haller von Hallerstein, ein Phantasieprodukt des Turnierbuchschreibers Rixner. Eine Familie »von Hallerstein«, die besagtes Wappen vorher geführt haben könnte, konnte Baron Haller bis heute nicht ausfindig machen. Zumindest hat die Rixner'sche Zugabe sich ästhetisch vorzüglich in das Haller'sche Wappen eingefügt und ist allen fränkischen Heraldikern und insbesondere den Geschichtsfreunden Nürnbergs und seines ehemaligen Territoriums zum vertrauten Symbol geworden. (Siehe Abb. S. 170 554 Haller).

Daß die Patrizier, vor allem die in Nürnberg, jede sich bietende uradelige Legitimation zu nutzen wußten, ist nicht verwunderlich. Schließlich stammten nicht wenige der führenden Familien aus dem Landadel und aus der Ministerialität hochadeliger Geschlechter des frühen Mittelalters. Als erfolgreiche Fernkaufleute haben sie später von der sicheren Reichsstadt wiederum aufs Land ausgegriffen und dort Burgen, Schlösser und Güter erworben. Hatte man sie im 13. Jahrhundert noch als »Nobiles Norimbergensis« bezeichnet, so setzte sich im Hochbarock die aus Italien stammende Bezeichnung Patrizier durch.

Bis in das 14. Jahrhundert hinein bildeten diese Familien noch keinen geschlossenen Führungskreis, aber es hatte sich eine Spitzengruppe von etwa einem Dutzend Familien herauskristallisiert, die fast ständig männliche Vertreter in den Rat schickten. Sechs dieser Geschlechter waren dabei mit mindestens zwei Angehörigen vertreten: die Ebner, Vorchtel, Holzschuher, Haller, Pfinzing und Stromer. Die drei letztgenannten entsandten zeitweilig sogar drei Vertreter in das höchste städtische Gremium. Bis ins 15. Jahrhundert war das Konnubium, d.h. das Schließen von Ehen, zwischen Land- und Stadtadel selbstverständlich gewesen. Dann begann sich die reichsfreie Ritterschaft durch eigene Turnierordnungen mehr und mehr gegen die reichsstädtischen Oberschichten abzuschotten und schloß besagte Familien nicht nur von dieser speziellen adeligen Form der Selbstdarstellung, sondern – was eigentlich noch wichtiger war – von den einträglichen Domstiftstellungen zur Versorgung von Familienmitgliedern aus. Als Aufnahmebedingung, auch in andere adelige Vereinigungen, wurde zunächst der Nachweis von vier, dann acht und schließlich 16 »turnierfähigen« Ahnen gefordert. Dies führte zwischenzeitlich zu der grotesken Situation, daß einige Uradelsfamilien ebenfalls ausgeschlossen wurden, weil sie – aus welchen Gründen auch immer – z. B. zwei Generationen lang kein Turnier mehr beschickt hatten. Übrig blieb für die Nach-Ritterzeit die sog. »Ahnenprobe«, die durch die vorgeschriebene Zahl adeliger Ahnen in beglaubigter bzw. schriftlicher Form bei einer Bewerbung, etwa für eine der begehrten Domstiftstellungen oder in einen der Ritterorden, vorgelegt werden

mußte. Hier kam den Herolden und den anderen an den geistlichen und weltlichen Höfen mit dieser Anerkennung befaßten Personen ein wesentliches Maß an Mitsprache zu. Noch im Königreich Bayern hatte ab 1806 der neue bayerische Reichsherold Karl Heinrich Ritter von Lang die Berechtigung, Adelstitel in den von Bayern eingegliederten fränkischen Gebieten zu überprüfen, und erbat deshalb von den betreffenden Personen und Familien urkundliche Belege. Verständlich, daß bei dieser Praxis ab dem 15. Jahrhundert nicht nur die Handel treibenden städtischen Oberschichten, sondern auch Neu-Geadelte oder – was für die traditionsbewußte Reichsritterschaft noch schlimmer war – Briefadelige ausgeschlossen blieben.

Aus dem Geschlechterbuch der Tucher: Darstellung des Lazarus Tucher († 1563).

Erst dann versteht man die Gegenreaktion der Nürnberger »Nobiles«, die es nicht nur bei gelegentlichen demonstrativen Dokumentationen à la Rixner bewenden ließen, sondern, wie auch in anderen fränkischen Reichsstädten geschehen, kostbare Geschlechterbücher anlegen ließen und anschließlich ihre eigenen Turniere veranstalteten, wobei die ewig geldbedürftigen Kaiser und so mancher Reichsfürst zur Steigerung des Glanzes willkommene Gäste waren, und die nun zusahen, wie Kaufleute in prachtvoller Rüstung hoch zu Roß gegeneinander »rannten«.

Damit wird auch die standespolitische Bedeutung der Nürnberger Turniere deutlich, die wiederholt vom landsässigen Adel als »Nürnberger Gesellenstechen« abgetan worden waren, obwohl »Geselle« damals in Nürnberg soviel wie Standesgenosse bedeutete. Im Alten Rathaus zu Nürnberg war in einer Stuckdecke solch ritterliches Treiben auch künstlerisch festgehalten worden. Formaler Anlaß war 1446 – wie Jahrzehnte später im bayerischen Landshut – eine Hochzeit. Hier nun selbstredend eine patrizische, zwischen Wilhelm Löffelholz und Kunigunde Paumgärtner. Die Ratsgeschlechter feierten damals mehr als nur eine interne Hochzeit: Das Geburtsjahr des Bräutigams konnte schon als symbolisch gelten, denn da waren die Reichskleinodien »auf ewig« nach Nürnberg gekommen. Zwei Jahrzehnte zuvor hatte die Stadt endlich, neben der eigentlichen Kaiserburg, die Burggrafenburg der markgräflichen »Erbfeinde« erworben, und dann war noch die zweite religiöse Bezugsperson neben St. Lorenz, nämlich Sebald, heilig-

Nürnberger Gesellenstechen von 1507 (verkleinert, Original im Privatbesitz)

gesprochen worden. Nun konnten die »Bürger vom Rat« aller Welt ihre »Wappen-und Lehensfähigkeit« demonstrieren.

Fehlte nur noch als letzter Schritt, sich innerhalb der Stadt gegenüber der übrigen Bürgerschaft abzugrenzen und den Führungsanspruch als geschlossene Gruppe endgültig zu manifestieren. Das geschah durch das sog. »Tanzstatut« des Jahres 1521, durch das nur ganz bestimmte Familien und deren Mitglieder allein durch Geburt zum festlichen Tanz auf dem Rathaus zugelassen waren. Als in den folgenden Jahrhunderten immer mehr der führenden Geschlechter im Mannesstamm erloschen, wurden weitere adäquate Familien in diese Oligarchie kooptiert, so die Praun beispielsweise 1789, also erst kurz vor dem Ende der Patrizierherrschaft und dem Übergang an das Königreich Bayern. Innerhalb der »ratsfähigen« Geschlechter galt eine eiserne Disziplin, die nicht nur auf die Vermeidung verschwenderischer Repräsentation, etwa bei Hochzeiten, achtete, sondern auch sonstige Verfehlungen mit Selbstjustiz ahndete. Niklas Muffel endete durch den Strang, und Anton Tetzel wurde zu lebenslanger Haft verurteilt.

Diese »Einung« mußte keineswegs nur drakonische Strafen beinhalten, sie regelte – wie in Weißenburg geschehen – auch den Umgang der Ratsherren untereinander: »*Es soll keiner dem anderen in seine Rede fallen, und wenn einer sein Gutbedunken gegeben, soll er darnach, solange dieselbe Frage besprochen wird, stillschweigen, und keiner mit dem anderen Geschwätz treiben*«.

73

Welche Ausmaße Selbstkontrolle und Selbstjustiz annehmen konnten, beweist auch das tragische Schicksal des großen Rothenburger Bürgermeisters Heinrich Toppler, gestorben am 13. Juni 1408. Er war, wie wir vom besten Kenner seiner Biographie, Stadtarchivar Dr. Ludwig Schnurrer, erfahren, nicht von patrizischer Herkunft, aber der »erste große Karrieremacher« der Rothenburger Geschichte. Er heiratete »richtig«, das heißt eine Frau aus den alten Geschlechtern, und schaffte es, dank seines überragenden Geschäftssinns innerhalb von zehn Jahren der reichste Rothenburger zu werden. Allein 327 bäuerliche Anwesen in 117 Ortschaften nannte er sein eigen. Rothenburg selber schloß während Topplers Amtszeit den imposanten Mauerring und gewann sein unverwechselbares Aussehen. Topplers besonders enges Verhältnis zu König Wenzel, Sohn und Nachfolger Kaiser Karls IV., seine eigenen bedeutenden Leistungen zugunsten der Reichsstadt und sein politischer Weitblick ließen ihn tatsächlich zum »König von Rothenburg« werden, wie er später treffend in einem Roman tituliert wurde. Sein Festhalten aber am 1400 abgesetzten König Wenzel und seine undiplomatische Gegenposition zum neu gewählten

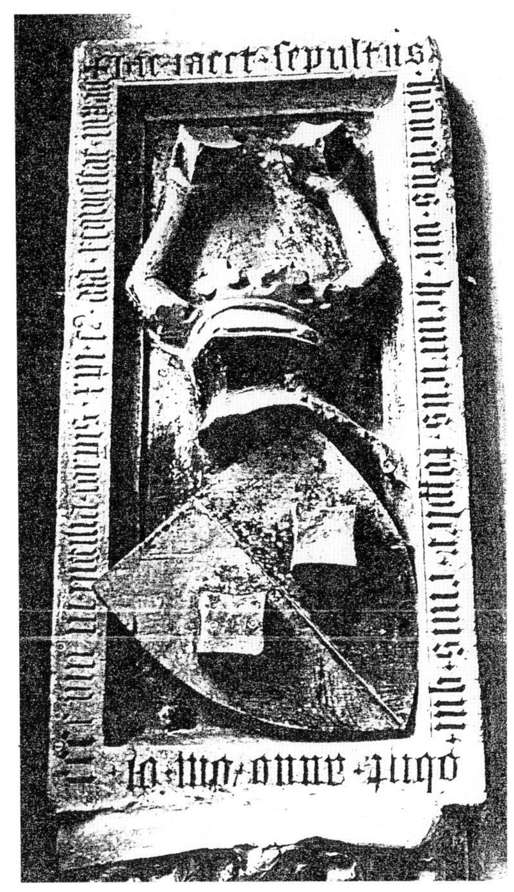

Grabmal für den unvergessenen Rothenburger Bürgermeister Heinrich Toppler in der St. Jakobskirche zu Rothenburg o. T. (Stadtarchiv Rothenburg – Fotosammlung; Wiedergabe mit frdl. Erlaubnis v. Stadtarchivar Dr. L. Schnurrer). Anmerkung: Die Zahl der »Augen« auf den Würfeln der Toppler-Wappen variiert; mal sind im vorderen Feld fünf Augen und auf dem hinteren sechs Augen zu sehen, mal umgekehrt.

König Rupprecht von der Pfalz läuteten sein Ende ein. Mißgunst, Neid, schließlich der ja nicht ganz unberechtigte Vorwurf des Hochverrats gegen den neuen König ermunterten seine inner-patrizischen Gegner noch vor dem Eingreifen der Reichsmacht, Heinrich Toppler ins Gefängnis zu werfen. Dort ist er dann »offensichtlich als Opfer innerstädtischer Selbstjustiz« gestorben. Ein einfaches, mit seinem Würfel-Wappen geschmücktes Steingrabmal markiert die letzte Spur von seinen Erdentagen in der Rothenburger St. Jakobs-Kirche. Noch immer steht sein Wohnturm, das »Toppler-Schlößchen«, im Taubergrund unterhalb der ehemaligen Reichsstadt. Seine Familie aber verließ Rothenburg und ging nach Nürnberg. In der Folgezeit taucht das Wappen an der Nordseite der Sebalduskirche und auf dem Rochusfriedhof in Nürnberg auf. Das Würfelspiel mit dem launischen Glück hatte die Familie in Rothenburg verloren. Mit Paulus Toppler ist sie 1687 auch in Nürnberg erloschen.

Lit.: Arndt, Caspar Sturm; Barthelmeß; Schöler, Hist. Fam.; Kurras; Imhoff, Berühmte; Lang; Grote; Haller, Adelsgenealogien; Hirschmann, Muffel; Jahnel; Pfeiffer, Studien; Bechtolsheim; Stetten, Rechtsstellung; Maas; Schnurrer; Fehring.

»... Dem Got genad«
oder
Von Totenschilden, Grabdenkmälern, Gedächtnistafeln und von Ordensketten

Als am Pfingstmontag 1422 der Patrizier Karl Holzschuher der Ältere gestorben war, gaben seine Angehörigen einem »Schilter« den Auftrag, zur Erinnerung an den Toten einen runden Holzschild mit Umschrift und plastisch aufgesetztem, farbigem Wappenschild samt Helm, Decken und Helmzier anzufertigen, wobei die Freiflächen noch mit Blattmustern und Engelsmotiven zu bemalen waren. Der Schild blieb über ein halbes Jahrtausend erhalten, und wir lesen, wie schon Generationen vor uns, die Umschrift: »† *anno dni M CCCC XXII iar do starb karl Holzschuher der elter an pfingtag nach pfingsten dem got genad«.*

Totenschild des Hermann Grundherr, † 1370, mit Beischild seiner Ehefrau, einer geb. Pilgram (hier das Wappen der Pilgram »die alten«) (Nachzeichnung d. Verf.).

Wie ist dieser Brauch entstanden? Ritter und Hochadel besaßen schon in frühester Zeit das Privileg, in Gotteshäusern oder in den Kreuzgängen der Klöster bestattet zu werden. Es war tatsächlich üblich, daß die Angehörigen dem Wunsch des Toten entsprachen, seine originalen Kampfwaffen, also Schild, Helm, Schwert etc., als Funeralwaffen zum ewigen Gedenken in eine Kirche zu stiften, in der Regel in die, in der er auch bestattet wurde. So hatte beispielsweise Albrecht III. von Aufsess, † 1356, in seinem Testament festgelegt, daß er sein Pferd und sein »wâpen« (seine ritterlichen Waffen) nach seinem Tode der Begräbnisstätte im Gotteshaus zu Aufseß vermache. Hier scheinen uralte germanische Bräuche auf, als seinerzeit den toten Kriegern die Waffen mit ins Grab gegeben wurden und nicht selten auch das Pferd mit beerdigt worden war. In christlicher Zeit wurde dieser Brauch insofern umfunktioniert, als die Kampfausrüstung mit Pferd, Schild, Helm und Schwert der Kirche als Opfer dargebracht wurde. Die Waffen wurden – auch im Falle Albrechts von Aufsess – in der Kirche über seinem Grab aufgehängt (hier ergab sich eine Vorbildfunktion für das spätere Darstellen von Wappen), das Pferd in kirchliche Spann- oder Reitdienste genommen bzw. von der Kirche verkauft. Die Originalwaffen Albrechts sind längst verschwunden, sie fielen samt Kapelle, wie an so vielen Orten Deutschlands, den Verwüstungen des 30jährigen Krieges zum Opfer, wurden irgendwann entwendet, sind durch Herunterfallen zerbrochen oder weggeworfen worden. Allein der Grabstein Albrechts konnte in den barocken Neubau der Aufsesser Schloßkirche hinübergerettet werden.

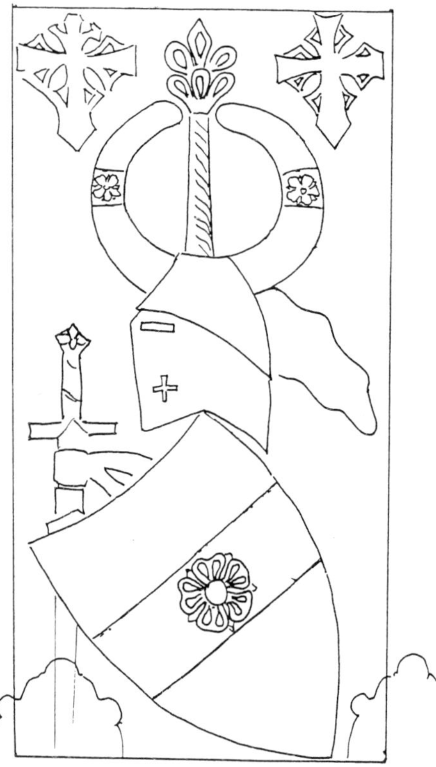

Grabstein des Albrecht von Aufsess, † 1356, in der Schloßkirche zu (Unter-)Aufseß (Zeichnung d. Verf.).

Trotz der enormen Verluste haben sich mancherorts noch die originalen »wâpen« von einst erhalten. So bewahrt die Schwanenritterkapelle in Ansbach zwei spätgotische Schallern, das sind nach unten offene Helme, auf. Sogar einen stilechten Topfhelm aus der Zeit des Rittertums finden wir in der fränkischen Funeralheraldik.

Der 1626 verstorbene Hans Rieter von Kornburg und Kalbensteinberg war als Geschlechtsältester der 11. Majorats- und Patronatsherr zu Allerheiligen in Kleinschwarzenlohe und zu Kalbensteinberg b. Spalt gewesen. Er hatte die reizvolle Kapelle Allerheiligen wieder instandsetzen und die Familiengruft in Kalbensteinberg anlegen lassen, wo er auch zur letzten Ruhe gebettet wurde. Sein Bruder und Nachfolger ließ zu seiner Erinnerung dann auch in beiden Kirchen einen Totenschild aufhängen. Allerdings wurde für das Exemplar in Allerheiligen ein aus der Rieterschen Rüstkammer stammender echter Topfhelm verwendet, ein Rüstungsteil aus der 2. Hälfte des 14. Jahrhunderts. Bis 1924 blieb dieses einzigartige Exemplar in der Kirche zu Allerheiligen, dann kam das Original ins Germanische Nationalmuseum Nürnberg, während der Totenschild in Allerheiligen ersatzweise ein Duplikat erhielt.

F S. 171

Es war durchaus Brauch, gleich mehrere Totenschilde in verschiedenen Kirchen aufzuhängen bzw. sie mit einer finanziellen oder materiellen Stiftung zu verbinden, die der Kirche Einnahmen und dem Verstorbenen z. B. eine Ewige Messe sicherte. Nicht jeder Adelige erhielt einen Totenschild oder ein aufwendiges Steingrabmal in seine Begräbniskirche gestiftet. Es hing davon ab, ob sich eine Familie solche Son-

deranfertigungen überhaupt leisten konnte oder wollte, manchmal verhinderten schlichtweg die Zeitumstände, etwa ein Krieg, entsprechende Aufträge an Künstler und Handwerker, und manches Vorhaben fiel auch dem Vergessen zum Opfer.

Es versteht sich von selbst, daß man sehr bald dazu überging, anstelle der sündhaft teuren echten Waffen, ersatzweise bemalte oder plastisch gestaltete Holztafeln anfertigen zu lassen, zuerst in der Spitzform der alten Reiterschilde, dann rund in Siegelform, dann sechs- oder achteckig und in der Barockzeit schließlich prunkvoll überladene Schauobjekte, z. T. mit dem Porträt des Verstorbenen und ausführlichen Inschriften. Man paßte sich also in der Form, in der Beschriftung und den Zutaten den jeweiligen Stilrichtungen an, was wiederum heute dem Forscher die Datierung zusätzlich erleichtert. Den alten Brauch behielt man auch bei, als das Rittertum längst der Vergangenheit angehörte und die Nachkommen der

Ritter sich nicht mehr auf Turniere oder vergleichbare Übungs- und Kampfhandlungen vorbereiteten. Da aber nur der wehrhafte Adelige Waffen getragen hatte, konnte auch nur sein persönliches »wâpen« über der Grabstätte oder in einem von der Familie besonders

bevorzugten oder für sie reservierten Platz in der Kirche, etwa in einer Seitenkapelle, aufgehängt werden. Aus diesem Grunde erhielt, auch in späterer Zeit, die Frau des Adeligen k e i n e n Totenschild. Ihr väterliches Wappen wurde aber meist auf dem Totenschild des Mannes als kleiner Beischild mit abgebildet. Ausnahmen, vor allem bei Frauen fürstlichen Geblüts, sind auch hier bekannt. Grabdenkmäler dagegen mit heraldischer Ahnenprobe und Gedächtnisgemälde für Frauen sind häufig zu finden.

Christian Imhoff stiftete für seine 1449 verstorbene Ehefrau Margarete, eine geb. Thürler, ein Gemälde in die Lorenzkirche zu Nürnberg, das die Jungfrau Maria mit dem Jesuskind zeigt. Unten im »Fuß« des Bildes ist in demütig verkleinerter Form – im Größenvergleich zur hl. Maria – die gesamte Familie abgebildet. Wir sehen vom Betrachter aus links den knienden Christian Imhoff, ausgewiesen durch sein Wappen, mit seinen acht Söhnen und rechts

Ausschnitt aus einem Gedächtnisgemälde, das Christian Imhoff für seine 1449 gestorbene Ehefrau Margarete, geb. Thürler, gestiftet hat (St. Lorenz-Kirche Nürnberg, Nachzeichnung v. Verf.).

die verstorbene Ehefrau, ausgewiesen durch das väterliche Thürler-Wappen, mit den vier Töchtern, wobei die älteste zum Zeitpunkt der Entstehung des Gemäldes bereits verheiratet war und durch das Wappen ihres Ehemannes Ortolff bezeichnet ist.

Auf zahlreichen Grabdenkmälern ist die hohe Kindersterblichkeit der vergangenen Jahrhunderte dokumentiert. So findet sich auf dem Rochusfriedhof zu Nürnberg das Bronzeepitaph mit den Jahreszahlen 1667 und 1660 für den Rindermetzger Hannß Carel und seine Frau Barbara. Außerdem ist noch der erste Ehemann von Frau Barbara mit vier Söhnen abgebildet. Die kleinen Kreuze über den Köpfen zeigen an, daß sämtliche Kinder aus erster und zweiter Ehe, zwanzig an der Zahl, vor den Eltern gestorben sind!

Wir sehen, daß der Brauch, hölzerne Totenschilde, bronzene oder steinerne Epitaphien für verstorbene Familienmitglieder anfertigen und in Kirchen bzw. auf Friedhöfen anbringen zu lassen, sehr bald von den Ratsgeschlechtern der Reichsstädte und dann auch von bedeutenden Bürgerfamilien in kleineren Landstädten übernommen wurde, wobei man sich in den meisten Fällen erstaunlich genau an die heraldische Regelsprache hielt. In der ev. Stadtkirche der alten Markgrafenstadt Schwabach hängen z. B. Totenschilde einer Familie Reisenleiter, die nie dem Adel und auch nie dem Patriziat einer fränkischen Reichsstadt angehörte. Die Reisenleiter waren ursprünglich Müller auf der heutigen Lösmühle südlich Eckersmühlen b. Roth gewesen. Vierzehn Generationen lang, von 1446 bis 1869, war die Familie in Schwabach ansässig und stellte mit Konrad II. Reisenleiter, seines Zeichens Ratsherr, dann Bürgermeister, die herausragende Persönlichkeit. Er gehörte 1526 zu den Mitbegründern der Gesellschaft des Eisenhandels in Schwabach und bekleidete ab 1515 die Funktion eines ersten Vorstehers der Sebastiansbruderschaft an der Schwaba-

cher Stadtkirche. Nach der Legende ließ der römische Kaiser Diokletian den hl. Sebastian an einen Baum binden und von numidischen Bogenschützen mit Pfeilen durchbohren. Deshalb waren auch die Schwabacher Armbrustschützen Mitglied in der Sebastiansbruderschaft. Das ist wohl der Grund, weshalb Kaiser Karl V. 1530 zu Augsburg an Konrad Reisenleiter wegen »*seiner Ehrbarkeit, Redlichkeit, guten Sitten, Tugend und Vernunft*« einen »erneuerten« Wappenbrief verlieh und als Schildfigur die pfahlweise gestellte goldene Armbrust mit eingelegtem Pfeil bestätigte. Der Totenschild des 1547 verstorbenen Konrad Reisenleiter blieb bis heute in der Kirche erhalten.

Das Aufhängen von Totenschilden brachte aber auch so manchen Ärger. Einige Patrizier der Reichsstadt Nürnberg, wie z. B. 1433 Mitglieder der Familien Haller, Hayd, Volckamer, waren vom Kaiser zu Rittern geschlagen worden und durften laut kaiserlicher Urkunde ihre Totenschilde künftig mit einem »goldenen« Helm schmücken. Das aber widersprach völlig dem Gleichheitsprinzip innerhalb der führenden Ratsherren-Oligarchie in Nürnberg. Der Rat verbot seinen Mitgliedern die »goldenen« Helme, um auch äußerlich keinerlei Rangunterschiede aufkommen zu lassen. Was die vom Kaiser aber besonders ausgezeichneten Einzelpersonen bzw. Familien nicht hinderte, sich immer wieder über das Verbot hinwegzusetzen. Zweites Ärgernis war natürlich, daß einige Ratsherrenfamilien, dank wirtschaftlicher Möglichkeiten, ihre Totenschilde immer aufwendiger gestalteten, während andere sich mit sehr viel bescheideneren Erinnerungstafeln begnügen mußten. Anlaß genug für den Rat, bereits 1495 in

einer eigens geschaffenen Polizeiverordnung nur noch einfache bemalte und beschriftete Holztafeln in der Größe 73,86 x 45,65 cm, also nach dem »Goldenen Schnitt«, zuzulassen. Mehr als F S. 172 ein halbes Jahrhundert herrschte, zumindest in Nürnberg, eine völlige Monotonie, bis sich wieder die freie künstlerische Gestaltung durchsetzte.

Eine Variante des Totenschildes stellt der A u f schwörschild der Ritterorden, in Franken zumeist der des Deutschen Ritterordens, dar.

Aufschwörschild für den Deutschordensritter Kunrat Kammermeister (15. Jh., Nachzeichnung d. Verf.). F S. 172

Bei der Aufnahme wurde ein Schild mit dem Familienwappen des Novizen, umgeben von Trauerflor, in der Kirche aufgehängt, bevorzugt dort, wo die Investitur in den Orden stattgefunden hatte. Der Ritter schied quasi aus dem weltlichen Leben aus. Wie der Totenschild des weltlichen Adeligen das Wappen der Ehefrau als kleinen Beischild zeigt, so enthält der Aufschwörschild des Novizen ein Beischildchen mit dem Wappen des Ordens, manchmal liegt das Familienwappen auch auf dem Ordenswappen auf.

Bis 1451 hatten die Novizen bei der Investitur die sog. »Ahnenprobe« abzulegen, also den Nachweis adeliger Herkunft durch adelige Zeugen zu erbringen. Im Laufe der Zeit dehnte das Großkapitel des Deutschen Ordens die Aufnahmebedingungen auf 16 adelige Ahnen aus, um so Neu-Geadelten oder gar Briefadeligen erst gar keine Chance für eine erfolgreiche Bewerbung zu geben. Schließlich darf nicht vergessen werden, daß eine Aufnahme in den Orden – wie übrigens in die bischöflichen Domkapitel auch – neben aller ehrenwerten geistlichen Aufgabenstellung, die wirtschaftliche Absicherung des Kandidaten und per saldo eine Entlastung der Familie bedeutete. Die sog. »Ahnenprobe« können wir dann auch auf vielen steinernen Grabdenkmälern adeliger Personen »nachlesen«. Wenn der oder die Verstorbene z. B. in der Mitte reliefartig dargestellt ist und an den vier Ecken je ein Wappen angebracht wurde, dann gilt als Faustregel das Schema der nebenstehenden Abbildung.

Daß diese Regel aber oft genug durchbrochen wurde, lag an der Unkenntnis der Steinmetzen und manchmal der Familien selber. Ahnenwappen auf Grabsteinen bedürfen deshalb in jedem Fall der ergänzenden Überprüfung durch die Genealogie.

Die Grabdenkmäler des Brandenburg-Ansbachischen Amtmanns zu Cadolzburg Albrecht Stiebar von Buttenheim († 1491), und seines Sohnes Heinrich, fürstbischöflicher Rat und Schultheiß zu Forchheim († 1507), zeigen merkwürdigerweise, daß beide die gleiche Mutter und die gleichen Großmütter gehabt haben sollen, was ja wohl nicht sein kann. Gelegentlich wurden, je weiter die dargestellte Vorfahrenreihe

Anordnungsschema von Ahnenwappen auf Grabsteinen:

1 = Wappen des (der) Verstorbenen bzw. väterliches Wappen
2 = Wappen der Mutter
3 = Wappen der Mutter des Vaters
4 = Wappen der mütterlichen Großmutter

Wurden weitere Ahnenwappen der väterlichen Seite dargestellt, so blieb dafür in der Regel die Seite 1, 3 . . . vorbehalten, den mütterlichen Ahnen die Seite 2, 4 . . .

zurückgeht, Urgroßmütter und Urgroßtanten aus eingeheirateten Familien durcheinandergebracht.

Fazit: Heraldische Symbole auf Grabdenkmälern sind nicht in jedem Fall als zweifelsfreier historischer Beweis anzusehen.

Aber auch Inschriften sind nicht immer für bare Münze zu nehmen. Oft genug wurden Daten und Inhalte falsch gelesen und entwickelten sich in dem einen oder anderen Fall zu aberwitzigen Geschichten in mancher Familienchronik. Als Beispiel soll hier der Geschichtsschreiber der fränkischen-thüringischen Grafen von Henneberg, Cyriakus Spangenberg, herangezogen werden. Er berichtet 1599 von der Gräfin Margarete, einer geborenen Gräfin von Holland und Ehefrau des Grafen Hermann von Henneberg, daß sie 1276 im Alter von 42 Jahren am Karfreitag 364 (!) Kinder beiderlei Geschlechts geboren habe. Nachdem der Weihbischof in Gegenwart vieler Adeliger in Windeseile diesen überreichen Kindersegen mit dem Sakrament der Taufe bedacht und der Einfachheit halber alle Knaben auf Johann und alle Mädchen auf Elisabeth getauft habe, *»kehrten ihrer aller Seelen zugleich mit der ihrer Mutter fürs ewige Leben zu Gott zurück. Ihre Körper aber ruhen unter diesem Stein«.* Dieser Grabstein stand noch im 18. Jahrhundert in der Abteikirche Egmont, der Grabeskirche der Grafen von Holland, und diente bis in diese Zeit als Geheimtip für kinderlose Ehefrauen: »An diese Becken brauchen unfruchtbare Frauen nur nach und nach eine Handvoll Sand anzuwerfen, um der Mutter Natur den ersehnten Segen zu entlocken«.

Wie konnte diese Mär entstehen? Schuld daran war das falsche Lesen von Jahreszahlen. Es hieß, die Gräfin habe so viele Kinder geboren, wie das Jahr noch Tage hatte. Tatsache ist, daß die Hochschwangere im Januar 1276 in ihre niederländische Heimat zum Kloster Loosduinen in Den Haag reiste, um dort bei den Zisterzienserinnen niederzukommen. Sie gebar dann tatsächlich am Karfreitag ein Zwillingspaar. Als Neujahrstag galt aber am Niederrhein damals nicht der 1. Januar, sondern der Ostersonntag. Damit hatte die Gräfin exakt soviel Kinder geboren, *»wie das Jahr noch Tage hatte«*, nämlich zwei. Historisch wieder richtig ist, daß die Mutter und die beiden Kinder die Geburt nicht überlebten.

Und noch ein Datierungsproblem bereitet vielen Forschern, vor allem aber interessierten Laien, einiges Kopfzerbrechen. In den katholischen Staatsgebieten wurde 1583 der Gregorianische Kalender eingeführt, in den evangelischen, wie im Fürstentum Brandenburg-Ansbach, erst im Jahre 1700 und zwar durch Ausschaltung der Tage vom 18. Februar bis zum 1. März. So wäre beim Notieren von Lebensdaten im genannten Zeitraum eine mögliche Differenz von 10 Tagen zu beachten.

Auf vielen Grabdenkmälern sind die Verstorbenen in voller Rüstung und obendrein auf einem Löwen stehend plastisch dargestellt. Wie wir bereits gesehen haben, weist das Familienwappen, oft ergänzt durch die Wappen der eingeheirateten Ahnfrauen, zusätzlich zur Beschriftung die Identität des Toten aus.

Daß die Figur auf einem zumeist kauernden oder liegenden Löwen steht, kann vielerlei bedeuten. Zum einen könnte der Steinmetz auf

Grabmal für den 1444 verstorbenen Georg von Seckendorff zu Jochsberg i. d. Münsterkirche von Heilsbronn (Abb. frdl. überlassen von Karl-Friedrich Frhr. v. Seckendorff, Obernzenn).

Wunsch der Familie des Verstorbenen auf jenes Bibelzitat angespielt haben, wonach der Löwe an die Auferstehung der Toten am jüngsten Tage erinnern soll, zum anderen kann damit – etwa bei fürstlichen Personen – auch fürstliche Macht demonstriert werden, nachdem der Löwe zwar dem kaiserlichen Symbol des Adlers als Herrscher der Lüfte untergeordnet, aber als

»König der Tiere« auf der Erde allen anderen Tieren übergeordnet war. Gerade das Recht auf die Ausübung der hohen Gerichtsbarkeit konnte damit ideal zum Ausdruck gebracht werden. Wir finden allerdings derartige Löwen-Fuß-Schemel auch auf Grabdenkmälern fürstlicher Beamten und Offiziere, wodurch deutlich gemacht wurde, daß der Dahingeschiedene »im Auftrag« fürstliche oder überhaupt grundherrliche Macht inklusive der hohen Gerichtsbarkeit ausgeübt habe. Dann muß noch berücksichtigt werden, daß man im Laufe der Jahrhunderte die vielfältige Bedeutung dieser Grabstein-Löwen schlichtweg vergessen hatte und schließlich bloß noch einen alten Brauch nachahmte, wobei auf manchen Grabsteinen die Löwen zu embryonaler Größe schrumpfen. Offenbar wußte man, vor allem in der Endphase der Renaissance und des beginnenden Barock, nichts Rechtes mit ihnen anzufangen. Bei Bedarf konnten jedenfalls nachfolgende Generationen die ganze Palette der Deutungen solcher Grabdenkmäler in Anspruch nehmen und trefflich streiten, vor allem dann, wenn schriftliche Dokumente nicht weiterhalfen oder gar nicht vorhanden waren. So hat manche Familie, etwa nach dem Verlust des Adelsbriefes, auf solche Präsentation der Ahnen, auf die Führung des »Freiherrntitels seit unfürdenklichen Zeiten«, auf den uralten Besitz ritterschaftlicher Güter und Rechte etc. hinweisen müssen, um erneut den Adel bzw. den entsprechenden Adelsrang bestätigt zu erhalten, beispielsweise als die ehemals reichsritterschaftlichen Territorien und andere reichsfreie Gebiete ab 1806 an das neue Königreich Bayern übergingen.

Nicht alle Adelsfamilien waren wirtschaftlich in der Lage, ihren männlichen, oder was viel seltener geschah, auch ihren weiblichen Verstorbenen derart imposante steinerne oder bronzene Nachrufe zu widmen, von den Zwängen der Mode auch auf diesem Gebiet einmal ganz abgesehen. Sehr viel seltener als Löwen finden wir zu Füßen der reliefartig dargestellten Toten einen sitzenden oder kauernden Hund. Damit sollte keineswegs angedeutet werden, daß die verstorbene Person zu Lebzeiten »auf den Hund gekommen« ist. Das bekannte Sprichwort leitet sich aus mehreren Quellen her: »Adelige Missetäter mußten gelegentlich zur Strafe öffentlich Hunde herumtragen« (Krüger-Lorenzen). Zum anderen wurde schon seit den Tagen des Altertums der soziale Abstieg einer Person oder einer Familie gerne mit Zugtieren verglichen, wonach man vom Pferd auf den Esel und letztlich »auf den Hund gekommen« war. Und wenn ein Bergmann aus Alters- oder Krankheitsgründen nicht mehr vor Ort Kohle herausschlagen, sondern nur noch den Förderwagen, eben den »Hund«, schieben konnte, dann war auch er »auf den Hund gekommen«. Alle diese Beispiele sind aber der Heraldik fremd. Ein Hund zu Füßen einer verstorbenen Dame konnte, falls das überhaupt beabsichtigt und nicht nur nachgeahmt war, auf eheliche Treue, aber auch auf ein reales Tier hinweisen, das mit seiner Herrin zu Lebzeiten besonders eng verbunden gewesen war. Und gelegentlich ersetzte sogar ein Drache den Löwen oder den Hund, wie beispielsweise auf dem Grabstein des Bartholomäus Groland, † 1371, der sich als Heiliger Georg, und somit als Drachentöter, darstellen

Grabmal für Bartholomäus Groland, † 1371, im Heilig-Geist-Spital Nürnberg (Foto: Verf.).

ließ, obwohl er, um der Wahrheit die Ehre zu geben, nicht einmal ein Ritter, sondern ein tüchtiger Kaufmann gewesen war.

Eines der eindrucksvollsten Grabdenkmäler mit allein 30 Agnatenwappen, das Allianzwappen des Ehepaares gar nicht gerechnet, hat Hans Juncker um 1600 für den 1597 verstorbenen Amtmann Stephan Zobel von Giebelstadt

und seine 1599 gestorbene Frau Cordula, jüngste Schwester des großen Würzburger Fürstbischofs Julius Echter von Mespelbrunn, in der Wallfahrtskirche Maria Sondheim geschaffen. Abgesehen von der großartigen künstlerischen Leistung ist dieses Grabdenkmal ein vorzügliches Studienobjekt für Genealogen und Heraldiker und kann sich mit dem heraldischen Reichtum der Haßfurter Ritterkapelle durchaus messen. Überhaupt ist die Wallfahrtskirche Maria Sondheim b. Arnstein in Unterfranken, neben der Ritterkapelle zu Haßfurt, zu einem familiengeschichtlichen und stilkundlichen Lesebuch der Heraldik geworden. Von 32 Grabdenkmälern erinnern allein 26 an die Adelsfamilie von Hutten, so daß Moritz von Hutten, Fürstbischof von Eichstätt und Dompropst zu Würzburg (1503-1552), anläßlich einer Stiftung zu Recht sagen konnte »*zu Arnstein von wegen unseres derer von Hutten Begräbnis*«. Das berühmteste Familienmitglied, der große Humanist Ulrich von Hutten, † 1523, liegt hier nicht begraben, sondern bekanntlich auf der Insel Ufenau im Zürichsee. Seiner geharnischten Anklage ist es mit zu verdanken, daß es kurz vor Beginn des Ritteraufstandes gegen die Allmacht der Fürsten gelingen konnte, einen regierenden Herzog in die Reichsacht zu bringen. Herzog Ulrich von Württemberg hatte Hans von Hutten, einem Vetter Ulrichs, die Frau ausspannen wollen und deshalb den arglosen Ehemann in eine Falle gelockt und 1515 heimtückisch ermordet. Huttens Grabstein enthält deshalb auch die Inschrift: »Durch Herzog Ulrich von Württemberg unschuldig entleibt«. Ein eindrucksvolles Denkmal ließ Fürstbischof Moritz von Hutten 1546 durch Peter Dell d. Ä.

seinen Eltern Bernhard († 1539) und Gertraud († 1544) errichten und sich selbst auf dem von Loy Hering geschaffenen Gedächtnis für seinen so tragisch umgekommenen Bruder Philipp abbilden. Beide Brüder knien einander gegenüber unter dem Kruzifix, letzte Erinnerung an den am Hofe Kaiser Karls V. erzogenen und in den Jahren der großen südamerikanischen Entdeckungen und Eroberungen nach Venezuela verschlagenen Bruder Philipp, einen mutigen Mann, der zu den ersten gehörte, die weite Erkundungsritte bis zu den Gebirgsketten der Anden unternahmen, der aber auf der Rückkehr einer spanischen Räuberbande in die Hände fiel und gemeinsam mit seinem langjährigen Gefährten Bartholomäus Welser 1546 ermordet wurde.

So manche Attribute auf den Hutten'schen Grabsteinen, ob Putten, Fabelwesen oder Drolerien, sind wohl den Auftraggebern, aber nicht mehr späteren Generationen erklärbar gewesen. Deshalb haben sich, wie üblich, der Volksmund und die Erzählkunst der Altvordern um Erklärungen bemüht. Beispielsweise muß die spaßige Putten-Darstellung auf dem Grabmal für den 1517 zu Augsburg verstorbenen Amtmann Ludwig von Hutten für folgende Geschichte herhalten: Zwei Kinder aus dem Geschlecht derer von Hutten hätten sich verirrt und seien von den verängstigten Eltern unversehrt, inmitten eines Rudels von Wildschweinen spielend, aufgefunden worden. Aus Dankbarkeit hätten die Eltern dann die Kirche zu Maria Sondheim gestiftet – was, wie wir wissen, schon vom Datum her gar nicht stimmen kann.

Auch Porträtdarstellungen wurden gelegentlich von Ahnenwappen, analog dem Schema auf Grabdenkmälern, eingerahmt. Der berühmte Einblattdruck aus dem Jahre 1520, der den großen Humanisten Ulrich von Hutten zeigt, hält sich im wesentlichen ebenfalls an dieses Muster:

1 = der gleichnamige Vater Ulrich von Hutten

2 = Mutter Ottilie von Eberstein

3 = (im Gegensatz zum klassischen Schema, das die vom Beschauer aus linke Seite den väterlichen Ahnen vorbehält) die Mutter seiner Mutter, eine geb. Stein von Liebenstein

4 = die Mutter seines Vaters, Elsa von Thüngen.

Bemerkenswert: Die Schrägteilungen in den Schilden Hutten und Stein sind entsprechend der heraldischen Courtoisie in ihrer ursprünglichen Richtung gedreht und zeigen nach »innen«. (Die namentliche Benennung von Ulrich von Huttens Vorfahren verdanke ich Freiherrn von Hutten, Schloß Steinbach b. Lohr.)

Anm.: Wie die Familie von Rieter ihre Ahnen heraldisch präsentierte, zeigt uns die farbige Abbildung S. 173.

Kaum jemand unter den Touristen, die in der Stadtpfarrkirche der alten Hohenlohe-Stadt Weikersheim das einzigartige Grabdenkmal des »Prinzle von Weikersheim« bewundern, ahnt das Familienschicksal, das sich hinter dem dargestellten kleinen Buben und den umgebenden vier Wappen verbirgt.

Wir sehen die Wappen der Häuser Sachsen, Weinsberg, Leiningen und Hohenlohe. Wie gehören sie zusammen? Was haben sie mit dem Kind zu tun?

Die beiden oberen Wappen könnten, nach klassisch heraldischem Muster, die Eltern des Kindes symbolisieren. Dann müßten die beiden unteren Schilde folglich den beiden Großmüttern gehören.

Geschichte und Genealogie lösen die Fragen und beweisen, daß unser Schema vom Künstler oder vom Auftraggeber nur teilweise eingehalten wurde.

1390 ist mit Konrad von Hohenlohe-Brauneck, dem Mitstifter der berühmten Herrgottskirche zu Creglingen, der letzte Vertreter dieser Linie des Hauses Hohenlohe gestorben. Seine Witwe Anna, ebenfalls eine geborene Hohenlohe, heiratete in zweiter Ehe den Edelherrn Konrad von Weinsberg, seines Zeichens Reichskämmerer und damit einflußreiche Persönlichkeit am kaiserlichen Hof, ein Mann mit hochfliegenden Familienplänen. Seine Tochter Elisabeth aus dieser Ehe heiratete den Askanier-Herzog Erich V. von Sachsen-Lauenburg, einen ebenso ehrgeizigen Mann, der Kurfürst von Sachsen

Grabmal für das »Prinzle« von Weikersheim, † 1437, in der Stadtpfarrkirche zu Weikersheim (Nachzeichnung v. Verf.).

werden wollte, während der amtierende Kaiser Sigismund diese Rangerhöhung lieber an die Wettiner vergeben wollte. Schwiegervater Konrad von Weinsberg kämpfte nun erbittert und mit allen Mitteln. Er scheute u. a. nicht davor zurück, urkundliche Daten zu fälschen, um dem Schwiegersohn und damit auch seinem kleinen Enkel Heinz von Sachsen diese Standeserhöhung zu sichern. In nur drei Jahren ist der Plan zerronnen. 1434 starb Großmutter Anna, ein Jahr später Vater Herzog Erich. Nun kehrte die Mutter Elisabeth mit dem kleinen Buben in die fränkisch-hohenlohische Heimat von Großvater Konrad zurück. Am 22. August 1437 raffte der Tod auch den kleinen Hoffnungsträger der Familie dahin. Nun stand der greise Großvater Konrad von Weinsberg nicht nur am Grabe seines Enkels, sondern auch am Ende des Traums von der Kurwürde seiner Nachkommen. Somit zeigen die oberen Wappen des Kindergrabmals die Eltern des kleinen Herzogs Heinz zu Sachsen. Das vom Betrachter aus in die untere rechte Ecke gesetzte Wappen ist richtig das der Großmutter mütterlicherseits, während das links gegenüber n i c h t die Großmutter väterlicherseits ausweist, das wäre eine Gräfin von Holstein bzw. eine Herzogin von Braunschweig gewesen, sondern eine der Urgroßmütter, nämlich die Mutter von Großvater Konrad von Weinsberg, Anna Gräfin von Leiningen (drei silberne 2:1 gestellte Adler in Blau). Warum wurde diese Darstellung gewählt? Stand die Mutter Konrad von Weinsberg besonders nahe?

Welch eigenartige Funktionen manches Grabmal, lange nach seiner Aufstellung übernommen hat, soll am Beispiel des Epitaphs für den 1685 verstorbenen Kulmbacher Superintendenten Ludwig Liebhardt geschildert werden. Über zwei Jahrhunderte hatte der Grabstein des seinerzeit hochangesehenen Geistlichen und Professors für Geschichte den Innenraum der sog. Jahn'schen Gruftkapelle auf dem Alten Friedhof in Kulmbach geziert, eine Kapelle, die sich der markgräfliche Hofbeamte und Geheimsekretär Johann Sebastian Liebhardt (1708-1777) als Erbgruft hatte bauen lassen und die später von verschiedenen Familien belegt wurde. Stets hatte der Superintendent als der renommierteste Ahnherr der Liebhardts gegolten, bis Nachforschungen ergaben, daß dessen beide Söhne schon als Kinder gestorben waren und der Grufterbauer Liebhardt gar kein Nachkomme im Mannesstamm sein konnte. Letztendlich stellte sich heraus, daß seine Ahnen aus Rothenburg o. T. bzw. aus Dettwang stammten, die Vorfahren des Superintendenten aber als Exulanten aus Österreich gekommen waren. Ein nachträglicher Beweis, daß der auf Mehrung seines Ansehens bedachte Geheime Sekretär Liebhardt den Grabstein des bedeutenden, zufälligen Namensvetters anläßlich der Ausräumung der alten Grabstätte in seine eigene »Erbgruft« hatte verbringen lassen. Und doch hat die Geschichte noch einen versöhnlichen Schluß erhalten. Denn die Ehefrau des Grufterbauers war eine Stief-Urgroßenkelin des Herrn Superintendenten Liebhardt und damit wäre seine nachträgliche Einbindung in die mit ihm nicht blutsverwandte Familie Liebhardt so falsch auch wieder nicht.

Daß übrigens Grabdenkmäler nicht immer an der Stelle stehen, wo sie ursprünglich aufgestellt waren, bzw. wo der Verstorbene auch wirklich bestattet wurde, ist durchaus keine Seltenheit. Vielerorts wurden Grabplatten, die im Chor einer Kirche, im Kirchenschiff, einem Seitenschiff oder in einem Kreuzgang auf dem Boden über den realen Begräbnisstätten lagen, im Laufe der Jahrhunderte entfernt und an den Wänden neu aufgestellt. Manche Hochgräber fürstlicher Personen sind regelrechte Scheingräber. So stellt z. B. der prunkvolle Bronzesarkophag in der Südkapelle der Römhilder Stadtkirche das Ehepaar Graf Hermann VIII. von Henneberg und seine Gemahlin Elisabeth von Brandenburg dar, aber nur sie wurde darin bestattet, als sie 1507 starb. Er selber wurde wohl, aus welchen Gründen auch immer, im nördlichen Seitenschiff der Kirche begraben. Auch das prachtvolle Renaissance-Hochgrab der Kurfürstin Maria Anna, † 1512, in der Münsterkirche zu Heilsbronn enthält nicht (mehr) die Gebeine der Toten. Sie wurden 1591 entnommen und in der Hohenzollern-Hauptgruft des Münsters bestattet, als man Platz für den Zinnsarg der im gleichen Jahr verstorbenen Markgräfin Emilie, der dritten Gemahlin von Markgraf Georg dem Frommen, benötigte. Sie ruht also anstelle von Maria Anna in dieser Tumba, wobei wenigstens ein Teil der heraldischen Symbole für beide Fürstinnen gleichermaßen zutreffend ist, denn beide waren Ehefrauen regierender Markgrafen und beide stammten aus dem Hause Sachsen.

Bereits zu Lebzeiten hatte sich der Schwabacher Stadtpfarrer Hans Linck seinen Grabstein anfertigen lassen. Mit Einführung der Reformation legte er 1525 sein Amt nieder und ging als Stiftsherr nach Landau i. d. Pfalz. Er starb 1548 in Speyer. Sein Grabstein befindet sich aber nach wie vor in der Schwabacher ev. Stadtkirche, natürlich ohne das exakte Todesjahr, denn das hatte Linck (mit Ausnahme der Jahrhundertangabe) noch nicht wissen können.
(Zeichnung v. Verf.; die Inschriftbänder wurden nicht ausgeführt. Ahnenwappen nach klassischem Schema: Linck, Wurm, Melber, Pfinzing?).

Eines der künstlerisch wertvollsten Grabmäler von fürstlichen Ausmaßen birgt die sterblichen Überreste eines Bürgers! 1492 wurde die grandiose, von Adam Kraft geschaffene dreiteilige Reliefkomposition an der Außenwand des Chores der Sebaldus-Kirche in Nürnberg aufgestellt, die dann die Gebeine des Stifters Sebald Schreyer († 1520) und seines Neffen Matthäus Landauer († 1515) aufnehmen sollte. Wer war dieser Sebald Schreyer? Es war kein Zufall, daß der Sohn eines Kürschners zum Kirchenmeister von St. Sebald aufsteigen konnte. Die treuen Dienste, die Sebald Kaiser Friedrich III. u. a. bei der Aufdeckung einer Verschwörung geleistet hatte, belohnte der Herrscher 1471

mit einem zu Regensburg ausgestellten Dienst-, Schutz- und Schirmbrief und ein Jahr später mit einem Wappenbrief. Das Wappen zeigt zwei Majoran-Äpfel und einen Frauenrumpf mit langem Haarzopf. Zurückgekehrt aus kaiserlichem Hofdienst und versehen mit allerhöchsten Empfehlungen schafft er durch die Heirat mit Margarethe Cammermeister den gesellschaftichen Anschluß an die patrizische Führungsschicht. Seine Leistungen für Nürnberg können sich in der Folge sehen lassen: Er subventioniert mit seinem Schwager Cammermeister die Herausgabe der weltberühmten »Schedel'schen Weltchronik«, er ergreift die Initiative zur Schaffung des berühmten Sebal-

dusgrabes durch Peter Vischer, er gehört zu den geschickten Taktikern, die dem ahnenstolzen Habsburger Kaiser die Aufnahme des Heiligen Sebaldus in die kaiserliche Ahnenreihe (!) schmackhaft machen und damit viel kaiserliche Gnadensonne für Nürnberg erwirken. Kurzum, mit dem großartigen »Schreyer-Landauer'schen Grabmal« läßt er sich noch zu Lebzeiten ein Denkmal setzen, das die künstlerische Qualität und die Ausmaße mancher Totengedächtnisse weit in den Schatten stellt. Und obendrein erfüllt dieses Stiftergrab, wie es Ernst Eichhorn formulierte, »als Blickfang gegen die Burgstraße eine städtebauliche Funktion«.

Ausschnitt aus dem Schreyer/Landauer'schen Epitaph an der St. Sebalduskirche in Nürnberg. Rechts das Schreyer-Wappen mit dem bezopften Frauenrumpf und den beiden Majoran-Äpfeln, daneben einige der Allianzwappen aus dem Familienkreis (Starck/Landauer; Schlüsselfelder/Landauer; Stör?) (nach W. Schwemmer das erste Monumentalwerk von Adam Kraft 1490/92) (Foto: Verf.).

Bleibt uns noch, den Leser auf einige nicht-heraldische Zutaten auf manchen Grabdenkmälern in Form von Ordensketten, Medaillons oder Ordenssymbolen hinzuweisen. Wenn auf Grabsteinen die plastisch dargestellten, gepanzerten Ritter Ketten um den Hals bzw. um die Helmkrause tragen, an denen Medaillons hängen, so handelt es sich zumeist um Abzeichen der einstigen fränkischen **Ritterkantone** und anderer regionaler Interessengemeinschaften der reichsunmittelbaren Ritterschaft.

Ausschnitt aus dem Grabmal des Wilhelm von Ellrichshausen, † 1482, in der Ritterkapelle des Münsters zu Heilsbronn. Um den Hals trägt die Ritterfigur die Kette des Schwanenritterordens (Foto v. Verf.).

Hier die Namen der Kantone und ihre Erkennungszeichen:

Kanton Odenwald – ein Pferd
Kanton Gebirg – geviertet. 1 und 4 ein St. Georgsritter, der den Drachen tötet; 2 und 3 ein Turm (eine Burg)
Kanton Rhön-Werra – eine Hand, die 5 Pfeile hält
Kanton Steigerwald – ein Einhorn
Kanton Altmühl – St. Georg als Drachentöter
Kanton Baunach – St. Georg als Drachentöter, auf einem Feld mit drei Flüssen
(Anm.: Die vogtländische Ritterschaft hatte keinen eigenen Kanton.)

Bereits 1422 hatte Kaiser Sigismund den Rittern das Privileg erteilt, »... *daß sie sich miteinander verbinden und vereinigen sollen und mögen, wie sie das am besten zu seyn bedünken wird*«.
Zu diesem Zeitpunkt muß schon eine kantonale Einteilung der fränkischen Ritterschaft vorhanden gewesen sein. Erstmals erfahren wir auf dem Reichstag des Jahres 1515 in Windsheim davon. Die Namen der sechs Kantone lauten: »Steigerwald«, »Odenwald«, »Altmühl«, »Rhön/ Werra«, »Baunach« und »Gebürg« (Gebirg).
Wie ernst es die Vereinigungen meinten, geht aus einem Protokoll hervor: »... *Ehre, Leib, Gut und Blut zur Erhaltung der angestammten Freiheiten einzusetzen, deshalb auch einen Vorrath zusammenschließen*« und sich insgesamt, wenn sie »*zu ihrer Selbstrettung zu schwach sein sollten, mit hohen Potentaten, Kurfürsten und des hl. röm. Reichs Ständen zu verbinden.*«

Das letzte große Aufbäumen der Ritterschaft wird ein Jahr vor Ausbruch des Bauernkrieges am Rhein von den Fürsten niedergeschlagen. In der Folgezeit scheinen die Kantone ihre politische Bedeutung verloren oder aufgegeben zu haben. Die alten Gepflogenheiten blieben aber auch später erhalten.
Wurde eine auswärtige Adelsfamilie durch Kauf Eigentümerin eines Rittergutes, so konnte sie in den jeweiligen Kanton aufgenommen werden und bei weitverzweigtem Besitz sogar zu mehreren Kantonen gehören. In den Namenverzeichnissen der Kantone wiederholen sich deshalb öfter Namen wie Egloffstein, Eyb, Berlichingen etc.
Die fränkischen Kantone waren Mitglieder der »Unmittelbaren, freyen Reichsritterschaft in Schwaben, Franken und Rhein« und führten als solche den gekrönten, doppelköpfigen Reichsadler, auf dessen Brust St. Georgs Drachenstich abgebildet war. Die Chargen (Titel: Wohlgeboren und Edel) gliederten sich in Hauptleute und Ritterräte. Daneben hatten Ausschüsse die verschiedenen Sachgebiete zu bearbeiten. Sie waren wie die Chargen an die Vorschriften der Vereinigung und des Kaisers, dem alle Kantone unterstanden, gebunden. Vorsitzender konnte nur ein Adeliger werden, der vier blaublütige Ahnen sowohl von väterlicher als auch mütterlicher Seite aufweisen konnte und steuerbare Güter im Werte von 6000 rhein. Gulden besitzen mußte. Sitz und Stimme auf den Konventen hatten nur die, die immatrikuliert waren und acht adelige Ahnen nachweisen konnten. Bei der Abstimmung wog die Stimme eines begüterten Adeligen ebensoviel wie die eines weniger reichen. Die Mitglie-

der konnten bei Mißachtung der Satzung mit Geldstrafen belegt werden.

Beantragte ein Adeliger die Aufnahme in einen Kanton, so mußte er folgende Bedingungen erfüllen:

1. Seine steuerbaren Güter mußten unmittelbar
   im Ritterkanton liegen.
2. Besaß er keinen Grundbesitz, so hatte er, wenn er ein Neuadeliger war, 750 rh. Gulden, wenn er ein Altadeliger war, 500 rh. Gulden an den Ritterort (= den Kanton) zu zahlen.

Das Stimmrecht erhielt er aber erst, wenn er ein Gut von mindestens 6000 Gulden erwarb. Die Konfession spielte bei der Aufnahme keine Rolle.

Interessant ist die Tatsache, daß die Ritterräte sehr darauf achteten, keine Adeligen mit einem städtischen Bürgerrecht in ihre Reihen aufzunehmen. Auf diese Weise war den Partizierfamilien trotz ihrer zahlreichen Landgüter eine Aufnahme versagt. Hatte aber eine Linie sich selbständig gemacht und die Bindung mit der Stadt aufgegeben, sich nur der Verwaltung ihrer Güter auf dem Lande gewidmet, so bestand durchaus für sie die Möglichkeit, in den jeweiligen Kanton aufgenommen zu werden. Die Rieter von Kornburg und Kalbensteinberg sind das beste Beispiel dafür.

Noch der letzte männliche Habsburger Kaiser Karl VI., Vater Maria Theresias, honorierte das besondere Treueverhältnis der Reichsritterschaft in Franken zum Kaiserhaus. So stiftete er in Anerkennung der Leistung der Reichsritter während der Türkenkriege für die sechs Ritterhauptleute je einen Orden, der aus einem »goldenen, schwarz durchschmelzten viereckigen Kreuz« bestand, das an der kaiserlichen (Rudolfinischen) Krone hängt. Das Medaillon zeigt den Doppeladler, und in den Kreuzschenkeln ist der gegenläufig verschränkte Buchstabe C (Carl) eingefügt. Auf zahlreichen Porträts ehemaliger Ordenshauptleute der fränkischen Reichsritterschaft, so z. B. in den Schlössern Guttenberg, Weingartsgreuth und Aufseß, sind diese Orden zu sehen. Der Ritterhauptmann Johann Friedrich von Rotenhan (Kanton Baunach) ließ sein Wappen am Balkongitter von Schloß Rentweinsdorf mit dieser Ordenskette umrahmen.

Nicht zu verwechseln mit einem Ritterkanton ist der »**Schwanenritterorden**«, der ursprünglich den Namen »Gesellschaft Unserer lieben Frau«, aber auch »Brandenburgische Gesellschaft«, geführt hatte. Er war nicht, wie der Deutsche Ritterorden, eine geistliche Gemeinschaft von Rittern, sondern eine weltliche Organisation, die sich vordergründig »zur Erfüllung religiöser Ziele und ritterlicher Ideale« zusammengeschlossen hatte, in Wirklichkeit aber den klaren politischen Zweck verfolgte, die Mitglieder, also den landsässigen Adel, durch die strenge monarchische Verfassung unmißverständlich unter die Disziplin des Landesherrn zu zwingen, der gleichzeitig Ordensgroßmeister war. Damit hatte der Initiator, Kurfürst Friedrich II. von Brandenburg, dessen Familie ja erst seit 1417 endgültig über die Mark Brandenburg regierte, ab 1440 den störrischen märkischen Adel in die Hohenzollernherrschaft einbinden wollen. Außerdem ist der erzieherische Zweck für die, wie es damals hieß, »sittenlose und disziplinlose« Ritterschaft in der Mark unverkennbar. Friedrichs jüngerer Bruder und Nachfolger Albrecht Achilles führte diesen Orden 1459 dann auch in den fränkischen Hohenzollernfürstentümern ein und errichtete schließlich 1484 den eigenen süddeutschen Zweig der Ordensgemeinschaft. Zentrum der Ordensfeste war die St. Georgskapelle, also die Ritterkapelle des Stiftes St. Gumbertus in Ansbach. Mit dem Aufkommen der Reformation erlosch dieser Orden 1528 im Fränkischen, ca. 20 Jahre später auch in der Mark Brandenburg. Die prachtvollen Grabdenkmäler von fränkischen Rittern dieses Ordens, allesamt durch die Ordenskette kenntlich gemacht, wurden aus der 1736 abgebrochenen Ritterkapelle in die seit 1825 bestehende sogenannte »Schwanenritterkapelle« von St. Gumbertus überführt. Die 18 Glieder der Ordenskette – das einzig noch erhaltene Original ging bei der Vernichtung des Berliner Hohenzollernmuseums im Schloß Montbijou im Zweiten Weltkrieg verloren – waren Premtzen, einem mittelalterlichen Folterinstrument nachgebildet, die wiederum Herzen umfaßten. Auf diese Weise sollten die Mitglieder *»ihren frechen Mut, Eigenwillen und die Wollust«* bezwingen und ihr Herz *»mit Premtzen wahrer Reue, Beichte und Buße kasteien«*. An der Kette hängt, wie ein Medaillon, eine Strahlenkranzmadonna mit Jesuskind über dem Halbmond mit der Aufschrift »Ave mundi domina« (Gegrüßest sei'st du, der Welt Herrin), unter der Madonna wiederum, umgeben von einem gedrehten Tuch (einer Dwele oder Zwele), der namengebende Schwan mit offenem Flug. Der Schwan sollte nach den Statuten von 1443 im Sinne des »Schwanengesanges« an das Ende des Trägers erinnern, quasi

als »memento mori«. Das Tuch, ein Symbol der Reinheit, endete auf beiden Seiten in je fünf Fransen mit wiederum fünf Glöckchen, wobei die Fransen die zehn Gebote bedeuteten, und das Läuten der Glöckchen den Ritter zu Wachsamkeit aufrufen und den Willen zur Verrichtung guter Werke stärken sollte. (Interpretation nach G. Schuhmann, Brand. Gesellsch.)
Abzeichen ganz anderer Art finden wir auf den bronzenen, steinernen oder hölzernen Gedächtnissen, manchmal auch auf Glasmalereien in den Kirchen des »Jerusalempilger-Geschlechts« Ketzel. Von ihren frommen Reisen brachten die einzelnen Mitglieder nicht weniger als 21 verschiedene Symbole mit; Rekordhalter war dabei Ulrich Ketzel, Ritter vom Heiligen Grab des Jahres 1462. Das bekannteste Ketzel-Grabmal dürfte der Stein an der Nordseite des Westchores der Sebalduskirche zu Nürnberg sein, oder wie es in der Familiengeschichte der Ketzel von Th. Aign heißt, »Der Stein außer St. Sebald Kirch vor der Thür, da man die Betglocke läutet«. Der Stein ist zwei Ketzeln gewidmet, Heinrich d. Älteren und seinem Sohn Heinrich d. Jüngeren. Die obere Inschrift lautet deshalb:

Anno dom M CCCC XXX VIII jar an suntag nach maria geburt starb der erber elter Heinrich Ketzell dem got genad

Darunter finden wir das Ketzelwappen, die sitzende Meerkatze, und vier Abzeichen: Das Jerusalemkreuz als Zeichen des Ordens und der Ritter vom Heiligen Grabe. Dann die Kanne mit Blumen als Zeichen des aragonesischen Kannenordens. Er soll von König Alfons IV. von Aragon zu Ehren Marias gestiftet worden sein. Zum Königreich Aragon gehörten seit 1412 Neapel

Ketzelgrabmal am Westchor der St. Sebalduskirche zu Nürnberg (Foto v. Verf.).

und Sizilien, und so haben heimkehrende Jerusalempilger dort Station gemacht und den König aufgesucht. Sie erhielten dann als Ehrengabe den Kannenorden. Das Rad mit der Handkurbel war das Zeichen des St. Katharinenordens auf dem Sinai. Pilger, die dieses schwer zugängliche Kloster erreichten, wurden in den Orden aufgenommen. Das Zeichen hatte ursprünglich ein anderes Aussehen: ein Schwert, das durch die Nabe des Rades gesteckt war. Möglicherweise ist die spätere Lesart eine Mißdeutung.
Wenn Pilger nicht zum Sinai kamen, sondern lieber das leichter erreichbare Katharinenkloster zu Bethlehem aufsuchten, so hießen sie Katharinenritter und führten nur ein halbes Rad als Symbol. Rad und Schwert beziehen sich auf die Katharinenlegende, wonach die Heilige zuerst den Märtyrertod durch das Rad erleiden sollte. Nachdem aber das Rad zerbrochen sei, habe man sie mit dem Schwert gerichtet. Das Schwert mit dem Gürtel erhielten Pilger als Zeichen des cyprischen Schwertordens verliehen, wenn sie dem König von Cypern auf der Heimreise einen Besuch abstatteten. Den fälligen Ritterschlag dazu erteilte der König persönlich, z. B. 1460 in Nikosia.
Die Inschrift unter dem Ketzel-Wappen für den Sohn Heinrich d. J., der kein Grabesritter war, lautet:

Dar nach starb sein sun Heinrich Ketzell am montag nach der heiligen drei kunig dag M CCCC LIII jar dem got genad

Das angegebene Todesdatum ist offensichtlich falsch, denn gemäß Totengeläutbuch starb er zwischen dem 13. Dezember 1454 und dem 2. März 1455.

Eine gewisse Parallele zum Schwanenritterorden stellt der noch ältere Orden der **Fürspänger** dar. Gegründet wurde diese Vereinigung von Kaiser Karl IV. anläßlich der Stiftung und des Baues der Nürnberger Frauenkirche, die in Konzeption und Repräsentation quasi zu »seiner« Kirche wurde. Als Zielgruppe dieser adeligen Gesellschaft war ausdrücklich der fränkische Landadel vorgesehen, zweifellos geplant als weiterer Mosaikstein in der Politik Karls IV., mit den erworbenen Ansitzen und festen Städten zwischen seinem Königreich Böhmen und dem Territorium der mächtigen Reichsstadt Nürnberg durch dieses »Neu-Böhmen« eine Art Landbrücke zum übrigen Reich zu schaffen und nun auch noch über einen religiös motivierten Orden den niederen Adel einzubinden. Als besonderen Anreiz stiftete der Kaiser neben anderen Reliquien »auch den ganzen Leibgürtel der Jungfrau Maria in die Kirche«. Die adeligen Mitglieder »Unserer Frauen Gesellschaft« oder »Brüderschaft« setzten nun in die rechte obere Ecke ihres Wappenschildes »eine goldene Gürtelspange mit quer übergehender Zunge als ihr Ordenszeichen«. 1392 gehörten 26 fränkische Adelige zu dieser Gesellschaft, deren zweites Zentrum neben der Nürnberger Frauenkirche die Marienkapelle in Würzburg war.

Nach dem Tode eines Mitglieds wurde dessen Wappen, geziert mit einer Fürspange, auf Kosten der Gesellschaft in der Frauenkirche aufgehängt. Als jedoch die Kirche 1590 renoviert wurde, konstatierte man, daß »*post reformatem religionem die leichenbegängnussen in dieser Capellen nicht mehr gehalten worden*«. Die Schilde wurden dann wohl »In unserer Frauen Kirchen zu Bamberg und zu Würzburg« verbracht. Mit anderen Worten, die Reformation hatte – wie im Falle des Schwanenritterordens – im protestantischen Raum mit dem Ende der Marienverehrung auch das Ende der Fürspänger-Gesellschaft bewirkt.

Eine noch kürzere Lebensdauer hatte zwischen Main und Taubertal die **Rittergesellschaft »mit dem Greifen«**, die unter der Schirmherrschaft der mächtigen Grafen von Wertheim im 14. Jahrhundert entstanden war und sich im Bundesbrief von 1379 Statuten gab, die denen der Städtebündnisse und geistlichen Ritterorden ähnelten. Innerhalb der Gesellschaft sollten zwischen arm und reich keinerlei Unterschiede sein. Als Hauptleute fungierten drei »Könige«, alle übrigen Mitglieder hießen »Gesellen«. Aufgenommen wurde ein Bewerber nur, wenn alle den Beitritt befürworteten. Als Erkennungszeichen trugen die Mitglieder einen stilisierten Greifen an einer goldenen Kette um den Hals. Unter den namentlich bekannten 44 Ritterbürtigen finden sich so bekannte Familien wie die Rüdt von Collenberg, die von Aschhausen, von Gebsattel, die von Helmstatt und andere. Sogar so bedeutende Grafengeschlechter wie die Wertheim, die Rieneck und die Erbach stellten Mitglieder in dieser Vereinigung. Trotzdem blieb der Greifenbund eine Episode, wie die vergleichbaren Rittergesellschaften »mit dem Esel«, »Fuchs«, »Adler« oder »Jörgenschild« auch. Ein weiterer Beleg für die wiederholten Versuche der Reichsritterschaft, die alte Souveränität im kleinen gegenüber den allmählich heranwachsenden größeren Territorialstaaten zu verteidigen.

Eisernes Gitter an der Gartenseite von Schloß Rentweinsdorf mit dem Wappen der Freiherrn v. Rotenhan, umgeben von Ordensband und Orden für den Ritterhauptmann des Kantons Baunach, Johann Friedrich v. Rotenhan (gestiftet 1718 von Kaiser Karl VI. für die Ritterhauptleute der sechs fränkischen Kantone).
(Ausschnitt-Zeichnung v. Verf.)

Lit.: Pilz; Egloffstein, A. Grf.; Aufseß; Wich; Stolz, St. Lorenz; Schlüpfinger, Schwabach; Schöler, Fränkische; Schuhmann, Markgrafen; Schuhmann, Hohenzollerngrablegen; Muth, Maria Sondheim; Engel, Das »Prinzle«; Flake; Glückert, Totenschilde; Popp; Körner; Aign; Bundschuh; Dichtel; Friese; Heßberg; Eichhorn / Schultheiß.

Was Stifterwappen erzählen
oder
Wie man Kunstdenkmäler datieren kann

Es ist zu allen Zeiten nicht immer leicht gewesen, unsignierte Kunstwerke bestimmten Künstlern oder einem exakten Entstehungsdatum zuzuordnen, ganz zu schweigen von den »Werken« der Nachahmer oder gar der Fälscher. Wenn der Künstler, wie im Mittelalter geschehen, in der Regel gänzlich hinter sein Werk zurücktrat, so blieben als Zuordnungsmöglichkeit bestenfalls vergleichende Studien, und anstelle eines Namens half manchmal die Umschreibung »Geschaffen vom Meister des ... Altars«. Mit dem Einsetzen der Renaissance trat der Künstler endgültig als Persönlichkeit hinter seinem Werk hervor, er signierte die Gemälde. Wir kennen das Zeichen der Schlange bei Lukas Cranach und die Anfangsbuchstaben bei Dürer, wobei das A des Vornamens das D des Familiennamens weit überragt. Das Porträt weltlicher Personen zum Zwecke eigener Selbstdarstellung wurde nun Mode. Neben echter Frömmigkeit kam auch eine gewisse Portion Stolz und Selbstbewußtsein zum Ausdruck, wenn Einzelpersonen oder Familien z. B. prachtvolle Altäre, Gemälde oder Steindenkmäler in die Kirchen stifteten und diese Kunstwerke auch noch mit ihren Wappen verzieren ließen, um auf diese Weise die Erinnerung an den oder die Stifter zu sichern. Stifterwappen sind heute für jeden Betrachter, nicht nur für den Kunsthistoriker, eine überaus wertvolle Hilfe, um ein möglicherweise noch unbekanntes Entstehungsdatum des Kunstwerks

durch eine stilgeschichtliche Untersuchung von Schild, Decken, Helm und Helmzier zu bestimmen oder zumindest zeitlich einzugrenzen, und obendrein unerläßlich für die Bestätigung oder Korrektur genealogischer oder familiengeschichtlicher Arbeiten über die Stifter.

In der St. Lorenzkirche zu Nürnberg befindet sich das weltbekannte Sakramentshäuschen, »das erste seiner Art in Ostfranken«, geschaffen 1493/96 vom nicht minder berühmten Bildhauer Adam Kraft. Auftraggeber war der Ratsherr Hans Imhoff der Ältere gewesen, der seit 1470 als Kirchenpfleger von St. Lorenz

Sakramentshäuschen (Ausschnitt) 1493/96 geschaffen von Adam Kraft, mit dem Wappen des Stifters Hans Imhoff und den Schilden seiner Frauen Neudung und Lemmel; St. Lorenz-Kirche zu Nürnberg (rechts der kniende Künstler) (Foto: Verf.).

fungierte. In einem vom 25.4.1493 datierten
Vertrag mit dem Künstler war das gewünschte
Aussehen des Kunstwerks in wesentlichen
Aspekten festgelegt worden. Der Künstler ver-
pflichtete sich seinerseits »eigenhändig, unter-
stützt durch drei, höchstens vier Gehilfen fast
ausschließlich an dem Werk zu arbeiten und es
für 700 Gulden in etwa drei Jahren zu vollen-
den«. Der Stifter, 1499 verstorben, hat sich also noch an dem fertigen Kunstwerk erfreuen
können. Er hat aber auch testamentarisch für
dessen spätere Pflege gesorgt, und seine Söhne
haben 1505, ganz im Sinne des Vaters, sogar
noch die finanziellen Grundlagen für künftige
Restaurierungen erweitert. Hätte man nicht
diese schriftlichen Dokumente, so wäre der
Stifter aus der Familie von Imhoff trotzdem
mühelos auszumachen gewesen. Seitlich des
knienden Künstlers ist das Imhoff-Wappen zu
sehen mit den Wappen der beiden Ehefrauen
Neudung (auch Neydung, † 1458) und Lemmel
(† 1494). Die Eheschließung eines Imhoff mit
einer Neudung in erster Ehe und einer Lemmel
in zweiter Ehe aber hat es nur einmal gegeben.
Außerdem wurden am Sakramentshäuschen
die damals lebenden zehn Kinder des Stifters
mit den Wappenallianzen ihrer Ehepartner
heraldisch verewigt. Wir erkennen die Wappen
der Schwiegersöhne Ulrich Haller und Heinrich Schürstab und die der Schwiegertöchter
Honold, Haller / Nützel, Holzschuher, Muffel,
Holzschuher. Allein anhand dieser Wappen-
konstellation wäre über die Genealogie der
Familie Imhoff die zeitliche Zuordnung des gesamten Kunstwerks zumindest auf die Zeit
nach der zweiten Eheschließung des Stifters
einzugrenzen gewesen. Die Zahl der Kinder, die

Wappen der jeweiligen Ehepartner und die der
ledigen Kinder hätten das gesuchte Datum
noch mehr präzisiert.
Auf unzähligen Altargemälden und anderen
sakralen Kunstwerken sind die Stifter oft reliefartig so abgebildet, daß sie der gesamten
Szenerie – etwa Heiligenfiguren – als wesentlich kleinere Figuren beigeordnet sind, wobei
der Stifter mit seinen Söhnen vom Beschauer
aus auf der linken (heraldisch rechten) Seite dargestellt ist, während die Ehefrau samt Töchtern
die rechte Bildseite (heraldisch links) zugewiesen erhielt. Kleine Kreuzlein über den Köpfen

bedeuten, daß die bezeichneten Personen zum
Zeitpunkt der Entstehung des Bildes bereits verstorben waren, abgesehen davon, daß manchmal die Kreuzlein auch nachträglich eingraviert
oder aufgemalt wurden. Auch die Schwiegersöhne und -töchter sind gelegentlich mit abgebildet bzw. durch ihre Wappen angedeutet.
Wie sorgfältig heraldische Symbolsprache und
Genealogie zusammenwirken müssen, läßt sich
am sog. **»Paumgartner-Altar«** von Albrecht
Dürer zeigen. Denn das eben geschilderte klassische Muster würde hier zu einigen Fehlschlüssen führen.

Ausschnitt aus dem Paumgartner-Altar v. Dürer; rechte Seite der »Stifterfiguren« (Nachzeichnung v. Verf.): Barbara Paumgartner, geb. Volckamer, mit ihren Töchtern Maria und Barbara (Reich).

90

Wer sind zunächst die abgebildeten Personen der Stifterfamilie auf der Mitteltafel? Von den drei dargestellten gleichen Wappen mit der Lilie und dem Vogel (ein Sittich) weist das größere den Vater Martin Paumgartner (✳ 1436, † 1478) aus, die beiden kleineren beziehen sich auf die Söhne Lucas und Stephan Paumgartner. Die Wappenschilde sind heraldisch korrekt zur Bildmitte und zum Wappen der Frau gewendet. Die Ehefrau Martin Paumgartners war Barbara, eine geborene Volckamer gewesen, wie ihr väterliches Wappen, das halbe Rad und die Lilie, zeigt. Barbara ist 1494 gestorben. Vor ihr knien ihre Töchter, die unverheiratete Maria Paumgartner und die verheiratete Barbara Reich mit dem Allianzwappen Reich/Paumgartner. Der bärtige Mann hinter Martin Paumgartner soll wohl den zweiten Ehemann von Barbara Paumgartner, geb. Volckamer, nämlich Hans Schönbach darstellen, wobei wir anmerken müssen, daß das gleiche Wappen, den Löwen im Schrägbalken, die Gastgeb in Nürnberg, die Schönbach dagegen in Schwarz einen goldenen Schrägbalken, belegt mit einem schwarzen Löwen, führten. Müssen wir hier eine falsche Wappenvorlage feststellen oder handelt es sich – im Gegensatz zur Annahme vieler Kunsthistoriker – um eine andere Person?

Nachdem der Altar von Dürer 1498 gemalt worden ist und Vater Martin Paumgartner schon 20 Jahre vorher verstorben war, kann er nicht der Stifter sein und auch seine Witwe Barbara kommt dafür nicht in Frage, weil sie vier Jahre vorher verschieden ist. Bleiben also nur die Söhne als die eigentlichen Stifter übrig, die auf diese Weise eine Familiengedenktafel entstehen und sich obendrein noch selber

Aus dem »Stiftungsbuch des Großen Almosens der abkomen Burger« (Nachzeichnung d. Verf.): Neben der Pieta ist Georg Keipper mit seinem Familienwappen dargestellt, das sich, entgegen der heraldischen Grundregel, richtig Christus zuwendet. Gemäß Testament sollte die Hinterlassenschaft des Verstorbenen kinderreichen, alten und arbeitsunfähigen Mitbürgern in Nürnberg zugute kommen. Unten sind die Testamentsvollstrecker abgebildet: von links Hanns Ingram (in Rot ein silbernes Pferd; die Keipper führten ein rotes Pferd in Silber), Hanns Gartner, Sebald Schreyer und Hanns Münzmeister (Nürnberg Stadtarchiv). Allein die bekannten Lebensdaten von Sebald Schreyer, 1446-1520, würden, falls keine anderen Datierungsmöglichkeiten gegeben wären, die zeitliche Zuordnung des Stiftungsbuches erleichtern.

auf den Seitentafeln porträtieren ließen. Eine chronikalische Nachricht aus dem 17. Jahrhundert berichtet uns: »*Hernach Ao 1498 sind von AD ... Stephan Baumgärtner samt seinem Bruder Lucas, an dieses Altars Tafel, einer in dem Bildnis S. Georgii, der ander S.Eustachii contrafaictet worden*«.

Die Familie Paumgartner (auch Paumgärtner) von Holenstein und Grünsberg ist übrigens mit der freiherrlichen Linie zu Hohenschwangau 1623 und mit der Nürnberger Linie 1726 im Mannesstamm erloschen.

Daß Gemäldestiftungen, heraldische Präsentation und die Zur-Schau-Stellung der eigenen Religiosität keineswegs bloß auf den engeren Heimatraum beschränkt blieben, zeigt uns der Bericht von Sebald Rieter über seine Pilgerreise nach Santiago im Jahre 1462 – dem Todesjahr seines Vaters – wiedergegeben von Hans Rieter (1564-1626) im berühmten »Reisbuch« seiner Familie: »*Auch hat mein vatter Peter* F S. 173 *Rieter seliger ein gross gemeldt in der kirchen am kore lassen machen, dass hab ich verneuen lassen, ein gross crucifix, darnach den lieben herrn Sant Jacob, den obgenannten meines vatter, meiner mutter mich und mein hausfraue darz lassen malen und uber das gemeldt meines vatters Hansen Rieters mein Andres Rieters (die anderen Rieter) die dann auch aldo sein gewest, unser wappen auf pirgamen gemalt daruber schlagen lassen ...*«.

Ein gerne wahrgenommener Brauch war es auch für viele Familien der gesellschaftlichen Oberschichten, sakrale Gegenstände, wie Kelche, Monstranzen etc. in die Kirchen zu stiften und sich gleichzeitig durch die eingravierten Familienwappen eine fortdauernde Erinnerung zu sichern. Im weltlichen Bereich ist der Brauch, zu besonderen Anlässen Pokale, Becher aus Edelmetall u. ä. zu stiften, allerdings zumeist ohne Familienwappen, ja bis heute üblich. Ein besonders interessantes Beispiel stellen u.a. die »**Maserdoppelbecher**« dar, wie sie z.B. in den Städtischen Sammlungen in Schweinfurt zu finden sind. Es handelt sich hier um Trinkgefäße, »bei denen der Deckel zu einem zweiten Trinkgefäß mit eigenem Fuß ausgebildet ist«. Die Bodenplatte des einen Bechers zeigt die Umschrift »Georg Thein: Dess eltern Rats zu Schweinfurt 1626« und das zweifelsfreie Thein'sche Wappen. Auf der Zarge des unteren Bechers sind außerdem vier eindeutig zu identifizierende Wappen eingraviert: Nothafft von Hohenberg, v. Balzhofen, Horneck von Hornberg und Fetzer von Oggenhausen. Wie hängen diese Wappen zusammen? Unser bewährter Raster, in Georg Thein den Auftraggeber für die Herstellung dieses Bechers und in den vier zusätzlichen Wappen die seiner unmittelbaren Ahnen – in Frage kämen die in die Familie eingeheirateten Frauen, also Mutter, zwei Großmütter und evtl. eine Urgroßmutter – zu vermuten, greift in diesem Fall nicht. Aus einer gedruckten Leichenpredigt erfahren wir, daß Georg Thein, ✳ 12.11.1560 in Mainstockheim, achtmal zum Schweinfurter Bürgermeister erwählt worden ist und sein Vater bereits in den Adelsstand erhoben worden war. Georg Thein selber ist am 29. Dezember 1628 verstorben. Der Vater hatte sich, seinem neuen Stand entsprechend, selbstredend eine adelige Dame zur Frau genommen, nämlich Cecilia v. Rüxingen (Rixingen), und eben dieses Wappen kommt unter den genannten nicht vor. Die Genealogie

hilft uns an dieser Stelle weiter. Die Mutter Cecilia war die Tochter einer geb. Nothafft von Hohenberg, und von ihr laufen wiederum verwandtschaftliche Bande zu den Horneck von Hornberg und den v. Balzhofen und vermutlich auch zu den Fetzer. Mit anderen Worten, es ist anzunehmen, daß nicht Bürgermeister Georg Thein diesen Becher anfertigen und mit Ahnenwappen versehen ließ, dann hätte er zweifellos auch das mütterliche Wappen anbringen lassen, sondern der Becher muß sich in Nothafft'schem Besitz befunden haben und im Erbgang bis auf den Enkel Georg Thein gekommen sein, der dann sein Familienwappen noch auf der Bodenplatte anbringen ließ.

Eine der großartigsten Stiftungen ganz anderer Art aus fränkischem Adel ist die des Freiherrn Emil Marschalk von Ostheim (1841-1903), des ehelosen letzten männlichen Vertreters seines uradeligen Hauses. Testamentarisch vermachte er seine, durch Signatur und **Exlibris** gekennzeichnete Bibliothek von sage und schreibe 15 000 Bänden und zahlreichen Blättern der Staatsbibliothek Bamberg zum ewigen Verbleib, untersagte die Veräußerung einzelner Teile und auch die Nutzung durch solche Leute, die lediglich Beiträge für eine »Chronique scandaleuse« suchen würden. Allein der 1912 nach dem Tode des Stifters herausgegebene Bibliothekskatalog umfaßt 1200 Seiten. Während manche seiner ritterlichen Ahnen steinerne Grabdenkmäler erhielten, hat der ultimus familiae der Marschalk von Ostheim sich und seinem erloschenen Hause ein bibliographisches Denkmal gesetzt und das Bildungsangebot für Studierende aller Stände in seiner Heimatstadt in beispielloser Weise bereichert.

Reichtum und soziale Mitverantwortung bleibt auch mit dem Namen Mendel verbunden, nur, F S. 174 wem sagt diese Familie noch etwas? Man muß einmal im Innenhof des einstigen »Handelshauses der Deutschen« in Venedig gestanden sein, dem Fondaco Tedeschi (= das heutige Hauptpostamt) und sich vergegenwärtigen, daß eines der 56 Kontore den Mendel gehörte. Das Mendel'sche Kontor wurde von den Venezianern und von auswärtigen Besuchern und Geschäftspartnern im 14. Jahrhundert wegen seiner prachtvollen Ausstattung »das Paradies« genannt. Der Name Mendel stand damals für eine Handelsfirma von europäischem Ausmaß. Von Nürnberg aus liefen die Warenzüge von

92

und nach Venedig, Prag, Brügge und Köln. Als die Stadt Lucca nach 1369 nicht die Riesensumme von 100 000 Goldgulden aufbringen konnte, um Kaiser Karl IV. für seine Mithilfe bei der Befreiung von der Pisaner Fremdherrschaft zu »danken«, da lieh sich Lucca den Betrag bei eben den Mendel! Die drei Brüder Marquard, Konrad und Peter Mendel haben trotz allem wirtschaftlichen und finanziellen Erfolg nicht Not und Bedürftigkeit in ihrer Heimatstadt Nürnberg vergessen. Sie stifteten das **Karthäuserkloster,** das heute Teil des Germanischen Nationalmuseums ist, dann mit dem »**Zwölfbrüderhaus**« eine bislang einzigartige Einrichtung, die bei den Pfründnern neben der »Bedürftigkeit auch die Würdigkeit« zur Aufnahmebedingung machte und im berühmten »Hausbuch« auch noch das Konterfei dieser »kleinen Leute« festhielt, zu einer Zeit, als man erst anfing, geistliche und weltliche Fürstlichkeiten und andere Große im Porträt festzuhalten. Und Bruder Peter stiftete gemeinsam mit Konrad noch ein »Seelhaus« für Beghinen-Schwestern, die sich bekanntlich unentgeltlich der Pflege von Kranken widmeten. An ihrem Wappen, das merkwürdigerweise die heutigen Deutschlandfarben enthält, gehen die meisten Touristen achtlos vorüber. Die Mendel sind weitgehend vergessen, nicht jedoch ihr Großvater Konrad Groß, von dem sie die beispielhafte soziale Einstellung wohl geerbt hatten. Noch immer besteht in Nürnberg das bekannte **Heilig-Geist-Spital**, das Konrad Groß, dieser brillante Reichsschultheiß und Finanzsachwalter zweier Kaiser, 1332 bis 1339 für 128 Siechenkranke errichten und großzügig ausstatten ließ. Die sozial bedürftigen alten Menschen, die heute innerhalb des Heilig Geist-Spitals an seinem Tischgrab vorbeigehen, wissen um Leistung und Fürsorge dieses Mannes, die ihnen noch heute zugute kommt. (F S. 165) Ein Stifter ganz anderer Art war Albrecht Dietrich Gottfried von Egloffstein, Nachkomme einer der ältesten fränkischen Adelsfamilien und 1786 als erster seines Geschlechts in den Grafenstand erhoben. Mit ihm beginnt die bis zum Ende des 2. Weltkrieges in Ostpreußen beheimatete gräfliche Linie seines Hauses, für die er eigens ein Majorat stiftete. 1791 wurde für ihn im Hof des Schlosses Kunreuth, neben der Stammburg Egloffstein, einem der ältesten Ansitze der Familie, ein Denkmal errichtet, das auf dem Sockel das Gräflich Egloffstein'sche Wappen zeigt. Im Gegensatz zum einfeldrigen Stammwappen mit dem Bärenkopf, wie es die Freiherrn führen, ist dieses quadriert. Mit Porträtmedaillon, Trophäen und Inschriften erinnert es an den großen Ahnherrn, der als Kgl. Preußischer Generalleutnant und Gouverneur von Ost- und Westpreußen zu den staatstragenden Persönlichkeiten im Königreich Preußen gehört hatte und mit dem hochangesehenen Orden Pour le mérite ausgezeichnet worden ist.

Lit.: Stolz, Katalog; Schöler, Hist.Fam.; Dürer-Katalog; Dünninger; Fuchß; Schleicher; Imhoff, Berühmte; Egloffstein, A. Grf.; Krüger-Lorenzen.

Wie kommt ein Schwarzer auf den Helm und in den Schild?
oder
Was ist ein weißer Mohr?

In nicht wenigen fränkischen Orts- und Familienwappen finden sich die Köpfe von Mohren, bisweilen auch ganze schwarze Körper, auf den Helmen wiederum weibliche oder männliche Mohrenrümpfe. Vorweg gesagt, sie stellen keineswegs Erinnerungsstücke oder Trophäen aus der Zeit des afrikanischen oder amerikanischen Sklavenhandels dar. Abgesehen von »redenden« Wappen, die zum einschlägigen Familiennamen auch einen Schwarzen im Schild oder auf dem Helm brauchten, wie z. B. die Winkler von Mohrenfels, gehen die meisten fränkischen Wappen dieser Gruppe ursprünglich nicht auf negroide Figuren, sondern auf sehr viel ältere und ganz andere Vorbilder zurück.

Nehmen wir z. B. das bekannte Coburger Stadtwappen, das seit rund vier Jahrhunderten einen Mohrenkopf samt Ohrring zeigt. Es stellt den Heiligen Mauritius dar, den Schutzpatron der Coburger Hauptkirche St. Moriz. Wer aber war dieser Mauritius? Er lebte im dritten nachchristlichen Jahrhundert in Oberägypten, das damals unter römischer Herrschaft stand und dessen Hauptstadt schon die Griechen als das »hunderttorige Theben« bezeichnet hatten. In eben dieser Landschaft Thebias stellten die Römer ein Truppenkontingent aus Christen zusammen und beriefen zum Kommandeur der thebaischen Legion besagten Mauritius. Zum Einsatz kamen diese Soldaten in verschiedenen Teilen des Römischen Reiches. Als nun die Truppen im Rahmen eines Feldgottesdienstes unweit des Genfer Sees beim heutigen St. Moritz die heidnisch-römischen Götter verehren sollten, weigerte sich die christliche Legion. Daraufhin wurde Mauritius als Anstifter der Revolte enthauptet, später dann als christlicher Märtyrer heilig gesprochen. An dieser Geschichte stimmt vieles, nur nicht die Hautfarbe. Mauritius ist nämlich gar kein Schwarzer gewesen, aber von den christlichen Künstlern des Mittelalters gerne als solcher dargestellt worden. Und warum? Weil sein Name soviel wie »Schwarz« bedeutete. Mauro nannte man in der mittelalterlichen Heraldik auch die Tinktur »Schwarz«, und aus dem »Mauren« machte man schließlich im Deutschen den »Mohren«. Nicht viel anders ist es mit dem bekannten Mohrenkopf im Wappen der Freiherrn von Tucher. Diese um das spätmittelalterliche Nürnberg und seine weltweite Bedeutung so verdiente Patrizierfamilie gehört zu den ältesten Geschlech-

Stadtwappen von Coburg

Wappen der Freiherrn von Tucher (Geschlechterbuch der Tucher; Darstellung von Jost Amman 1591).

tern der Reichsstadt und zählte davor zu den adeligen Dienstmannen der Grafen von Castell. Der Tradition der Familie entsprechend sollen die silber-schwarzen Schrägteilungen das ursprüngliche Wappen der Familie gewesen sein. Erst danach habe man einen Kopf, vermutlich einen Königskopf, wie im alten Stadtwappen Nürnbergs mit seinem Königskopfadler, in den Schild gesetzt. Spätere Generationen mögen den Königskopf dann tatsächlich zu einem heiligen Mauritius umgedeutet haben, vielleicht um das neue Familienwappen gewissermaßen »redend« zu machen, wohl eingedenk der Tatsache, daß der Hl. Mauritius u. a. auch als Schutzpatron der Tuchmacher geführt wurde und damit als idealer Talisman für künftige Handelsgeschäfte dienen konnte. Die Farben Schwarz und Gold mußten obendrein in der Reichsstadt, aber auch für die Kaiser, wie ein politisches Bekenntnis zum Reich wirken, wobei wir nicht vergessen wollen, daß die Tucher neben ihrem Wappen eine eigene Handelsmarke führten.

Auch die ältesten Siegel der Reichsmarschälle und Grafen von Pappenheim zeigen keineswegs – wie in den späteren Wappendarstellungen im 17. und 18. Jahrhundert – eine attraktive Mohrin, sondern deutlich ein Kopf-Motiv und schließlich sogar eines eindeutig mit Krone:

a) Heinrich Marscalcus de Bappenhan führt 1206 auf einem Siegel (einer Gemme) den Kopf eines Mannes (?), der als eine Art Stirnband einen Zweig (Lorbeer?) trägt.

b) Marschalk Wilhelm führt 1344 im Siegel ebenfalls einen Kopf mit wallenden Haaren und offensichtlichem Stirnband.

c) Das Siegel von Heinrich Marschalk (Marschall) von Pappenheim zeigt einen gekrönten Kopf, die Schleifen des Stirnbandes schauen am Hinterkopf unter der Krone hervor (1364).

d) Haupt zu Pappenheim führt 1436 dann ein Wappen, das im Schild bereits Vorformen des Eisenhutfehs zeigt, in der Helmzier auf dem Helm den gekrönten Kopf eines Mannes oder einer Frau. Hier entwickeln sich die Schleifen der Stirnbinde offensichtlich schon zu einer Art Zopf.

Wappen des Leonhart Marschalk von Pappenheim, Basler Universitätsmatrikel 1499 (Nachzeichnung v. Verf.).

Mit anderen Worten, aus Stirnband, Schleifen und gekröntem Menschenkopf wurde im Laufe der Zeit eine Mohrin mit goldenen Zöpfen. Wollten die Ahnen der Pappenheim damit ihren, im Umgang mit Schwarzen gänzlich ungeübten Landsleuten doch eine gewisse Exklusivität vorführen, die ja der Bedeutung der Familie auch durchaus angemessen gewesen wäre? Ein Mohr, ob im Wappen oder als realer Besitz, signalisierte zumindest Kreuzzugserfahrung und vergleichbare internationale Aktivitäten, eben von Geschlechtern, die sich expressis verbis Mohren auch »leisten konnten«. Dazu würde auch die Übernahme des sog. Eisenhutfehs im 14. Jahrhundert passen, der im Schild der Pappenheim die Mohrin ersetzte, die dafür auf den Helm wanderte.

Denn die Heraldik verdankt dieses Schildmuster »der im Mittelalter üblichen Fütterung der Mäntel hochgestellter Personen, die sich den Erwerb der Felle vieler sibirischer Eichhörnchen leisten konnten. Gewöhnlich wurden die blauen Rücken- und weißen Bauchfelle so zusammengeschnitten, daß sie die Gestalt der Eisenhüte bekamen« (O. Neubecker).

Im Wappen des Ortes Pappenheim wurde aus der Mohrin endgültig ein Mohrenkopf (auf einem Kübelhelm, dargestellt also als Helmzier im Schild!).

Ab dem 15. Jahrhundert scheinen dann Mohrin oder Mohr auf den Wappenhelmen oder im Schild regelrecht Mode geworden zu sein. Eine der faszinierendsten Entwicklungen dieser heraldischen Figur ist am Wappen der Freiherrn Haller von Hallerstein ablesbar.

Zunächst einmal gilt unsere Aufmerksamkeit dem Stammwappen der ursprünglich aus Tirol stammenden Familie, das eine außerordentlich seltene Stellung und Füllung eines Sparrens zeigt. Da sich diese Sonderform nur noch bei einer österreichischen Familie und – in anderer Stellung – bei einer oberbayerischen Familie wiederfindet, wäre die Haller'sche Schildfigur tatsächlich als eine »bajuwarische Spezialität« anzusehen.

Das Helmkleinod aber ist tatsächlich durch die Jahrhunderte zum »Spiegelbild kultur- und sittenhistorischer Anschauungen« geworden, wie es der um die Erforschung seiner Familiengeschichte verdiente Dipl. Ing. Helmut Freiherr Haller von Hallerstein formulierte. Wir verdanken ihm auch die nachfolgende Analyse des Hallerschen Familienwappens:

In der Urkunde vom 31. Mai 1433, also am Tag seiner Kaiserkrönung, hat Kaiser Sigismund den von ihm auf der Tiberbrücke zu Rittern geschlagenen Erhart und Paul Haller eine goldene Krone für den Wappenhelm verliehen. Die farbige Abbildung des Hallerwappens in dieser Urkunde zeigt »eine rote Jungfrau nackt von Brust und Angesicht«. 30 Jahre später wird die Helmzier in einer Urkunde Kaiser Friedrich III. so beschrieben: »... *darauf ein Junckfraw brustpild on arme mit gantz roter farbe ires gesichts und kleidung*«. Nun hat die Jungfrau also bereits etwas an, was durch einen »feinen Strich am Halsausschnitt markiert« wird. Noch immer aber sind – trotz Hemdchen – die Brüste deutlich hervorgehoben.

Die nächste Veränderung zeigte sich 1521 und 1528 in den Urkunden von Kaiser Karl V. Nunmehr trägt die Dame auf dem Helm nicht mehr ein Hemdchen, sondern ein richtiges rotes Faltenkleid, gleichwohl noch immer mit deutli-

cher Betonung der fast entblößten Brüste. Im 17. Jahrhundert machte man aus der Jungfrau dann endgültig eine Mohrin, indem der Kopf einfach schwarz übermalt wurde. Die bekleidete Mohrin konnte so auf den Totenschilden der Haller, die ja in den Kirchen aufgehängt wurden, nun am wenigsten Anstoß wegen einer zu deutlichen erotischen Präsentation erregen. Die jüngste von Freiherrn Helmut Haller von Hallerstein veranlaßte Restaurierung der Totenschilde des 14.-16. Jahrhunderts befreite die Jungfrauen von den sittengeschichtlich verur-

Stammwappen der Haller von Hallerstein von 1433 (Abb. frdl. überlassen von Helmut Freiherr Haller v. Hallerstein).

sachten Übermalungen und brachte – wie schon 1433 festgehalten – wieder die »rote Jungfrau nackt von Brust und Angesicht« zum Vorschein.

Bleibt noch die Frage, warum die Haller eine Jungfrau, respektive Mohrin, als Helmzier führen. In den alten Familiencodices lesen wir die schöne Geschichte, daß die »Maurin von den Kreuzzügen« stamme, ein Haller habe so eine junge Dame mitgebracht. Da aber die eigentlichen, also vom Papst ausgeschriebenen Kreuzzüge, genau genommen im 13./14. Jh. endeten, die ersten Haller aber nicht vor 1436 ins Heilige Land zogen, klappt das mit dieser schönen Legende auch nicht ganz, es sei denn, man bezieht die europäischen Abwehrkämpfe gegen das Vordringen der Türken, vor allem aber die Auseinandersetzungen zwischen Muslimen und Christen im 14. und 15. Jahrhundert usw., in den Begriff »Kreuzzüge« mit ein. Sollte die »Mohrin« im Wappen der Haller uns hier einen Fingerzeig geben?

Haben wir schon beim Ortswappen von Coburg und bei den Familienwappen der Pappenheim, der Tucher und Haller gesehen, daß »Mohren« und »Mohrinnen« ursprünglich nicht unbedingt Neger(innen) gewesen sein müssen, so scheinen wohl auch die Mohren in den stammverwandten Familien von Grumbach und von Wolfskeel sich möglicherweise von »wilden Männern« herzuleiten, wobei auf dem Grabmal des Würzburger Fürstbischofs Otto II. von Wolfskeel aus dem Mohren oder wilden Mann gar ein schwarz gekleideter Mönch wurde. Jene furchterregenden Waldmenschen, die auch in Frauengestalt vorkommen können, spielten in den Sagen germanischer und slawi-

Der nackte, mit schwarzem Hüftschurz umgürtete und drei rote Rosen an grünen Stilen haltende M o h r im goldenen Feld (manche Abbildungen zeigen statt Rosen auch andere Blumen) ist die gemeinsame Schildfigur der stammverwandten Familien von Wolfskeel und von Grumbach. Die letzte Grumbach-Linie starb 1682 mit Carl Christoph von Grumbach zu Gleisenberg und Rockenbach aus. Ein Jahrhundert vorher hatte der Name Grumbach durch den streitsüchtigen Wilhelm von Grumbach und die entsprechenden »Grumbach'schen Händel« schweren Schaden genommen: Auf sein Betreiben hin war der amtierende Würzburger Fürstbischof Melchior Zobel von Giebelstadt 1558 auf dem Weg zur Festung Marienberg in Würzburg ermordet worden. Die Wolfskeel wurden 1819 in Bayern bei der Freiherrnklasse immatrikuliert, 1901 erhielt Freiherr

Karl von Wolfskeel den erblichen Grafenstand und den Titel »Graf Wolffskeel von Reichenberg«. Während die Grafen Wolffskeel als Helmzier einen schwarzen, hermelingestülpten Turnierhut, besetzt mit einem schrägrechts von Schwarz und Hermelin geteilten und geschlossenen Flug führen (mit einer dazwischengesteckten goldenen Turnierlanze, deren zweilätzige schwarze und goldene Fahne mit einem Reichsapfel belegt ist), war der geschlossene Flug (nach Siebmacher) bei den Grumbach von Schwarz und Gold und bei den Wolfskeel von Schwarz und Silber schrägrechts geteilt. Als Deckenfarben gibt Siebmacher in beiden Fällen Schwarz und Gold an, während die Grafen rechts schwarz-goldene und links schwarz-silberne Deckenfarben führen (Beschreibung nach M. Hofmann in: Altfränk. Bilder und Wappenkalender 67. Jg., Würzburg 1968).

scher Völker eine große Rolle und haben ihre Entsprechung im griechischen Hirtengott Pan, der plötzlichen Schrecken auslösen konnte, und dem ihm artverwandten römischen Faun. Besonders beliebt waren »wilde Männer« als Schildhalter von Staatswappen. So wurde das große preußische Staatswappen von einem wilden Mann und einer wilden Frau gehalten. Auch als Schildfigur in Familienwappen läßt sich der wilde Mann nachweisen, so beispielsweise in dem der thüringischen Adelsfamilie von Dacheröden, die im 17. Jahrhundert das fränkische Schloß Rohensaas besaß. Im Schild des 1726 geadelten Hofkammerrats Johann Maximilian von Wild, der bis 1767 den Adelssitz zu Ramsenthal innehatte, sollte die Figur sicher auf den Namen anspielen.

Auch Albrecht Dürer, Nürnbergs weltberühmter Maler, hatte sich offensichtlich der Mohren-Mode angeschlossen, als er eine derartige Figur für die Helmzier seines Wappens wählte. Vorbilder dafür und für den offenen Flug fand er unter den Patrizierwappen seiner Vaterstadt zuhauf. Am ähnlichsten ist der Dürer'sche Mohrenrumpf noch der Helmzier der Freiherrn von Holzschuher geworden.
Überhaupt gibt das Dürer'sche Familienwappen für die heraldische Forschung eine Menge her. Die Familienchronik, die sein Vater begonnen hatte, wurde von Sohn Albrecht bis 1523, dem Todesjahr seines Schwiegervaters, fortgeführt. Darin berichtet er auch über die Herkunft seiner väterlichen Ahnen aus dem ungarischen Ort Ajtós, der in der Nähe von Gyula

(im Komitat Bécéc) lag. Das ungarische Wort »ajtó« aber heißt auf deutsch »Türe« und damit ist der Familienname des Künstlers eindeutig als Herkunftsname ausgewiesen, was zur Folge hatte, daß natürlich auch das Dürer'sche Familienwappen auf diese Herkunft Bezug nehmen mußte. Das »redende« Wappen zeigt deshalb eine auf einem Dreiberg stehende offene Doppeltüre, ein Hoftor, wie es in ungarischen Dörfern durchaus üblich gewesen ist. Die schönste Ausführung hat der Meister in einem Holzschnitt des Jahres 1523 selber geschaffen.
Verwundern muß zunächst, daß der in heraldischen Regeln bestens bewanderte Dürer sein Wappen falsch herum gedreht, also statt heraldisch nach rechts, Schild, Helm und Helmzier heraldisch nach links schauen läßt. Eine derar-

tige Position wurde – heraldisch korrekt – nur
dann gewählt, wenn das Wappen eines Mannes
sich dem seiner Frau im Stil einer Allianz zu-
wandte oder aus zwingenden Gründen, etwa
in Richtung eines Altars, schauen sollte. Auch
die Originalmaße seines Holzschnittwappens
(35,5 x 26 cm) scheinen der Vermutung, daß es
sich um ein Exlibris, also ein Buch-Eigentums-
Zeichen, handeln könnte, völlig zu widerspre-
chen. Und doch ist es so. Denn gewichtige
Folianten, wie sie sich beispielsweise im Besitz
der Freiherrn von Scheurl befinden, weisen
sehr wohl Exlibris von vergleichbaren Ausmaßen auf. Dann wäre auch erklärbar, weshalb
Dürers Wappen vom Beschauer aus nach
rechts blickt. Auf dem ersten aufgeklappten
Innendeckel eines Folianten mußte sich das
Wappen geradezu in Richtung der ersten
Druckseite – also nach rechts – wenden.
Wie dem auch sei, mit der Wahl der Helmzier
hat sich Dürer zumindest heraldisch in die führenden Ratsgeschlechter Nürnbergs eingereiht,
zu denen er weder de jure noch de facto gehörte – auch nicht über seine Frau Agnes Frey, die
genealogisch mit mehreren dieser Familien verbunden war. Der Mohrenrumpf jedenfalls sollte später noch ungeahnte Interpretationen erfahren. Während des Dritten Reiches war es
den nationalsozialistischen Machthabern uner-
träglich, daß der bedeutendste deutsche Maler
ausgerechnet einen »Neger« als Helmzier haben
sollte. Ergo griff man dankbar auf die Behauptungen eines Runen-Theoretikers zurück, der
schon 1932 erklärt hatte, daß der Mohr in Dürers Wappen in Wirklichkeit ein »Ohr-Mann«
sei, und der sei wiederum als germanischer »Ar-
Mann« zu verstehen, womit Dürer klar seine

Dürers Holzschnitt seines eigenen Familienwappens
aus dem Jahre 1523.

»arische« Herkunft habe zum Ausdruck bringen wollen. Dieser Unsinn bedarf keines weiteren Kommentars.
Der Stechhelm in Dürers Wappen entspricht
exakt der im 16. Jahrhundert bereits üblichen
Darstellungsform für bürgerliche Wappen. Der
Wulst, das gedrehte Tuch, auch Zindelbinde
genannt, der die Befestigung der Helmzier ver-
deckt, ist allerdings kein Indiz für einen siegrei-
chen Teilnehmer namens Dürer an einem Ritterturnier. Das hätte Dürer, selbst wenn er es ge-
wollt hätte, gar nicht gedurft. Und auch seine
Ahnen waren, soweit wir sehen, nicht ritter-

bürtig, sondern brave Handwerker. Unbekannt
blieb bisher, ob Dürer das Wappen vom Kaiser
verliehen bzw. bestätigt bekam. Es entspricht
jedenfalls in allen Teilen dem Wappen, wie es
auf der Rückseite des Porträts von Dürers Vater aus dem Jahr 1490 zu sehen ist.
Auf recht schwierigem Boden bewegen wir uns,
wenn wir nach den Farben in Dürers Wappen
fragen. Von ihm selber ist k e i n e farbige Ausführung überliefert. In der Literatur wiederum
geistern verschiedene Abbildungen herum. An-
haltspunkt sollte jedenfalls die farbige Ausführung auf der Rückseite des sog. »Vaterporträts«
sein. O. Neubecker hat demnach Dürers Wappen heraldisch korrekt so beschrieben:
»In Rot auf grünem Dreiberg eine goldene, auf
einer Treppe stehende, offene zweiflügelige
Holztür mit einem Bretterdach; auf dem rot-gol-
den bewulsteten Helm mit rot-goldenen Decken
zwischen einem goldenen Flug ein rot mit
goldenen knöpfbaren Aufschlägen und einem
goldengestulpten roten Spitzhut bekleideter
Mohrenrumpf mit Ohrringen«.
Eine der schönsten Ausführungen des Dürer-
wappens findet sich übrigens in der Eingangs-
halle von Schloß Kugelhammer in Röthenbach
bei St. Wolfgang, das in der Nähe von Wendelstein liegt, und als Eigentum der Schlüsselfelder'schen Familienstiftung seit 1709 im
Wechsel von Administratoren verwaltet wird.
Gegenwärtig amtieren die Familien Kreß von
Kressenstein und Volckamer von Kirchensittenbach. Die Kreß haben übrigens keinen
Mohren als Helmzier, sondern einen rotgeklei-
deten, armlosen »heidnischen« Mann, der mit
regelrechten Eberzähnen die Schildfigur, das
Schwert, waagrecht im Mund hält.

Was die Bezeichnung Mohr oder Maure in der Heraldik so alles abdecken mußte, soll abschließend die Bestätigung der Wappen- und Adelsfreiheit für Hieronymus Holzschuher und dessen gesamtes Geschlecht durch Kaiser Karl V. aus dem Jahre 1547 zeigen, wobei der Kaiser auch auf den vermehrten Schild Bezug nahm, den Wolf Holzschuher 1503 von König Emanuel von Portugal erhalten hatte.
Zitieren wir hier auszugsweise aus dem wertvollen Familiendokument:

»Wann unns nun unnser und des Reichs lieber getrewer Hieronimus Holtzschuecher zuerkennen geben hat, wie sein Geschlecht die Holtzschuecher, vor etlich hundert Jaren her, dise nachgeschriben Wappen unnd Clainat, Mitnamen ainen gelben oder goldtfarben Schildt, dar Inn ain schwartzer Hollänndischer Holtschuech, Innwendig Rot, und außwenndig herumb mit weissen Pörtlein, den spitz gegen den hindern tail des Schilts kerendt, Auf dem Schilt ain Stechhelmb, mit gelber und Roter helm degken geziert, Darauff für sich wartz ain Prustbild aines Moren, one Armb, Inn ainem Roten Claid, mit ainem gelben für sich gespitzten oberstulp, unnd oben zu Ennde des Huets mit Frannsen, und darauff ainem Ronden Knopff, baide Frannsen unnd Knopff von Roter Farb, gefuert und gepraucht, unnd letzlich der Durchleuchtig Fürst, Herr Emanual, weillennt König zu Portugal, unnser lieber Brueder unnd Vetter löblichen gedechtnus, etwa Wolffen Holtzschuecher, umb seiner Redlichen, Mannlichen unnd getrewen diennst willen, die Ehr seiner Lieb, gegen den unglawbigan gethan, nachuolgendar weise, sambt dem

Ritterstanndt, unnd Freyhaiten, gepessert unnd geziert hette, Nemlich ainen quartierten Schilt, das ober vorder unnd hindter undter gelb oder goltfarb, dar Inn der Holtschuecher allt anererbt Wappen, unnd das unnder vorder unnd ober hindter tail, plaw oder Lasurfarb, Inn Jedem aines weisen Moren Pildt, bis zu halber Prust, one Arm Inn gelb beklaidt, mit ainem grawen part, habendt umb sein Haubt, mit plawen und Roten Leisten, ain weissen Morischen Pundt hindten mit abhanngenden Ennden, unnd In mitte auf der quartierung ain

Das vermehrte Wappen der Freiherrn von Holzschuher (Nachzeichnung des Verf.; Lit.: W. v. Imhoff).

Rot, unnd darauf ain weiß oder silberfarb Kreutz, auf dem Schildt ain Tornierßhelmb, mit gelber unnd Roter Helmbdegken geziert, darauff das vorgemelt der Holtzschuecher Helmb Clainat, nemblich ain Moren Prustbild, one Arm, alles nach laut eines Briefs . . . «

Was erfahren wir aus diesem Wappenbrief? Zunächst muß Hieronymus Holzschuher dem Kaiser mitgeteilt haben, daß seine Familie seit Jahrhunderten das nach vorne schauende Brustbild eines Mohren ohne Arme, also einen Mohrenrumpf, als Helmzier und einen holländischen Holzschuh im Schild führte, dessen Spitze nach hinten – gemeint ist: vom Betrachter aus nach rechts – schauen muß, wenn er richtig dargestellt wird. Die Auffassung vom »holländischen« Schuh entspricht auch (nach Mitteilung von Jörg Freiherrn v. Holzschuher) der Familientradition, daß der Schuh im Wappen eben kein Schuhwerk aus dem mittelalterlichen, morastigen Nürnberg darstellt und daß die Familie schon im 13. Jahrhundert in Nürnberg als eine zugewanderte galt.
Wir erfahren aber auch, daß der König von Portugal an Wolf Holzschuher vorher bereits ein vermehrtes Wappen verliehen hatte, in dem – offenbar in Anerkennung des Wirkens von Holzschuher gegen die »Ungläubigen« – in die Felder 2 und 3 »eines weißen Mohren Bild« gesetzt wurde, also Kopf- und Kopfbedeckung eines Sarazenen, Arabers oder Orientalen, die man kurioserweise als »weiße Mohren« bezeichnete. Das Vollwappen der Holzschuher weist also d r e i Mohren auf: einen »schwarzen« auf dem Helm und zwei »weiße« im Schild.

Das an die Stelle eines Herzschildes aufgelegte Kreuz des portugiesischen Christusordens ist allerdings eine einzigartige Auszeichnung. Dazu muß man wissen, daß dieser Orden zu Lebzeiten von Wolf Holzschuher in Portugal außerordentliche Macht besaß. Entstanden war er als Nachfolgeorganisation des 1312 von Papst Clemens V. aufgehobenen Tempelherren-Ordens. Papst Johannes XII. erkannte nach Auseinandersetzungen mit dem König von Portugal den Orden wieder an, unter der Bedingung, daß auch er Ritter dieses Ordens ernennen dürfe. Ab 1550 wurde jeder König von Portugal qua Amt Großmeister des Ordens. Zu den seltenen Ausnahmen, daß auch ein Nicht-Katholik diese hohe päpstliche wie portugiesische Auszeichnung bekommen hat, zählte übrigens der deutsche Reichskanzler Otto von Bismarck.

Zurück zu den Mohren: Gleiche oder ähnliche Wappenmotive weisen in Franken, ob im Schild oder als Helmzier, eine ganze Reihe von Familien auf. Auffallend ist jedenfalls, daß parallel zu dem Brauch fürstlicher Familien, sich an den Höfen Mohren als Attraktion zu halten, die Mohrenmotive in den Wappenschilden und auf den Helmen häufiger werden, ob in Umdeutung einer älteren Wappenfigur oder als Neuannahme eines Wappens kann im Einzelfall oft nicht mehr untersucht werden. Daß der Brauch, sich gerade im Anschluß an die Türkenkriege junge Türken und von deren Sklaven wiederum Mohrenknaben als Kriegstrophäe nach Hause zu bringen, keineswegs auf den Hochadel beschränkt blieb, soll das abschließende Beispiel zeigen: 1686 hatten die Venetianer die türkische Festung Modon erobert und entführten u. a. ein 12jähriges türkisches Mädchen namens Fatmeh als Kriegsbeute in ihre Heimat. Dort schenkte man das Mädchen dem deutsch-schwedischen Konsul Pommer, und der schickte es weiter an seinen Freund Johann Fabricius, Professor an der Universität Altdorf b. Nürnberg. Als 14jährige mußte Fatmeh dann in Altdorf eine aufwendige christliche Taufe über sich ergehen lassen, wobei hochrangige Taufpaten der Altdorfer Oberschicht assistierten. Das bedauernswerte Mädchen ist jedoch bald nach der Taufe gestorben. Beschrieben wird sie als »äußerer Leibs-Gestalt nach eine Möhrin«.

Abgesehen vom traurigen Schicksal des Kindes, wird auch hier die vielfältige Benutzung des Begriffes Mohr(in) deutlich. Sie ähnelt hiermit der Formulierung im Holzschuherschen Wappen- und Adelsbrief, in dem ein offensichtlich arabischer Mann so benannt wurde.

Lit.: Grote; Behrens; Oswald; Alberti, 0. v.; Kolb; Mayer; Mosch; Pappenheim; Eyb; Neubecker, Heraldik; Schöler, Hist. Fam.; Neubecker, Heraldik zwischen; Hirschmann, Albrecht Dürers; Frank; Lippe; Heller.

Wie deutet man Wappen?
oder
Was einem Wappensagen so alles sagen

Die Frage nach der Deutung von Wappeninhalten ist beinahe so alt wie die Wappensprache selber. Nicht immer ist dabei die historische Wahrheit Sieger geblieben, umso mehr haben Eigentümer oder Wappenbetrachter aus höchst unterschiedlichen Motiven allerhand in Wappen hinein- bzw. aus ihnen herausgelesen. Das konnte aus Unwissenheit, aus politischen oder gesellschaftlichen Gründen oder schlichtweg aus menschlicher Eitelkeit geschehen, weil die eine oder andere Interpretation gar zu gute Dienste zusätzlich zu schriftlichen Dokumenten oder ersatzweise leisten konnte. Kurzum, wer sich auf das Glatteis von Wappendeutungen begibt, sollte vorher die 10 Gebote für den Nicht-Fachmann beherzigen:

1. Der Besitz eines Familienwappens alleine ist k e i n Nachweis für eine adelige Herkunft der Familie.

2. Eine Blattkrone auf einem Wappenhelm verrät keineswegs königliche Abkunft und auch sonst kein adeliges Herkommen, sondern dient schlichtweg zum Abdecken der Befestigung von Helmzierden. Daß gelegentlich von Kaisern und Königen einer Familie eine »goldene Krone« als besonderes Gnadenzeichen verliehen wurde, wie z. B. der Familie von Grundherr, ist kein Gegenbeweis, sondern eine der urkundlich belegbaren Ausnahmen. Der Helm, wie auch der Schild, weisen alleine k e i n e ritterliche Herkunft aus, sondern dien-

ten, ob Handwerkern oder Baronen, traditionell als Teil des Vollwappens.

3. Nicht in jedem Wappen steckt eine geheimnisvolle Bedeutung oder Symbolik, auch nicht in den Farben. In der Heraldik meint Blau keineswegs »Treue«, Gelb nicht »Eifersucht« und Grün nicht die »Hoffnung«. Allenfalls hat die Farbe Rot, vor allem in Fürstenwappen, eine gewisse Funktion. Hier zeigt sie im gänzlich rot ausgemalten sogenannten Regalienfeld summarisch die fürstlichen Rechte an (siehe dazu Wappen der Markgrafen von Brandenburg-Ansbach). Die Farbe Rot ist ja noch heute eine Farbe des Rechts, als Beispiel seien nur die Roben der Bundesrichter genannt.

4. Selbst wenn heute dem Heraldiker die Symbolik einer Schildfigur bekannt ist, heißt das noch lange nicht, daß der erste Inhaber eines Wappens diesen Symbolgehalt ebenfalls gekannt haben muß.

5. Der erste Wappenträger einer Familie kann die überlieferte Schildfigur auch bloß nachgeahmt und aus rein ästhetischen Gründen in den Schild oder auf den Helm gesetzt haben.

6. Selbstredend kann ein Wappen auch von einem Kaiser, einem König oder stellvertretend von einem Hofpfalzgrafen »verliehen« worden sein. Dazu gehörte dann aber ein Wappenbrief, und der wiederum konnte samt dem Familienwappen gesellschaftlich durchaus von Vorteil sein, auf jeden Fall zur Steigerung des Ansehens beitragen. Voraussetzung für das Führen oder

den Besitz eines Familienwappens war eine allerhöchste Wappenverleihung keineswegs.

7. Ein Wappen konnte sehr wohl gewählt oder vergeben worden sein, um die Abhängigkeit des Inhabers bzw. seiner Familie von einem Lehensherrn oder die Verbindung zu einem Fürstenhof anzudeuten, ebenso auch die Übernahme von Ämtern, Funktionen, Grundbesitz etc. (siehe Wappen der Grafen von Schönborn).

8. Spätere Nachkommen können ein altes Familiensiegel falsch verstanden oder falsch gelesen haben. So konnte aus einem Armbrustschaft auch mal ein Beil entstehen, aus einem Geier ein Adler und aus einem Steinbockshorn ein Lindwurm!

9. Löwen, Adler, Bären etc. sollten gewiß imponieren, Eindruck machen; nur, ein Löwe im Familienwappen ist k e i n Beweis für die »Stärke« oder Bedeutung einer Person oder einer Familie. Der Grund für diese Fehldeutungen liegt in den mittelalterlichen »Bestiarien«, in denen man bestimmten Tieren auch bestimmte menschliche Eigenschaften wie Mut, Tapferkeit, Falschheit etc. unterstellte. Als Beispiel sei hier die Helmzier der Herren von Heideck angeführt: Das Hufeisen im Schnabel des seltsamen Tieres deutet an, daß es ein Straußenvogel sein soll, weil man diesem Tier zutraute, als Allesfresser sogar Eisen zu verschlingen, im übertragenen Sinne also, sich vor gar nichts zu fürchten.

10. Eine Wappensage zu einem Familienwappen kann recht hübsch sein, ihre heraldische Beweiskraft ist denkbar gering, bestenfalls kann sie ein Indiz für eine Bedeutungsentwicklung sein und in ihrem Kern – wie alle Sagen – einen historischen Vorfall auf ihre Weise nacherzählen.

So ist z. B. die Erzählung der Gebrüder Grimm von der Entstehung des Wappens der Grafen von Henneberg zwar recht hübsch, aber historisch falsch: »Ein Herr von edlem Geschlecht zog um in Deutschland, suchte Frieden und eine bequeme Stätte zu bauen; da kam er nach Franken an einen Ort und fand einen Berg im Land, der ihm gefiel. Als er nun hinritt, ihn zu beschauen, flog vor ihm eine Birkhenne, die hatte Junge; die nahm er sich zum Wappen und nannte den Berg Henneberg und baute ein schönes Schloß darauf, wie das noch vor Augen ist.« In Wirklichkeit zeigt das Siegel der ersten Henneberger 1131 keine Henne, sondern einen Adler. Ab 1200 führen sie als Reichsvögte den kaiserlichen Adler mit dem rot-silbern geschachten Feld für das Burggraftum Würzburg. Erst Graf Poppo VII. von Henneberg legt sich dann zwischen 1226 und 1232 ein redendes Wappen, die Henne auf dem Dreiberg, zu – vermutlich als einigendes und unverwechselbares Symbol, nachdem er, außer Botenlauben, allen »Familienbesitz wieder in einer Hand vereinigt« hatte.
Und obwohl die Grafen von Henneberg schon 1230 das Würzburger Burggrafenamt verloren hatten, holten sie im Sinne der modischen Schildvierungen um 1400 für ihr Territorium das alte Burggrafenwappen zurück in ihren

Stammwappen der Grafen von Henneberg (Zeichnung v. Verf.). Die schwarze Henne in Gold steht in manchen Abbildungen auf einem roten, aber auch gelegentlich auf schwarzem oder grünem Dreiberg. Im Feld 1 und 4 der Linie Henneberg-Schleusingen finden wir noch das alte Amtswappen der Henneberg als Burggrafen v. Würzburg, das auch die Linie Botenlauben als Wappen führte (siehe Deckplatten des Grabmals für Otto v. Botenlauben und seine Frau Beatrix v. Courtenay in der Kath. Kirche St. Blasius zu Frauenroth b. Bad Kissingen, ausgeführt nach 1235).

vermehrten Schild. Ähnlich verfuhren ja auch die Markgrafen von Brandenburg-Ansbach bzw. -Kulmbach mit ihrem Nürnberger Burggrafenwappen nach 1427, also nach dem Verkauf der Burggrafenburg an die Stadt Nürnberg; denn das burggräfliche Territorium war ja geblieben. Die Henneberg'sche Hauptlinie – 1310 auch noch unter die gefürsteten Grafschaften aufgenommen – führte die Henne auf dem Dreiberg dann bis zum Erlöschen des Gesamthauses 1583.
Von der Linie Henneberg-Schleusingen unterschied sich die Linie Henneberg-Römhild, erloschen 1549, auch durch das Wappen: Im ebenfalls gevierten Schild wurde natürlich das Stammwappen aller Grafen von Henneberg beibehalten, dazu kam aber noch das Säulen-Wappen des römischen Adelshauses der Colonna. In das Henneberg-Wappen war die Säule 1467 durch Urkunde Kaiser Friedrichs III. gekommen. Prompt gab dieses in Franken und Thüringen recht unbekannte Symbol reichlich Stoff für die Wappendeuter. Das Geschlecht der Grafen von Henneberg stamme also von einem vor unfürdenklichen Zeiten lebenden fränki-

a) Linie Henneberg-Römhild
b) Linie Henneberg-Schleusingen

kischen Edelherrn »von der Säul« ab, welcher – man höre und staune – einst mit einem Kaiser namens Probus aus Franken nach Italien gezogen sei; dessen Nachfahren seien dann als Henneberg wieder nach Deutschland gekommen.

Nicht ganz so phantastisch ist die Erzählung, wonach Graf Otto IV. von Henneberg im Jahre 1465, als er gerade im Sold des französischen Königs gestanden sei, sich mit einem gewissen Antonius de Colonna angefreundet habe, der ihm wiederum von der Geschichte erzählte, daß sich die Henneberg von den Colonna herleiten würden. Tatsächlich hat dieser Colonna sogar in einer Urkunde jene angebliche Herkunft der Henneberg aus dem Geschlechte der Colonna »bestätigt«, was wiederum den amtierenden Papst Paul II. 1467 veranlaßte, dem Henneberg die Führung des Wappens und Namens der Colonna zu erlauben. Auf dieses »Gutachten« bezog sich dann seinerseits der deutsche Kaiser Friedrich III., als er ebenfalls den Henneberg das Colonna-Wappen für ihren Schild zuerkannte. Es ist kaum anzunehmen, daß der edle Herr von Colonna das alles nur zu Ehren einer angeblichen Blutsverwandtschaft und so ganz umsonst getan hat.

Man wird den Verdacht nicht los, daß sich hier – wie in anderen Fällen auch – ein geschäftstüchtiger »Genealoge« die damalige, aus der Bewunderung für Renaissance und Humanismus geborene Neigung vieler Adelsgeschlechter nördlich der Alpen zunutze machte, möglichst antike Größen und Geschlechter in der eigenen Ahnenreihe auszumachen. So gefiel z. B. manchem Forscher und wohl auch manchem Familienmitglied der Marschälle von Pappenheim bis in die Barockzeit hinein sehr wohl die Sage der Pappenheimschen Abstammung von einer altrömischen Familie. Hier hatte aber bereits im frühen 18. Jahrhundert der verdiente Weißenburger Lateinschulrektor Döderlein Einspruch erhoben, wenn auch mit einer aus heutiger Sicht überzogenen Begründung: »*Die fürtreffliche Glorie*« der Pappenheim habe das gar nicht nötig, sich »*von den Römern ihren Glanz zu borgen*«, denn »*der alten Teutschen und des Adels preiswürdiges Verhalten und herrliche Taten überschreiten Ruhm und Ehre anderer Nationen, also auch der Römer*«.

Bleibt noch hinsichtlich der Grafen von Henneberg zu berichten, daß das Territorium »Grafschaft Henneberg« noch zu Lebzeiten der letzten männlichen Familienmitglieder und angesichts der enormen Schuldenlast sukzessive an das sächsische Herrscherhaus der Wettiner kam. Damit wanderte auch die Henneberg'sche Henne samt Säule der Colonna weiter in die diversen Linien des sächsischen Hauses, beispielsweise in das große Wappen des Herzogtums Sachsen-Coburg und Gotha für die »Gefürstete Grafschaft Henneberg« (die Henne) und die Herrschaft Römhild (die Säule) im Kreis Hildburghausen. In Anspielung auf die erste Erwerbung aus dem alten Henneberg-Besitz, nämlich die Pflegschaft Coburg im Jahre 1353, hat nahezu 200 Jahre später der sächsische Kurfürst Friedrich der Weise humorvoll und treffend geäußert: »*Dahero diese Henne dem Haus Sachsen freylich feine Eier gelegt*«. Auch andere Teile des sächsischen Wappens haben dem Hause Wettin »feine Eier gelegt«. Das fängt schon mit ihrem sogenannten Stammwappen, dem allseits bekannten sächsischen Rautenkranz-Schild, an.

Stammwappen des Hauses Sachsen (nach Prof. Hupp).

Der Wettiner Friedrich (der Streitbare) Markgraf von Meißen übernahm 1423 von der eben erloschenen Dynastie der Askanier (Linie Wittenberg) dieses Wappen, als er von König Sigismund zum Dank für seine Hilfe gegen die Hussiten mit dem Herzogtum Sachsen-Wittenberg und der Würde eines Kurfürsten von Sachsen belehnt wurde. Seit diesem Friedrich I. führen alle Mitglieder des Hauses Wettin, gleich welcher Linie, den Titel »Herzog/Herzogin/Prinz/Prinzessin von Sachsen«. Von seinen Nachkommen haben zwei Brüder 1485 in Leipzig die berühmte Landesteilung vorgenommen, wodurch die Ernestinische und die Albertinische Linie des Hauses entstanden sind. Das Wappen mit den schwarz-goldenen

Balken ist also ursprünglich das ballenstedtische des uralten Hauses der Askanier, die bekanntlich v o r den Hohenzollern auch als Markgrafen von Brandenburg amtierten und gemäß Züricher Wappenrolle (ca. 1335/1345) den halben roten Brandenburger Adler und die schwarz-goldenen Balken in einem Schild führten.

Was ist nicht alles über dieses askanische, später sächsische Stammwappen gerätselt worden! Die einen machten sich erst gar nicht die Mühe, die Farben der Balken bzw. der Teilungen mit den alten Reichsfarben Schwarz und Gold in Verbindung zu bringen, sondern mutmaßten, daß der alte Askanierbesitz Ballenstedt früher wohl »Balkenstädt« geheißen haben muß. Daß die Zahl der »Balken« wechselte, ist allerdings nichts Besonderes, denn so genau war diese Aufteilung, auch in vielen anderen Wappen mit mehreren Schildteilungen, im Mittelalter nur selten festgelegt. Heute übrigens gilt die neunfache Teilung, beginnend mit Schwarz. Eine härtere Nuß für Wappendeuter und Heraldiker war schon die Sache mit dem grünen Rautenkranz, der sich so seltsam schräg über den Schild zieht. Die Palette der mehr oder weniger sinnigen »Erklärungen« reicht von »Perlenkrone«, »Reif einer Krone«, »Seeblätter-Kranz«, »Dornenkrone Christi« bis hin zum Haarschmuck einer askanischen Ahnfrau und Tochter von König Rudolf von Habsburg. Dazu kommen noch diverse Geschichten, wie beispielsweise jene, daß ein askanischer Prinz inkognito bei einem Kaufmann in Venedig gedient und sich dabei in eine Liaison mit dessen Tochter eingelassen habe. Wegen des Standesunterschiedes habe er sie aber nicht heiraten

können und deshalb ihr zu Ehren und zum ewigen Gedächtnis, respektive zur ewigen Trauer, den grünen Kranz über seinen Wappenschild gelegt.

In einer anderen Version wiederum soll Kaiser Friedrich Barbarossa anläßlich der Verleihung des Herzogtums Sachsen an den askanischen Herzog Bernhard einen Kranz aus Weinblättern über den askanischen »Balkenschild« gelegt haben. Die einfachste Beantwortung der Frage »Wie entstand der grüne Rautenkranz?« dürfte wohl der Wahrheit am nächsten kommen: Nach v. Querfurt ist dieses so charakteristische Beizeichen nichts anderes als ein »mit Blätterwerk verschnörkelter Querbalken«; die Biegung könnte auf die Wölbung der alten Kampfschilde anspielen. Diesen Kranz führten die Askanier übrigens seit 1261 in ihren Siegeln, wollten sich auf diese Weise wohl von den unzähligen anderen Balkenwappen im Deutschen Reich unterscheiden und damit auch ihren Nachkommen endlose Diskussionen und heraldische Irrtümer ersparen. Aus dem gleichen Grund erhielt der Löwe im Wappen des Fürstbistums Bamberg eine heraldische Schrägrechtsleiste aufgelegt.

Die sächsischen Schwerter

Zumindest Anlaß für Mißverständnisse bei Unkundigen boten die sog. »sächsischen Kurschwerter«, also der von Schwarz und Silber geteilte und mit zwei gekreuzten roten Schwertern belegte Schild im Wappen der Kurfürsten von Sachsen. Richtig müßte es so heißen, daß seit dem Mittelalter der jeweilige Herzog von Sachsen »wegen seines Ehrenamtes als Erzmarschall des Reiches« zu den sieben Kurfürsten des Reiches mit dem Recht der Königswahl gehörte. Bei den Askaniern hing dieser Titel samt Kurwürde an der Linie Sachsen-Wittenberg; ergo ging 1423 dieser Titel zusammen mit dem Herzogtum Sachsen-Wittenberg auch korrekt an die Wettiner über. Die Kurwürde gehörte zunächst (1485) zur Ernestinischen und ab 1547 zur Albertinischen Linie des Hauses Wettin. Letztere hatte dieses »Amt« bis 1806, also bis zur Auflösung des Heiligen Römischen Reiches durch Napoleon inne. Deshalb tauchen die sächsischen Kurschwerter in den späteren Staatswappen der wettinischen Teilfürstentümer auch nicht mehr auf.

Zu tun hatte der Erzmarschall des Reiches herzlich wenig. Lediglich bei der Krönung eines deutschen Königs oder Kaisers hatte er seinen großen Auftritt: »... der Erz-Marschall zu Pferd unter Paucken und Trommeten-Klang in einen aufgeschütteten Haber-Hauffen sich begibt, davon ein silbernes Maas anfüllet, mit dem silbernen Strich abstreichet, und so dann sich zum Kaiser oder römischen König verfüget. Er trägt auch dem Kaiser unmittelbar das blosse Schwerdt für ...«. (Hambrecht S. 41). Er war also Chef-Aufseher über die gesamten Pferde, samt deren Versorgung, und die berittene Gefolgschaft. Daraus ist dann später der militärische Rang des Marschalls in Kriegszeiten entstanden. Ansonsten hatten schon seit dem 13. Jahrhundert den t ä g l i c h e n Marschalldienst am königlichen Hof die fränkischen Reichsmarschälle von Pappenheim als Vertreter des Hauses Sachsen zu verrichten. Später sind auch sie nur noch bei den Krönungsfeierlichkeiten in Erscheinung getreten und ließen sich ansonsten ihrerseits durch Vertreter vertreten. Die gekreuzten Schwerter symbolisieren also bis 1806 »den nominellen militärischen Oberbefehl« des sächsischen Kurfürsten – stellv. für den König – über das Reichsheer. Die Reichserbmarschälle und Grafen von Pappenheim wiederum führen bis zum heutigen Tage im vermehrten Schild die sächsischen Schwerter als Hinweis auf ihre jahrhundertelange Funk-

Vermehrtes Wappen der Grafen und Reichsmarschälle von Pappenheim (Skizze v. Verf.).

tion als Stellvertreter der Reichserzmarschälle und tatsächlich ausübende Marschälle des Reiches bei Hofe und bei den Krönungsfeierlichkeiten der Herrscher. Dieser Bedeutung entsprach seit dem 15. Jahrhundert auch der sogenannte Eisenhutfeh, d. h. der Pelz-Besatz, des Pappenheimschen Schildes.

Wen wundert es, daß sich die Wappensage auch der sächsischen Kurschwerter bemächtigt hat? So habe nach Albinus der Askanier Bernhard *»mit den ungleubigen und Heidnischen Wenden an dem Elbestrom viel zu streiten gehabt, welches mit diesen zweyen blutigen Schwertern soll bedeutet worden sein«.* In Wirklichkeit hat erst der Askanier Kurfürst Wenzel, † 1388, dieses Wappen für das Erzmarschallamt geführt. In Franken finden wir die sog. »sächsischen Kurschwerter« u. a. in der ehemaligen Münsterkirche zu Heilsbronn am Hochgrab der 1512 verstorbenen Kurfürstin Anna von Brandenburg, einer geborenen Herzogin zu Sachsen, Witwe des Markgrafen und Kurfürsten Albrecht Achilles von Brandenburg. Originellerweise zeigt das Allianzwappen des Ehepaares an der Stirnseite des Hochgrabes einen gespaltenen Herzschild, vorne das brandenburgische Kurzepter und hinten die sächsischen Kurschwerter – beides also Symbole für die Reichsfunktionen der Familien des Ehepaares. In dem gevierten Schild wurden, entgegen aller heraldischen Tradition, in die Felder 1 und 2 der Brandenburger Adler (für den Ehemann) und der sächsische Rautenkranzschild (für Anna selber), in Feld 3 (Bayern) aber das Wappen ihrer Schwiegermutter und in Feld 4 (Österreich) das Wappen seiner Schwiegermutter gesetzt.

Ansonsten sind Schwerter-Wappen, noch dazu

solche mit Sagen-Anhang, in Franken nicht übermäßig häufig anzutreffen. Das bekannteste dürfte wohl das Wappen der Freiherrn Kreß von Kressenstein sein, dessen älteste Darstellung als Totenschild an den 1340 verstorbenen Friedrich I. Kreß erinnert. Es mag durchaus sein, daß der Spruch aus dem Jahre 1729 *»Das Silber-Schwerdt im rothen Feldt / der tapffern Kressen Ruhm vermeldt«* treffend das ursprüng-

F S. 174

Wappenstein über der Gruft der Kreß von Kressenstein im Innenhof der Wehrkirche v. Kraftshof b. Nürnberg (Foto v. Verf.).

liche Kriegshandwerk der ersten namentlich faß-
baren Kressen bezeichnet. Umsomehr hat sich
die Wappensage dem »heidnischen Mann« mit
dem martialischen Aussehen gewidmet, »...
die besagt, daß ein Kress, als ihm im Kampf-
getümmel die Arme abgeschlagen wurden, sein
Schwert mit den Zähnen ergriff« (v. Frank) .

Gänzlich auf Sagen zurückgreifen müssen die
Freiherrn und Grafen von Seckendorff, wenn
sie nach dem Ursprung ihres einzigartigen Familienwappens fragen wollen, dem zu einer
Acht geschlungenen, rot tingierten Lindenzweig, dem auf jeder Seite vier Lindenblätter
entsprießen, wobei im Laufe der Geschichte
die Anzahl der Lindenblätter und auch deren
Stellung variierte; es sei denn, man würde sich
mit der lateinischen Übersetzung für Linde
und dem daraus abzuleitenden Adjektiv »bieg-
sam« begnügen, womit – wenn wir mutmaßen
wollten – eine Charaktereigenschaft des ersten
Wappenträgers angesprochen sein könnte.

Bleiben wir bei den Sagen: Die erste Familientradition will seit dem 16. Jahrhundert wissen,
daß Kaiser Heinrich II. (1002-1024) einst von
der Nürnberger Burg in den Ort Seckendorf b.
Cadolzburg unweit Nürnberg gekommen sei,
»und mit seinem Gefolge unter einer Linde
haltend, dem dörflichen Tanz zugesehen habe«.
Um die zahlreichen Fliegen abzuwehren, ließ er
sich einen Lindenzweig abbrechen. Einer der
umstehenden Burschen habe den Mut gefaßt,
dem Kaiser zuzuprosten. Für diesen Mut (!?)
habe der Kaiser ihm Anerkennung gezollt, indem er ihn zu sich geholt und ihm den Lindenzweig auf den Kopf gedrückt habe mit den Wor-

ten, »daß er künftig von Seckendorff genennet,
sein Diener seyn und sich allezeit tapfer und
herzlich bezeugen solle«. Die zweite Version dieser wenig überzeugenden Sage nennt als König
Konrad III. (1138-1152). In der dritten Version
rettet ein gewisser Walther wiederum Kaiser
Heinrich II. während einer Jagd das Leben.
Zum Dank wird dieser Walther noch an Ort
und Stelle zum Ritter geschlagen und erhält
den Lindenzweig als Wappenfigur, dazu das
frei gewordene Rittergut Seckendorf mit zahlreichen zusätzlichen Gütern.
Letztere Sage erfährt in einigen Überlieferungen noch eine weitere Ergänzung, wonach der
waffenlose Kaiser durch ein wildes Tier (Ur)
bedroht wird, der erste Seckendorff jedoch hin-
zuspringt, das Tier tötet und so den Kaiser rettet. In Ermangelung eines anderen Gnadenzei-
chens habe der Kaiser einen Lindenzweig vom

Baum gebrochen, ihn in das Blut des getöteten
Tieres getaucht und Seckendorff geschenkt.
Hierbei haben wir anzumerken, daß der erste
Seckendorff expressis verbis erst 1254 urkundlich nachweisbar ist, daß selbstredend aus der
Zeit Kaiser Heinrichs II., der 1007 das Bistum
Bamberg gründete, überhaupt kein Secken-
dorff-Wappen nachgewiesen ist, und wir wohl
nie erfahren werden, weshalb der erste Wap-
peninhaber der Familie diese Schildfigur tat-
sächlich angenommen hat. Außerdem sind
Lindenblätter keine Seckendorffsche Beson-
derheit: Unzählige Adelsgeschlechter des 13.
und 14. Jahrhunderts führten mit Lindenblättern besteckte Helmzierden oder »bestreute«
Schilde. Sollten diese Herzformen, als eine Art
Talisman und Abwehrmittel, die eigene
Kampfgeschicklichkeit unterstützen? (Vergl. O.
Koenig, Urmotiv Auge).

Da tut sich eine weitere Familie des fränkischen Uradels schon leichter mit der Erklärung ihres Wappens. In der 1865 zu Würzburg gedruckten »Geschichte der Familie Rotenhan – ältere Linie«, verfaßt von Julius I. Freiherr von Rotenhan, und vor allem dank der ergänzenden und berichtigenden Forschungen in unseren Tagen durch Gottfried Freiherr von Rotenhan, Schloß Rentweinsdorf (1985), erfahren wir, daß im Laufe der Zeit die gleichnamige Stammburg, die um 1200 entstanden ist, mal Rotenhan, mal Rodenhan, Rotenhain oder auch Rotenhagen genannt wurde. Damit wird auch deutlich, daß dieser Name ursprünglich einen »gerodeten Hain« auswies und nichts mit einem roten Hahn zu tun hatte. Dieses Tier kam offensichtlich später auf den Helm, um dem Wappen ein »redendes« Attribut hinzuzufügen. Bleibt also die Frage nach dem Schrägfluß und dem Stern: die Familienchronik berichtet uns, daß mit dem Stern die Stammburg der Familie und mit dem Fluß die Baunach gemeint sei.

Kummer mag manchen Wappensammlern bereiten, daß in den unzähligen Darstellungen des Rotenhan-Wappens der Fluß mal nach schräglinks, mal nach schrägrechts verläuft, und selbst der Hahn »läuft« bald in die eine Richtung, bald in die andere. E i n Grund für diese Drehungen mag die Tatsache sein, daß bei der Darstellung von Ehewappen bekanntlich dasjenige des Mannes vom Beschauer aus links (heraldisch rechts) zu stehen und zum Wappen der Frau, also entgegen der heraldischen Grundregel für Einzelwappen, zu schauen hat. Steinmetzen oder Wappenzeichner, die solche Abbildungen als Vorlage benutzten, ver-

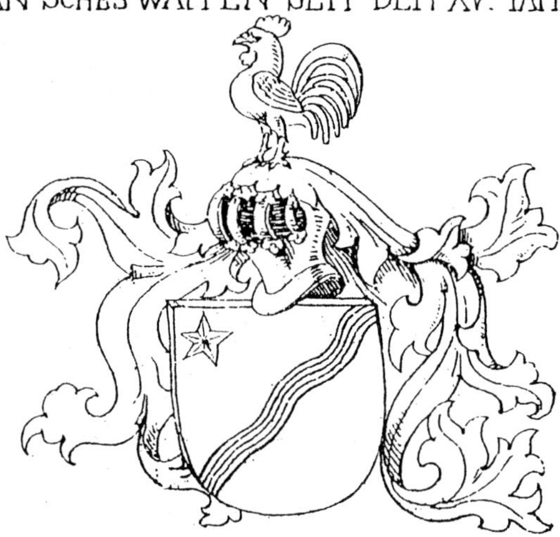

(Abb. frdl. überlassen von Gottfried Frh. v. Rotenhan, Schloß Rentweinsdorf)

gaßen häufig, ein männliches Allianzwappen in einer Einzeldarstellung wieder »umzudrehen«. Außerdem ist immer zu berücksichtigen, daß gerade im Mittelalter keineswegs alle Wappenbilder in ihrem Aussehen ein für allemal exakt festgeschrieben oder eingehalten wurden. Da genügte, um beim Rotenhan-Wappen zu bleiben, manchem das bloße Wissen, daß im Schild ein Schrägfluß mit einem Stern in einer oberen Ecke darzustellen sei. In den Kirchen ergab sich nicht selten die Notwendigkeit, daß ein Wappen, das eine »schauende« Figur oder einen richtungsweisenden Gegenstand enthielt, in Richtung des Altars zu »blicken« hatte. Im Falle der Familie von Rotenhan hilft uns auch der Blick auf die Siegel nicht weiter. Das Siegel Wolframs von Rotenhan vom 20. September 1299 zeigt den Fluß heraldisch schräglinks laufend, begleitet von acht fünf-

strahligen Sternen, das Siegel Ludwigs von Rotenhan vom 26.7.1328 dagegen den Fluß schrägrechts, wobei ein einziger Stern und der wiederum sechsstrahlig dargestellt ist – im Gegensatz zum später üblichen fünfstrahligen Stern. Auch der Flußverlauf hat sich offensichtlich dann am Siegel Wolframs orientiert. Die Linie zu Untermerzbach, Lkrs. Haßberge, die Ende des 18. Jahrhunderts in den Grafenstand erhoben worden war und in der 2. Hälfte des 19. Jahrhunderts erloschen ist, führte übrigens, abgesehen von der gräflichen Rangkrone, das freiherrliche Wappen unverändert weiter, unterschied sich aber durch die Schreibweise »Rottenhan« von der übrigen Familie. Wenn es in der Literatur gelegentlich heißt, daß die altadelige Familie von Rotenhan 1771 in den Reichsfreiherrnstand »erhoben« worden sei, so bedarf diese Feststellung insofern einer kleinen

Korrektur, als durch das seinerzeitige kaiserliche Diplom lediglich ein längst bestehender Tatbestand der Reichsunmittelbarkeit nun formell noch bestätigt wurde. Gleiches gilt für viele andere Adelsgeschlechter in Franken. Von einer »Erhebung« in den Reichsfreiherrnstand wäre besser bei neu-nobilitierten und entsprechend beförderten Personen oder Familien zu reden. Keineswegs zu den neu-nobilitierten Geschlechtern, im Königreich Bayern 1841 bei der Freiherrn-Klasse immatrikulierten Adelsfamilien, zählt das Geschlecht der Freiherrn Harsdorf von Enderndorf, das ab 1450 der Ratsherrnoligarchie der Reichsstadt Nürnberg angehört hat und mit Georg Philipp Harsdörfer, † 1658, dem Gründer der ältesten noch bestehenden deutschen Spach- und Literaturgesellschaft »Pegnesischer Blumenorden«, in die deutsche Literaturgeschichte eingegangen ist. Nun bedarf es eigentlich keiner erneuten Versicherung, daß die ältesten Nürnberger Patrizierfamilien bzw. der dortige Stadtadel, sich mühelos auf Reichsministerialen bzw. Ministerialen hochmittelalterlicher Dynasten zurückführen lassen. Insofern ist eine Diskussion über das Alter des Adels dieser Familien in der Regel eine müßige Angelegenheit. Allerdings sehen wir im Falle der Freiherrn von Harsdorf exemplarisch für viele Familien, wie eine Wappensage dieses berechtigte Selbstbewußtsein unterstützen half. Demnach soll ein Harsdorf in Diensten des großen Stauferkaisers Friedrich II. gestanden sein, eben des Kaisers, der 1219 den Großen Freiheitsbrief für Nürnberg ausgestellt hat, in dem der Herrscher klar zum Ausdruck brachte, daß ein Nürnberger Bürger nur den König zum Schutzherrn und advocatus habe. Friedrich II.

F S. 174

hat ja auch für das Haupt-Stadtwappen mit dem Königskopf-Adler quasi »Modell gestanden«. Bei einem Kriegszug des Herrschers habe nun besagter Harsdorf den vorher als uneinnehmbar geltenden Turm einer Befestigungsanlage erobert. Der dankbare Kaiser habe daraufhin Harsdorf einen Turm als Schildfigur verliehen.

Auf kriegerische Ereignisse will auch eine andere Wappensage den nicht eindeutig aufklärbaren Grund für den Wappenwechsel der Freiherrn von Eyb zurückführen. Tatsächlich hat Heinrich Pfob (Pfau) von Eyb, gesessen zu Oberbach, 1365 im Siegel einen Helm plus Pfauenrumpf bzw. Kopf und Hals eines Vogels geführt. Ab etwa 1400 tauchen dann im Wappenschild die bekannten drei (2:1) gestürzten roten Pilgermuscheln in Silber auf, während auf dem gekrönten Helm ein wachsender natürlicher Pfau mit goldenem Halsband zwischen einem offenen silbernen (Schwanen-)Flug die Helmzier bildet; die Decken sind rot-silbern gehalten. Die wiederholt von verschiedenen Verfassern weitergegebene und neu formulierte Wappensage will nun wissen, daß Ludwig II. von Eyb 1341 »ins gelobte Land« gezogen sei und nach glücklicher Heimkehr auf seine Bitte hin, weil er doch der Letzte seines Geschlechts sei, von Kaiser Karl IV. ein neues Wappen erhalten habe, und der Kaiser ihm, weil er doch auf dem Meere gekämpft habe, »*drey rothe Meer-Muscheln in weisen Feld, dann uffm Helm eine guldne Crone* (da er kaiserlicher Majestät Diener gewesen) *und in die Cron einen halben Pfauen mit Schwanenflügeln hinvorderst also zu führen gnädigst*« gewährte. »*Dieses Bitten hat alsbald statt gefunden, zu deme noch mehrers die Kaiserin ihme*

einen güldenen Ring mit einem Türckis verehret, daß denselben er, um gedechtnus wegen, dem Pfauen um den Hals führen soll . . .«. Das soll angeblich 1350 geschehen sein. Dazu paßt auch der prachtvolle Eyb'sche »Totenschild« in der Ritterkapelle des ehemaligen Münsters zu Heilsbronn, der an eben genannten Ludwig von Eyb und, gemäß Inschrift, an den Wappenwechsel erinnern soll, als erstmals die Muscheln der Eyb in den Schild kamen.

Der Erinnerungsschild an Ludwig von Eyb, der als erstes Mitglied der freiherrlichen Familie die drei Muscheln im Schild führte (Münsterkirche zu Heilsbronn)

Was per saldo übrigbleibt, ist die Tatsache, daß der Ritter Ludwig von Eyb Hofmeister der Gemahlin Kaiser Karls IV. war, und daß es wohl er war, wie Dr. Eberhard Freiherr von Eyb in seiner 1984 erschienenen umfassenden Familienchronik schreibt, »der das alte Pfauenwappen durch die Muscheln und Schwanenflügel gebessert hat«.

Kaum zu zählen sind die Wappensagen, in denen das weibliche Geschlecht mit- oder hauptverantwortlich für das Entstehen von Wappenbildern war. Eine der schönsten weiß die freiherrliche Familie von Aufsess zu berichten, nach der ein Ahnherr »nach siegreichem Turnier vom Frauenbalkon eine Rose mit dem Schild aufgefangen habe. Daher stamme die Rose im Wappen«.

Verantwortlich zwar nicht für das Entstehen eines Wappens, aber für den Fortbestand des ganzen Geschlechts war, wie könnte es anders sein, eine Frau im Falle der Familie von Tucher. Allerdings mußte davor, wie uns eine Familiensage berichtet, noch eine besondere Art von »Glücksspiel« bestanden werden. Im Jahre 1365 sei das Haus nur noch auf zwei Augen gestanden, und so ließ der bereits 54jährige Berthold Tucher einen Heller entscheiden. Dreimal wollte er die Münze hochwerfen, falle dreimal die Seite mit dem Kreuz nach oben, dann wolle er in ein Kloster gehen, würde aber dreimal nacheinander die Seite mit der Hand fallen, dann wolle er noch einmal heiraten. Nachdem dreimal die Hand nach oben lag, schloß Berthold Tucher den Ehebund mit der jugendlichen Anna Pfinzing, die ihm in 14jähriger Ehe vier Kinder gebar, von denen sich bis heute die ältere und die jüngere Linie des Geschlechts herleiten.

Geradezu dramatisches Geschehen im Stile Shakespeares, allerdings mit Happy End, wurde vom Sickingen-Wappen erzählt. Bei einem heftigen Gefecht unweit Laudenbach i. Ufr. seien zwei ritterliche Brüder von Sickingen umgekommen, der dritte Bruder habe schwerverletzt bei einem armen Schäfer in dessen einfachem Stadel Unterschlupf und Pflege gefunden. Dank der Fürsorge der Schäfertochter Demutis gesundet, habe er vor dem Weiterreiten bekundet, daß er nur noch fünf rote Heller besitze. Daraufhin habe Demutis ihr Gespartes, nämlich fünf Silberschillinge, und auch der Schäfer noch Geld hinzugelegt. Bald sei der Ritter von Sickingen jedoch wiedergekommen und habe Handwerker mitgebracht, die den braven Schäfersleuten neben ihrem alten Stadel einen neuen, schönen Hof errichteten. So sei der Ort Stadelhofen bei Karlstadt am Main entstanden. Nach mancherlei weiteren Verwicklungen habe der dankbare Ritter obendrein des Schäfers Töchterlein Demutis in seinem Schloß zum Traualtar geführt und deshalb auch sein Wappen geändert. Fünf silberne Schillinge im schwarzen Feld sollten an die liebreiche Hilfe von Demutis in des Ritters dunkelster Lebensstunde erinnern, und der rote Schildrand sei als Zeichen der Liebe zu sehen, die ihn in des Schäfers Haus umgeben habe.

Tatsächlich führt noch heute das Gasthaus mit der Hausnummer 1 in Stadelhofen das Sickingen-Wappen im Wirtshausschild, allerdings deshalb, weil es einst v. Sickingen'sches Amtshaus gewesen ist. Die von Sickingen, zu denen ja auch der berühmte Franz von Sickingen gehörte, kamen erst mit Johann Ferdinand Freiherrn von Sickingen, Schwiegersohn des 1698

Skizze des Familienwappens der Freiherrn von Sickingen (v. Verf.).

verstorbenen Letzten der Kottwitz von Aulenbach, besitzrechtlich nach Stadelhofen. Zum Wohltäter des Ortes wurde 1774 Freiherr Christoph Peter von Sickingen, als er das gesamte Rittergut Stadelhofen zu gleichen Teilen unter seine neun Bauern aufteilte. 1783 stiftete er seinen Untertanen zu Stadelhofen noch eine Pfarrei, ließ eine Kirche bauen und die Schule neu »fundieren«. Zehn Jahre später ist diese einzigartige Persönlichkeit, von Berufs wegen u. a. Domkapitular zu Würzburg, verstorben. 1815 verabschiedeten sich die Sickingen durch Verkauf endgültig aus diesem Ort, der bis heute durch die Ortsgeschichte und natürlich auch durch die genannte Wappensage mit der Familie verbunden ist, die wiederum einst mit dem Schicksal dreier Sickingen begonnen haben soll.

Die magische Zahl drei spielt übrigens auch in der Sage um das Wappen der Echter von Mespelbrunn eine Rolle, die in Blau drei schrägrechtsgestellte blaue Ringe in silbernem Schrägbalken führten.

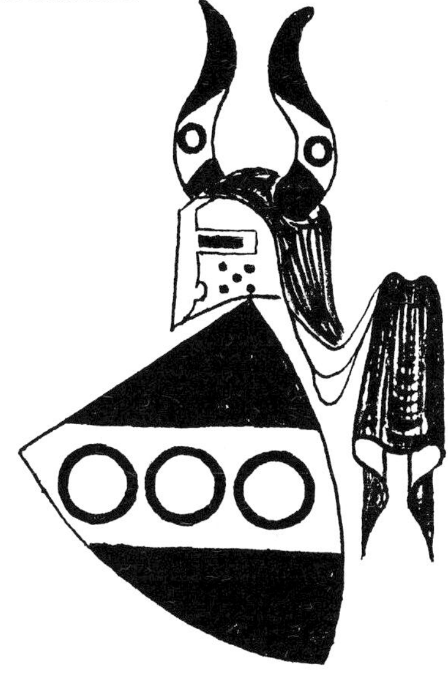

Wappen der Echter von Mespelbrunn (Zeichnung v. Verf.): In Blau ein silberner Schrägrechtsbalken, belegt mit drei blauen Ringen.

Demnach würden die Echter aus dem Odenwald stammen, wo sie Lehensleute der mächtigen Grafen von Erbach gewesen seien. Drei Brüder seien einmal mit den Erbach in Streit geraten und hätten im Verlauf der Auseinandersetzung einen Erbach-Grafen erschlagen. Als nunmehr Geächtete hätten sie ihren Besitz verloren und sich Echter nennen müssen. Unterschlupf hätten sie im waldreichen Spessart gefunden und vereinbart, sich einmal im Monat an geheimem Ort zu treffen. Der Bru-

der, der als erster an den Treffpunkt kam, habe »Acht« rufen müssen, darauf hätten die beiden anderen aus dem Gebüsch heraus wie ein Echo »Acht, Acht« gerufen. Um sicher zu gehen, daß nicht doch einer der Häscher sich angeschlichen hatte, mußten zwei Echter-Brüder »Zwölf« rufen, weil dreimal acht soviel wie zweimal zwölf ist. An der Stelle ihrer Treffpunkte hätten sie den Echter-Pfahl in den Boden gerammt und drei Ringe befestigt, an die sie ihre Pferde gebunden hätten. Diese Ringe seien später ihr Wappenzeichen geworden. Einer dieser Echter-Brüder habe sich übrigens mit den Grafen von Erbach wieder ausgesöhnt und am »Mespelborn« oder »Espelborn« später ein festes Haus, eben das Schloß Mespelbrunn, erbaut. Auffallend ist an dieser Sage das Operieren mit den in der mittelalterlichen Symbolik bedeutsamen Zahlen drei, vier, acht und zwölf, die ja auch in der Interpretation der heute in Wien aufbewahrten Kaiserkrone eine enorme Rolle spielen.

In Mespelbrunn wurde übrigens 1545 Julius Echter geboren, der wohl bedeutendste Fürstbischof Würzburgs und Gründer der Universität, der dieses hohe Amt bereits mit 28 Jahren bekleidete. Erloschen ist das Geschlecht im Mannesstamm 1665. Über eine Erbtochter ging der Besitz an die Grafen von Ingelheim über, und auch das alte Echter-Wappen mit den drei Ringen lebt im vermehrten Schild der Ingelheim weiter, womit die Nachkommen gleich über zwei Wappensagen verfügen, denn das ursprüngliche Wappen der Ingelheim soll ein goldenes (gelbes) Kreuz auf schwarzem Grund gewesen sein. Während eines Kreuzzuges sei ein Ingelheim, der seinen Schild mit besagter

Schildfigur geziert hatte, verwundet worden, das Blut dann über den Schild und das gelbe Kreuz geflossen. Daraufhin habe der Kaiser das durch das Blut gelb-rot geschachte Kreuz zum neuen Wappen der Ingelheim erklärt (frdl. Mitteilung von Graf von Ingelheim, Schloß Mespelbrunn).

Vermehrtes Wappen der Grafen von Ingelheim (über dem Schild steht in dieser Abb. allerdings eine siebenperlige Freiherrnkrone); (Lit. und Abb.: Alberti).

Auch die Uradeligen von Lentersheim haben kaiserlichem Einfallsreichtum – jedenfalls nach der Sage – ihr vermehrtes Wappen zu verdanken. Wie der vermutliche Verfasser der Familiengeschichte Christoph Gustav von Lentersheim, † 1749, berichtet, habe der bei Kaiser und Reich hochangesehene Veit von Lentersheim (1458-1532) Kaiser – weiland König –

Maximilian *»aus einer augenscheinlichen Todesgefahr errettet, da nämlich der König mit seinem Pferd in einen tiefen Sumpf gefallen, ist Veit von Lentersheim hinzugerennt, hat dem König die Hand gereicht und ihn glücklich herausgezogen. Zum Andenken hat ihm der König nicht nur die Handtreu ins Wappen gegeben, sondern ihn auch in den Freiherrnstand erhoben, welchen Titel er aber wenig gebraucht ...«.*

Vermehrtes Wappen der v. Lentersheim mit der »Handtreu« (Nachzeichnung des Verf.)

Die Lentersheim waren schließlich nicht irgendwer. In einer der wichtigsten Stunden der brandenburg-preußischen Geschichte, als die vom Kaiser mit der Mark Brandenburg betrauten Nürnberger Burggrafen in der Schlacht am Kremmer Damm, zwischen Berlin und Neuruppin, die Macht des aufsässigen märkischen

Adels brechen wollten, ist einer der wichtigsten Anführer des fränkischen Heeres, Craft von Lentersheim, am 24. Oktober 1412 gefallen. Burggraf Friedrich, danach Kurfürst Friedrich I. von Brandenburg, ließ ihn und die beiden anderen gefallenen treuen fränkischen Mitstreiter, Johann von Hohenlohe und Philipp von Uttenhofen, in der Kirche »zum grauen Kloster« in Berlin, also in der kurfürstlich markgräflichen Hauskirche, beisetzen und mit Grab-

Grabplatte für den 1412 gefallenen Craft von Lentersheim in der Kirche »Zum grauen Kloster« in Berlin (Lit.: Rohn).

platten wie auch mit einem Gedenkkreuz am Kremmer Damm ehren. Die hilfreiche Tat von Crafts Urenkel Veit von Lentersheim, mit der er – der Sage nach – einem König das Leben rettete, fügte sich nahtlos in das ritterlich selbstlose Handeln vieler Lentersheim ein, von denen uns deren Familienchronik zu berichten

weiß. Das Geschlecht ist übrigens 1799 erloschen. Zahlreiche Grabdenkmäler, auch mit dem Handtreu-Wappen, finden sich in der Kirche zu Altenmuhr.

Unter die Gruppe »adelige Mutproben« läßt sich auch die Sage um das Wappen derer von Fraunberg vom Haag einreihen. Hoch über der Altmühl, auf steilem Fels gelegen, lockt noch immer die eindrucksvolle Burg Prunn die Besucher an. Vom Talgrund aus kann man an der östlichen Hochwand der Burg das Wappentier der Fraunberg, die weiße Gurre (einen Schimmel) in Rot, aufgemalt sehen. Ein derart halsbrecherisch angebrachtes Wappen mußte geradezu zu Deutungen herausfordern. Uns stehen gleich zwei Interpretationen wahlweise zur Verfügung. Die eine will wissen, daß einst der Jüngste eines Rittergeschlechts im Wettbewerb mit seinen Brüdern auf einem Schimmel die Burg erobert habe. Nach einer anderen Version habe der Burgherr nur demjenigen seine Tochter zur Frau geben wollen, der den Mut habe, hoch zu Roß um die Burg Prunn zu reiten – angesichts der steilen Felswände ein selbstmörderisches Unterfangen. Trotzdem habe ein kluger Freier diese Bedingung erfüllt, indem er unten im Talgrund um die Felsen der Burg herumgeritten sei. Tatsache ist jedenfalls, daß die bayerische Adelsfamilie von Fraunberg 1225 mit der Burg Haag auch das Wappen der Gurren, also der Vorbesitzer, angenommen hat und mit der Übernahme von Prunn im 14. Jahrhundert hierher brachte. 1567 sind die Fraunberger vom Haag zu Prunn erloschen. Das Gurre-Wappen finden wir übrigens noch auf einem Grabstein des Hans Fraunberger, † 1428, in der Dorfkirche zu Prunn.

Grabmal Hans »des Freudigen« von Fraunberg in der Kirche zu Prunn (Altmühltal). Der Ritter steht auf seinem Stammwappen (in Rot ein silberner Pfahl), vom Beschauer aus links das Wappen seiner ersten Frau (einer Fraunberger von Haag) mit einem Schimmel (einer »Gurre«) im Schild, rechts das Wappen der zweiten Frau, einer Schenk von Geyern. In der Folge wurden die Schilde Haag und Fraunberg in einem quadrierten Schild vereinigt. (Die links und rechts des Kopfes abgebildeten Ordenszeichen beziehen sich auf den Ritterorden vom Lindwurm (1), den dänischen Drachenorden (2), den aragonischen Kannenorden (3) und den Schwanenritterorden (4) des Hauses Brandenburg.)

Heraldische Unkenntnis hat die Ansiedlung einer Wandersage in der ehemaligen Klosterkirche zu Heidenheim ermöglicht: Der »rätselhafte« steinerne Hundekopf unter einer Konsole soll an die Entstehung der »Grafen von Hund« erinnern; denn auf der Heimkehr vom Kreuzzug ins Heilige Land habe ein Ritter unweit seiner Burg auf dem Schloßberg (zwischen Hechlingen und Ursheim) eine seiner Mägde getroffen, die einen verschlossenen Korb zum Flüßchen Rohrach getragen habe. Auf Befragen erklärte die Magd, daß sie im Auftrag der Burgherrin zwei junge Hunde ertränken solle. Der Ritter ließ den Korb öffnen und fand darin zwei Knäblein, die ihm seine treulose Gemahlin inzwischen geboren hatte und noch rasch vor Ankunft des Gatten verschwinden lassen wollte. Der Ritter habe die Kinder an sich genommen und umgehend die Heimat verlassen. Erst nach zwanzig Jahren sei er mit den beiden nunmehr stattlichen jungen Männern zur heimatlichen Burg zurückgekehrt. Die untreue Gattin habe das Strafgericht ereilt, und die beiden jungen Herren hätten sich später Grafen von Hund genannt. Wer die beiden jungen »Grafen« betrachtet, die hinter dem Hundekopf hervorlugen, wird feststellen, daß es sich eher um zwei junge Damen handelt; und der denkwürdige Hundekopf ist nichts anderes als die Helmzier der fränkischen Adelsfamilie von Vestenberg mit dem entsprechenden Schild darunter. Ein Vergleich mit dem Vollwappen der Familie auf dem großen, farbigen Wandgrabmal des Abtes Wilhelm von Vestenberg († 1446) bietet sich obendrein an. Mag also sein, daß zwei nahe (weibliche) Verwandte des Abtes in die Klosterkirche eine steinerne oder hölzerne Figur stifteten und wie in solchen Fällen üblich unter dem Tragestein ihr Familienwappen (und sich selbst) abbilden ließen. Die Sage mit den zwei Knäblein, in der sich offenbar auch die antike Geschichte mit Romulus und Remus verbirgt, ist noch im Raum Regen (Bayerischer Wald) daheim. Und abgesehen davon, daß auf dem Schloßberg b. Heidenheim keine Adelsfamilie mit

Namen Hund(t) nachgewiesen ist, fallen auch Wappenvergleiche mit den einzigen in unserem Raum zu erwähnenden Adelsgeschlechtern dieses Namens negativ aus: Die Hund von Wenkheim führen einen Pferdekopf im Schild und die Grafen Hundt von Lautterbach als Stammwappen einen offenen Flug. Andere adelige Hund-Geschlechter sind in Schlesien, Westfalen, Sachsen, Preußen und Österreich beheimatet gewesen.

112

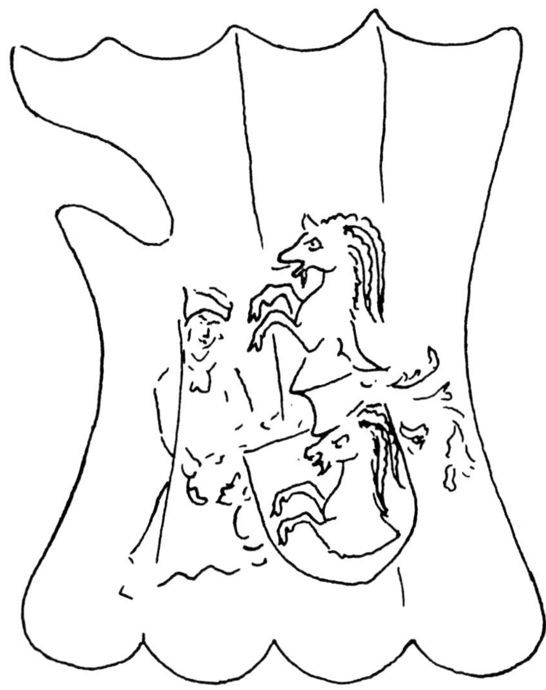

Wappen der von Gottsmann (Gotzmann) auf einer Tartsche (um 1450) im Metropolitan Museum of Art in New York (Nachzeichnung vom Verf.; Hinweis v. Dr. H. Nickel, Marco Island).

Wie sehr in der Barockzeit, selbst bei alten Adelsfamilien, der Wunsch verbreitet war, Herkunft, Namen und Wappen möglichst weit zurückzuverlegen, zeigt zum Beispiel die Leichenpredigt für den 1611 verstorbenen Hans Friedrich Gottsmann auf Neuhaus, Büg, Thurn und Brand: Die erste urkundliche Nachricht stamme aus dem Jahre 310 n. Chr. (!), als im Gefolge eines römischen Kriegsobristen mit Namen Curius (der die Stadt Chur gegründet habe) auch ein römischer Edler mit dem griechischen Namen Evandro (das sei mit Gutmann zu übersetzen) in die Schweiz und dann nach Deutschland gekommen sei. Während der Stadt Chur ein ganzer Steinbock als Wappenfigur zuerkannt wurde, habe der neue Stadthauptmann Evandro alias Gutmann einen halben Bock führen dürfen. Schließlich habe Kaiser Karl der Große später alle tapferen Kriegsleute »Gutmänner« genannt; die mit dem halben Steinbock im Wappen hätten aber zur Unterscheidung dann den Namen Gottsmänner geführt. (Diesen Hinweis, wie auch den Auszug aus der nachfolgenden gedruckten Leichenpredigt für die 1616 verstorbenen Kunigunde v. Haßlach, geb. v. Gotsmann, verdanke ich Herrn R. Gotsmann, Hamburg.)

Nennen wir noch ein Beispiel aus der Gruppe der gänzlich unspektakulären Wappenerklärungen. So stammten die Ahnen der fränkischen Adelsfamilie von Schöfstall, die im 14. Jahrhundert Reckendorf bei Ebern besaßen, mit Catharina Schöffstall eine Äbtissin des Klosters St. Theodor in Bamberg stellten und 1552 mit Walburg v. Wiesenthau, geb. von Schöffstall, erloschen sind, aus dem Ort Schäfstall b. Donauwörth. Man muß wissen, daß dort einst die wichtige Handelsstraße von Augsburg nach Nürnberg die Donau überquerte. Außerdem münden hier die Wörnitz und andere Wasserläufe ein. Nun wird auch verständlich, weshalb die Schöffstall einen Fährmann in ihrem Wappenschild führten (frdl. Mitteilung von Frhr. v. Heßberg, Würzburg).

Wappen der Freiherrn von Stetten im Wappenbuch des Abtes Ulrich von St. Gallen (abgedruckt bei Alberti, Württemb. Adels- und Wappenbuch). Die Form der Streitäxte (Barten) wandelt sich in späteren Abbildungen, auch die Holzgriffe werden vielfach rot (statt golden) bemalt.

Weit zurück in die fränkische Geschichte, ja weit in die vorheraldische Zeit, greifen auch die Freiherrn von Stetten, deren eindrucksvolle Stammburg hoch über Kocherstetten sich seit bald einem Jahrtausend im Familienbesitz befindet und durch Prof. Dr. Wolfgang Freiherr von Stetten in den 80er Jahren des 20. Jahrhunderts mustergültig restauriert worden ist. Bereits am Torhaus begrüßt den Besucher das Wappen mit den drei roten »fränkischen Streitbeilen« in Silber. Dazu muß man wissen, daß die Dame auf dem Helm, die zwei der Beile in den ausgestreckten Händen hält, von der Familie auch konsequenterweise als »Franziska« (latinisiert: die Fränkin) bezeichnet wird. Würde man sie allerdings mit der gleichnamigen Heiligen identifizieren, die Franz von Sales als eine der größten in der Kirchengeschichte bezeichnet hat und die insbesondere als Beschützerin der Frauen galt und gilt, dann erhielte das Gesamtwappen der Freiherrn von Stetten zusätzlich eine im besten Sinne des Wortes ritterliche Aussage.

Lit.: Borneff; Hambrecht; Maué; Schöler, Fränk.; Schöler, Hist. Fam.; Oswald; Sayn-Wittgenstein, Fürstenhäuser; Schuhmann, Hohenzollerngrablegen; Frank; Koenig; Rotenhan; Buhl; Eyb; Aufsess; Grote; Eichelsbacher; Sayn-Wittgenstein, Schlösser; Rohn; Schuhmann, Markgrafen; Hager; Stetten, Burg.

Von liebenswerten heraldischen Irrtümern

Zum Glück haben viele steinerne Kunstdenkmale, die man nicht mehr in bombensicheren Bunkern hatte verstecken können, den Zweiten Weltkrieg unbeschadet überstanden – und danach auch noch den Vandalismus, mit dem gewisse Modernisten und Flächensanierer »Frankens zweite Zerstörung« einleiteten, wie der mittelfränkische Bezirksheimatpfleger Dr. Ernst Eichhorn es einmal formulierte. Trotzdem, eine Fülle blieb uns und unseren Nachkommen, auch dank gewandeltem Umwelt- und Geschichtsbewußtsein in der Bevölkerung, erhalten und hilft heute, die historische Identität unserer Kulturlandschaft zu bewahren.

Dazu gehört auch die vorzüglich restaurierte ehemalige Klosterkirche – heute evangelische Pfarrkirche – in Heidenheim im Hahnenkamm, einst eine der Keimzellen der Christianisierung und Kultivierung im Siedlungsraum der Franken. Einer der Hauptakteure war der angelsächsische Mönch Wunibald, der hier in Heidenheim i. J. 752 eines der fränkischen Urklöster ins Leben rief. Sein Bruder Willibald, erster Bischof von Eichstätt, weihte nach dem Tode Wunibalds im Sept. 778 den ersten in Stein ausgeführten Kirchenbau ein. Bereits ein Jahr zuvor war die Umbettung des 761 verstorbenen Wunibald in eine neuerbaute Krypta erfolgt. Beider Schwester Walburgis hatte nach dem Tode Wunibalds die Leitung in Heidenheim übernommen und nach angelsächsischem Vorbild daraus ein Doppelkloster für Frauen und Männer eingerichtet. Bleibt noch anzumerken, daß die drei Geschwister mit dem berühmten »Apostel der Deutschen« Bonifatius

verwandt waren und – der Legende nach – aus dem englischen Königshaus stammten. Auf jeden Fall sind Willibald, Wunibald, Walburga und Bonifatius später heiliggesprochen worden. Die eindrucksvollen Grabmäler von Wunibald und seiner Schwester haben sich in der Heidenheimer Münsterkirche erhalten und zeigen zu Füßen der Heiligen tatsächlich das englische Königswappen mit den drei übereinanderschreitenden Löwen.

Der Laie mag das steinerne englische Königswappen als Beweis für Wunibalds und Walburgas königliche Abstammung ansehen, der Heraldiker kann es nicht. Denn schließlich ist Wunibald im Jahre 761 gestorben und seine Schwester im Jahre 779. Von da an dauerte es bis zum ersten Auftauchen von Wappenschilden bzw. vergleichbaren Symbolen noch rund ein halbes Jahrtausend. Außerdem ist Wunibalds Hochgrab erst – wie es die Jahreszahl in der Inschrift ausweist – im Jahre 1483 geschaffen worden: »Hier ruht Abt Wunibald, der segenspendende Sohn Richards. Er verließ schon früh das Königreich der Angelsachsen und

Grabtumba des hl. Wunibald in der ehem. Klosterkirche zu Heidenheim i. Hahnenkamm.
(Foto: A. Schöler)

gründete das hiesige Kloster der Mönche und brachte es schließlich zur Blüte nach der Regel Benedikts etwa im Jahre 750«.

Seit dem 10. Jahrhundert war man überzeugt, daß Wunibald und seine Geschwister königlich englischer Abstammung gewesen seien. Nur gab es zu Lebzeiten Wunibalds noch keinen »englischen« König, allenfalls eine Schar von Kleinkönigen in »Reichen« wie Wessex, Northumbria etc. Erst im frühen 10. Jahrhundert können wir von einem ersten gesamt-englischen König sprechen. Und unter den Teilfürsten zu Zeiten Wunibalds gab es auch keinen Richard, allenfalls einen Ethelheard, Ealhmund oder Aldfrid. Bleibt also festzuhalten, daß der Steinmetz der Hochgräber in Heidenheim, wohl auf Weisung der Kirchenoberen, das englische Königswappen, so wie es 1483 bekannt war, dem Heiligen Wunibald als persönliches Wappen andichtete, um auf diese Weise die überlieferte vornehme Abstammung Wunibalds und seiner Geschwister zu dokumentieren. Das Jahr 1483 war übrigens eines der dunkelsten in der englischen Königsgeschichte, denn Edward IV., ein Sohn Richards, starb und sein Bruder Richard III. ließ seine thronfolgeberechtigten Neffen Edward (V.) und Richard, Herzog von York, im Tower ermorden, um selber den Thron zu besteigen. Schon zwei Jahre später, 1485, fand Richard III. in der Schlacht von Bosworth selber den Tod. Mag sein, daß die Vor-Namensgleichheit von Wunibalds Vater und der vielen Richards in Englands Königsfamilie die Annahme von Wunibalds königlicher Abstammung zusätzlich förderte. Jedenfalls wurde Wunibalds angebliches Familienwappen später auch noch als

Klosterwappen geführt, wie es auch auf dem Grabmal des 1446 verstorbenen Abtes Wilhelm von Vestenberg zu sehen ist. Als solches erlebte es eine weitere Fortpflanzung, als die englischen Löwen auch noch Eingang in mehrere

Ortswappen im einstigen Herrschaftsbereich des Heidenheimer Klosters fanden. Irritierten britischen Touristen, die hier im Fränkischen auf »ihr« Königswappen stoßen, wäre entsprechende Aufklärungshilfe zu geben.

Kopie aus der Rous Roll, England: Wappen König Richards III.

Degersheim

Döckingen

(aus W. Huber, Die Gemeinden des Landkreises und ihre Wappen, in: Landkreis Gunzenhausen, Verlag Hoeppner München-Assling 1966)

Auch dann, wenn literaturbegeisterte Briten auf den historischen Spuren der Artus-Legende wandeln und dabei vom heimischen Cornwall über die Bretagne kommend, auch dem großen fränkischen Parzival-Dichter Wolfram von Eschenbach ihre Reverenz erweisen sollten. Den meisten in- und ausländischen Verehrern unseres mittelhochdeutschen Stars dürfte mit einiger Sicherheit die farbige Darstellung Wolframs in der sog. Manessischen Handschrift bekannt sein: »her wolfran von Eschilbach« ist hier als Ritter samt Pferd, Lanze, Banner, Schwert und Wappen (Waffen-)Schild zu sehen. Die Schildfigur ähnelt zumindest zwei mit den Schneiden voneinander abgewandten senkrechten Beilen.

Damit geht das Rätselraten auch schon los. F S. 175 Denn die Manessische Handschrift ist um 1300, also ein dreiviertel Jahrhundert nach Wolframs Tod entstanden. Woher nahm der Künstler die Vorlage zu seinem Wolfram-Wappen? In ganz Franken ist nämlich ein derartiges Wappen einer Familie von Eschenbach unbekannt, und von allen Orten des Namens Eschenbach, die im Mittelalter einen gleichnamigen Ortsadel besessen haben, kann keiner exakt diese Schildfigur für sich nachweisen – der Ort Eschenbach b. Ansbach, der sich mit königlich-bayerischer Genehmigung dank der verdienstvollen Forschungen von Johann B. Kurz seit 1917 Wolframs-Eschenbach nennen darf, übrigens auch nicht. Sollte dieses Wappen zu den vielen Phantasieprodukten in der kostbaren Handschrift gehören? Wohl sind in Franken reichlich Wappen mit Beilen zu finden, wie zum Beispiel die der v. Bartenstein, v. Sturmfeder, Lösch von Hilgartshausen,

v. Habern etc., aber keine einzige Familie von Eschenbach ist darunter. Und auch die einst in Wolframs-Eschenbach, dem früheren Ober-Eschenbach, sitzende niederadelige Familie »von Eschenbach« führte ein anderes Wappen, nämlich einen Krug! Allerdings hatte dieses Geschlecht noch im Jahre 1310 kein eigenes Siegel, und mit dem Krug siegelte – nach Bumke – ein gewisser Heinrich von Eschenbach erstmals 1324. Damit kann auch das Krugwappen nicht das von Wolfram gewesen sein.

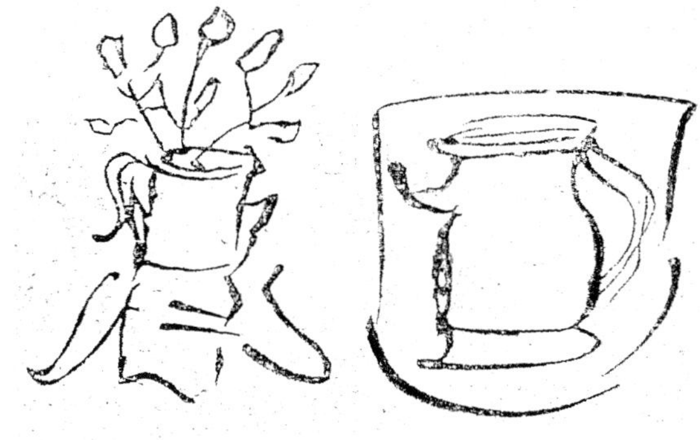
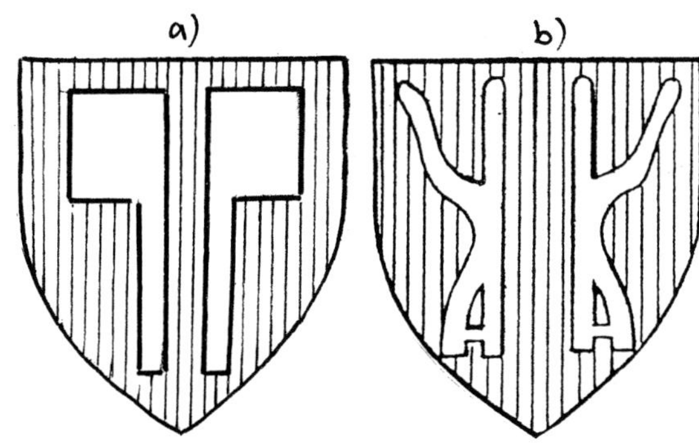

Die von Johann Wilhelm Kreß v. Kressenstein 1608 angefertigte Skizze vom Wappen, wie er es auf dem nicht mehr vorhandenen Grabdenkmal für Wolfram von Eschenbach in der kath. Kirche zu Eschenbach (heute Wolframs-Eschenbach) vorfand (Original im Germanischen Nationalmuseum Nürnberg, Bibliothek).

Bleibt als letzte schwache Vermutung, daß sich die Eschenbachs oder einzelne Familienmitglieder vorher, falls einmal nötig, das Siegel der unweit von Wolframs-Eschenbach beheimateten Herren von Muhr ausgeliehen haben, denn dieses Wappen ähnelt noch am ehesten dem der Manessehandschrift. Es zeigt zwei voneinander abgewandte Armbrustschäfte in Rot.

a) Angebliches Wappen Wolframs in der Manesse-Handschrift. Die Farbe der Beile (?) ist dort mit rotbraun (?) angegeben.

b) Wappen der Herren v. Muhr (Muhr a. See b. Gunzenhausen).

Oder sollte doch etwas an der Wappensage sein, daß Wolfram wegen einer Dame auf seine Streitäxte verzichtet und dafür Blumen mit dem Henkeltopf angenommen habe? Oder war es genau umgekehrt?

117

Daß sich das seit 1268 in Wolframs-Eschenbach bezeugte und »wenig begüterte, ärmliche Geschlecht« derer von Eschenbach – die genealogischen Spuren der Familie verlieren sich in der zweiten Hälfte des 14. Jahrhunderts – gerne für Nachkommen des berühmten Dichters hielt, zeigt die später wiederholte Verwendung des Vornamens Wolfelin oder Wolfram. So müssen die Zweifel mancher Literarhistoriker, ob der große Dichter überhaupt ein eigenes Wappen geführt hat, zumindest zulässig sein.

Der Nürnberger Patrizier Hans Wilhelm Kreß von Kressenstein, der im Jahre 1608 die Frauenkirche im damaligen Ober-Eschenbach aufsuchte, in der ja gemäß der Tradition der große Parzival-Dichter begraben sein soll, hat uns dankenswerterweise auch von der Existenz eines Wolfram-Grabmals berichtet und die Inschrift überliefert:

»Hie ligt der Streng Ritter herr Wolffram von Eschenbach ein Meister Singer«.

Schon der Text zeigt auf, daß dieses Grabmal als Beweis unbrauchbar war, denn zu Wolframs Zeit, oder auch kurz danach, war die Formulierung »Streng Ritter« und gar die Bezeichnung »Meistersinger« völlig unbekannt. Auch hier überwog später einmal mehr der Wunsch, Wolfram für Ober-Eschenbach zu reklamieren. Besagtes Denkmal habe, so berichtet Kreß, das Krugwappen gezeigt. Was endgültig beweist, daß das heute verschwundene Grabmal mehr einen Besitzanspruch auf einen großen Namen denn historische Wahrheit zum Ausdruck brachte. Wenngleich nicht verschwiegen werden darf, daß von allen Eschenbachs das heutige Wolframs-Eschenbach, nach allen vorlie-

Am Eingangstor zur Wehrkirche in Kraftshof b. Nürnberg.

genden literarhistorischen Indizien – u. a. bei Bumke, Winter etc. – noch am ehesten für die Heimat Wolframs in Frage kommt.

Wenn Steine reden könnten, dann würden sie uns beispielsweise auch erzählen, wann am Kressenstein zu Kraftshof, dem einstigen Stammsitz der bedeutenden Patrizierfamilie Kreß von Kressenstein, der mit 1291 datierte Wappenstein wirklich angebracht wurde. Er zeigt das Allianzwappen des Friedrich Kreß und seiner Frau Margaretha Strobel von Atzelsberg. Stilistisch gehört diese Darstellung eines Allianz-

wappens eher dem 15. Jahrhundert an. Dann aber kann dieses Ehepaar den Kressenstein wiederum nicht erbaut haben. Und obendrein hat G. Pfeiffer im Nürnberger Urkundenbuch Nr. 814 nachgewiesen, daß von einer Ehe Kreß-Strobel nicht die Rede sein kann.

Wir begegnen dem gleichen Allianzwappen auch über dem Haupteingang der Kraftshofer Wehrkirche und erfahren durch Inschrift und Jahreszahl, daß das gleiche Ehepaar 1315 (?) die Kirche gestiftet habe, was auch wieder nicht sein kann, weil die Kreß erst ab 1403 wirkliche Her-

118

ren zu Kraftshof wurden. Tatsache ist, daß Kraftshof, der Kressenstein, das zauberhafte benachbarte Patrizierschloß Neunhof und die Kreß von Kressenstein durch Jahrhunderte eine historische Einheit bildeten – auch über die furchtbare Zerstörung im 2. Weltkrieg hinaus. Es waren die Nachkommen eines aus Steinau bei Hanau 1752 nach Amerika ausgewanderten Familienzweiges, die aus den Mitteln der Kreß-Foundation in New York den Wiederaufbau der schwer zerstörten St. Georgskirche zu Kraftshof und der Lorenzkirche zu Nürnberg finanziell unterstützten. Schon 1936 war mit Hilfe der amerikanischen Kreß das einzigartige Kressenbuch aus der Feder von Karl Friedrich von Frank zu Döfering veröffentlicht worden. Dieses gewaltige Werk ist heute selber zum Kulturdenkmal geworden. Darin kann man im Detail auch über die Mitglieder dieses für Franken und insbesondere Nürnbergs Geschichte so wichtigen Geschlechts nachlesen, die heraldisch oder durch Grabdenkmäler u. a. in der Kraftshofer Kirche verewigt sind bzw. dort in der alten oder in der sog. neuen Gruft im Kirchhof – benützt von 1871 bis 1930 – ihre letzte Ruhe gefunden haben.

Bis ins 16. Jahrhundert ließen die Kreß übrigens ihre Totenschilde nicht in Kraftshof, sondern in der Sebalduskirche zu Nürnberg aufhängen, die wie keine andere Stätte – trotz St. Lorenz – die eigentliche historische Identität der alten Reichsstadt verkörpert. Denn sie birgt im berühmten Sebaldusgrab von Peter Vischer die Gebeine eines Heiligen, der durch ein Jahrtausend »unsichtbares, permanentes Stadtoberhaupt« – so Prof. Arno Borst – geblieben ist. Man muß wissen, daß Nürnbergs erste urkund-

liche Erwähnung aus dem Jahre 1050 stammt. Zwanzig Jahre später werden bereits die Gebeine des Eremiten Sebald, der nach einer Notiz des Zeitgenossen Lampert von Hersfeld »großen Zulauf der Bevölkerung« erfahren habe, in ein Holzkirchlein verbracht, an dessen Stelle sich heute die Sebalduskirche erhebt. Die Wunder und Heilungen, die steigende Pilgerscharen dem frommen Gottesmann zuschrieben, sind kaum zu zählen. Die bloße Anwesenheit seines Grabes hat einen enormen Zustrom bewirkt und nicht wenig zur Stadtwerdung Nürnbergs beigetragen. Die Nürnberger Führungsschicht tat ein übriges hinzu, den guten Sebald zu »einem Missionar und Kirchenlehrer« hochzustilisieren. Allein die Tatsache, daß – so sagt es jedenfalls die Legende – »zwei wilde Ochsen den Wagen mit dem heiligen Leichnam ohne Zügelführung an den Ort des Begräbnisses« gezogen hätten, beweise, daß »Nürnberg zu Höherem erkoren sei«. Er wurde zum Schutzherrn Nürnbergs, zum Patron des Großhandels sowieso, und schließlich sorgten Politgenies wie Melchior Pfinzing und Sebald Schreyer, daß er 1512/13 zur Freude Kaiser Maximilians auch noch unter die »Hausheiligen, Vorfahren (!) und Verwandten (!)« des Hauses Habsburg eingereiht wurde. Im Gegenzug erhielt die Propstei St. Sebald auch ein kaiserlich privilegiertes Wappen, das tatsächlich das Stammwappen der Habsburger enthielt: »*einen roten Schilt, dadurch inmitten überzwerch eine weiße oder silberfarbe Straßen gehend, darin aufragt in ganzem Schilt St. Sebald . . ., haltend in seiner linken Hand ein aufrechte Kirchen mitt zweien Thürmen, in der rechten Hand einen gelben oder goldfarbenen Pilgrimstab*«. Die

offizielle Heiligsprechung durch den Papst war dank des Verhandlungsgeschicks des späteren Nürnberger Ratskonsulenten Conrad Konhofer bereits 1425 gelungen. Wobei mit »Argumenten« nicht gespart worden war. In Venedig galt Sebald dank der Informationen Nürnberger Kaufleute als Helfer in Seenot. In Nürnberg hatte man schon um 1400 begonnen, Statuen des Heiligen mit den Wappen hochadeliger »Ahnen« zu versehen. Daß durch Kaiser Sigismund 1424 die Reichsinsignien für ewig nach Nürnberg, quasi unter den Schutz St. Sebalds vergeben wurden, war dann nur logische Konsequenz.

Auch Nürnbergs zweiter Stadtheiliger ist vielerorts heraldisch präsent: Am Teufelsbrünnlein (unweit vom Haupteingang der Lorenzkirche) wurde vor ca. 100 Jahren sein Märtyrerattribut, der Rost, in einen Schild gesetzt und gemeinsam mit dem kleinen Nürnberger Stadtwappen im Stile ehelicher Stifterwappen angebracht: Natürlich weiß der Kundige, daß St. Lorenz gar kein Wappen geführt hat und auch nicht mit der Stadt Nürnberg verheiratet war. (Zeichnung v. Verf.)

Wozu die genealogische Euphorie im Falle St. Sebalds geführt hat, können wir auf dem Holzschnitt von Springinklee aus dem Jahre 1514 sehen. Zu Füßen des Heiligen finden wir ein Allianzwappen, das in historisch verfälschender Weise – ähnlich dem Wappen für den Hl. Wunibald und die Hl. Walpurga – unterstellt, daß der Vater Sebalds aus dem französisch-englischen Königshaus der Plantagenets (drei Löwen) und die Mutter aus dem französischen Königsgeschlecht der Kapetinger, aus denen dann wiederum die Bourbonen hervorgingen, gekommen sei. Abgesehen davon, daß eine adelige Abkunft Sebalds nicht bewiesen ist, könnte er solche Wappen auch gar nicht geführt haben, da die heraldische Sprache rund 100 Jahre n a c h St. Sebalds Tod überhaupt erst begann. Allerdings befindet sich Nürnbergs Stadtpatron – heraldisch gesehen – in bester Gesellschaft, denn Albrecht Dürer setzte ja 1512/13 auf das idealisierte Porträt Kaiser Karls des Großen neben dem einköpfigen Reichsadler das Kapetingerwappen mit den drei Lilien, in der damals weit verbreiteten

falschen Annahme, daß Karl der Große dieses Wappen geführt habe.

Überhaupt wurde im deutschen Sprachraum gerne das Drei-Lilien-Wappen und gelegentlich auch das mit den drei »englischen« Löwen und ein Drei-Kronen-Wappen verwendet, wenn Ansprüche oder historische Behauptungen möglichst weit zurückdatiert werden sollten; sie standen oft als »Beweis« anstelle fehlender urkundlicher Belege. So haben beispielsweise die

Der Hl. Sebaldus, Holzschnitt aus dem Jahre 1514 von Springinklee.

drei Lilien im Klosterwappen von Amorbach die Mitwirkung Karl Martells und Pippins, des Großvaters bzw. Vaters von Karl dem Großen, bei der Klostergründung im 8. Jahrhundert zum Ausdruck bringen sollen, und die drei Kronen standen als Stifterwappen für die Herzöge aus dem Haus der bayerischen Agilolfinger. Beide Wappen wurden also Persönlichkeiten aus weit vor-heraldischer Zeit angedichtet. Wenn allerdings der vermehrte Schild der verschiedenen Linien des Fürstenhauses Hohenlohe seit dem 18. Jahrhundert u. a. auch die drei Lilien (silbern in Blau) aufweist, dann allerdings mit sehr viel mehr Berechtigung, denn eine genealogische Rückführung zu den Hohenstaufen, Saliern und damit zu den Kapetingern und Karolingern ist gerade in dieser Familie spielend möglich.

Lit.: Winter, Münster; Kolb, K.; Bumke; Kurz; Winter, Gedanken; Schöler, Hist. Fam.; Frank; Hirschmann, Kraftshof; Baier; Schröder; Hohenlohe-Waldenburg; Neubecker, Heraldik; Grote, Stammtafeln.

Nicht jeder Graf ist ein Graf
oder
Was ist der Unterschied zwischen einem Pfalzgrafen und einem Hofpfalzgrafen?

In Gräfenberg am Südrand der Fränkischen Schweiz zeigt man noch das sog. »Wolfsberg-Schloß«, ein mittelalterliches Gebäude, das allerdings nur wenig mit einem klassischen Schloß zu tun hat, an dem aber eine Inschrift stolz verkündet:

Wirnt von Grafenberg. hier im alten Schloss um 1170 geb., nahm teil am Turnier zu Nürnberg im Febr. 1193/ verliess Gräfenberg 1196. dichtete den Artusroman Wigalois der Ritter mit dem Rad 1202-1207 / beteiligte sich 1218 am vorletzten Kreuzzug / starb anno 1230 bei Würzburg.

Wenn auch in diesem Text urkundlich leider nur belegt werden kann, daß es einen Ritter Wirnt von Gravenberc um das Jahr 1200 gegeben hat, daß er den Roman »Wigalois« mit sage und schreibe 11 000 Reimversen tatsächlich gedichtet hat und daß er selber seinen Titelhelden »Gwî von Gâlois« schrieb, so ist leider alles andere freundliche Spekulation. Immerhin nennt Müllner in seinen Annalen eine adelige Familie namens »Graffen- oder Greffenberger« unter jenen Geschlechtern, »sonderlich deren viel auf dem gebürg gefunden«. Mit Gebürg war in etwa das Gebiet um den Fränkischen Jura im heutigen Oberfranken gemeint. Erst 1308, also rund ein Jahrhundert nach besagtem Dichter, erfahren wir im Testament eines Nürnberger Bürgers namens Konrad Graf, daß nunmehr Gräfenberg ihm gehöre; er

wähnt ist darin außerdem die Burg Wolfsberg im Landkreis Pegnitz. 1320 und 1322 nennt sich sein gleichnamiger Sohn Konrad Graf nach Wolfsberg – mal »zu« Wolfsberg mal »von« Wolfsberg – aus welcher Tatsache leichtfertige Geschichtsforscher justament das Geschlecht der »Grafen von Wolfsberg« gemacht haben. Zwischen 1333 und 1337 ist besagter Konrad Graf gestorben. Sein Gräfenberger Besitz, also auch das »Wolfsberger Schloß«, kam über eine Graf-Erbtochter an die Nürnberger Patrizierfamilie Haller, Burg Wolfsberg dagegen an die von Egloffstein. Durch ganze Generationen von Forschern wurde nun das Märchen weitergegeben, daß Gräfenberg über eine »Gräfin von Wolfsberg« an die Haller gekommen sei. Bei soviel intensiver Suche nach Belegen für die »Grafen von Wolfsberg« übersah man die simple Tatsache, daß es sich hier um eine Familie Graf gehandelt hat, deren Wappen wir sogar kennen: im silbernen Schild drei (2:1 gestellte) schwarze Hufeisen, wie sie noch heute im Eingangsbereich des Hallerschlosses zu Großgründlach im Norden Nürnbergs zu sehen sind, heraldische Erinnerung an eine ferne Ahnfrau der Familie.

Auch Johann Graf von Dinkelsbühl war kein titulierter Graf, sondern hieß nur Graf und bekleidete 1701 das hohe Amt eines Bürgermeisters der Reichsstadt Dinkelsbühl. Und noch ein Graf, der keiner war: Vor rund sieben Jahrhunderten erwarb die Stadt Würzburg von der

<table>
<tr><td>Die Familie
Graf »von Wolfsberg«</td><td>Die Familie Graf,
Dinkelsbühl</td></tr>
</table>

hochverschuldeten niederadeligen Familie von Rebstock, aus der auch keine Grafen hervorgegangen sind, den »Hof zum Grafeneckart«. Der Turm dieses alten Hofes ist heute das kommunale Wahrzeichen der Stadt und gleichzeitig ältester Profanbau der trotz der Zerstörungen im 2. Weltkrieg noch immer mit Kunst und Geschichte reich gesegneten Stadt.

Was war das nun für ein Graf Eckard gewesen? Erstmals 1180 wird der »Grafen Eckarts Hof« erwähnt und zwar als Wohnsitz des Schultheißen, der mit einem Bürgermeister verglichen werden kann. Das war nun wiederum kein souveräner Herr und auch kein Adeliger, sondern ein bischöflicher Beamter. Solche Schultheiße wurden üblicherweise vom Bischof aus seinen Dienstleuten ausgewählt und in dieses Verwaltamt eingesetzt. In einer Urkunde von 1193 wird einer dieser Funktionsträger so genannt: »Eggehardus scultetus in Wurceburc, dictus comes«, was soviel heißen sollte wie »Eckard, Schultheiß in Würzburg, genannt Graf«. Der Würzburger Eggehardus aus dem 12. Jahrhundert führte also einen Beinamen Graf, aber keinen Titel. Bis zum heutigen Tage ist jedenfalls der eigenartige Name für dieses historische Gebäude ein vertrauter Begriff in Würzburg geblieben. Das traditionsreiche Haus dient noch immer als »gute Stube« der Stadt für besondere Anlässe.

Reichlich Verwirrung stiftete bei Unkundigen auch der Titel Hofpfalzgraf. Es kann durchaus sein, daß bürgerliche Familien unter ihren Vorfahren Personen mit solch hochklingendem Titel aufweisen. Das heißt aber ganz und gar nicht, daß ein Hofpfalzgraf etwa auf eine Stufe mit dem hochadeligen Titel eines Pfalzgrafen bei Rhein gesetzt werden kann. Denn dieser hatte ursprünglich in Vertretung und im Auftrag des Kaisers das Herzogtum Lothringen mit der Königsstadt Aachen zu verwalten. Daneben gab es noch weitere Pfalzgrafen, wie den von Sachsen oder von Schwaben. Alle hatten die Aufsicht über die in ihrem Bereich liegenden Reichsgüter und waren Stellvertreter des Kaisers. Otto V. von Scheyern, der sich als erstes Mitglied seiner Familie »Graf von Wittelsbach« nannte, wurde 1118 vom letzten Salier-Kaiser Heinrich V. zum Pfalzgrafen ernannt. Pfalzgraf Otto VIII. von Wittelsbach wurde schließlich von Kaiser Friedrich Barbarossa 1180 mit dem Herzogtum Bayern belehnt. 1214 erwarben die Wittelsbacher auch die Rheinpfalz und führten fortan den Titel »Pfalzgraf bei Rhein«. Von den beiden Hauptlinien des

Hauses ist die alte bayerische 1777 erloschen, ihr folgte die pfälzische, die seit 1356 schon den Titel Kurfürst von der Pfalz führte, während die bayerische erst ab dem 30jährigen Krieg die Kurwürde übertragen bekam, also das Recht, einen Kaiser zu wählen. Nachdem auch die Wittelsbacher Nebenlinien in der »oberen« Pfalz im Mannesstamm erloschen waren, setzte einzig die Linie Birkenfeld-Bischweiler-Rappoltstein-Zweibrücken die Wittelsbachische Erbfolge fort. Pfalzgraf Max Joseph, ab 1795 Herzog von Zweibrücken, 1799 Kurfürst von Pfalz-Bayern, bestieg 1806 dann als Max I. Joseph König von (damals noch) Baiern den Thron in München.

Viele Ortswappen in der Rheinpfalz wie in der Oberpfalz und in fränkischen Bereichen, die einst den wittelsbachischen Pfalzgrafen durch Kauf oder Erbe zeitweilig oder ganz unterstanden, zeigen noch durch den pfälzischen goldenen, rotgekrönten Löwen in Schwarz – natürlich auch durch die weiß-blauen Rauten, die die Wittelsbacher 1242 mit dem Besitz von den Grafen von Bogen übernommen haben – ihre einstige Zugehörigkeit zu wittelsbachisch-pfalzgräflichem Gebiet.

Ortswappen Schnaittach   Ortswappen Altdorf

Von solchen geschichtsbuchrelevanten Höhenflügen der Pfalzgrafen war ein Hofpfalzgraf meilenweit entfernt. Es war Kaiser Karl IV. gewesen, der nach italienischem Vorbild ein uraltes Beurkundungsamt aus vergangenen Zeiten im 14. Jahrhundert reaktivierte, also eine Art Notariat, das sich im Auftrag bzw. mit Erlaubnis des Herrschers nunmehr mit der Erteilung von Adels- und Wappenbriefen, mit Adoptionen, mit der Legitimierung unehelicher Kinder, der Ernennung von Notaren und sogar mit der öffentlichen Krönung von Dichtern zu beschäftigen hatte; alles selbstredend gegen Gebühr. Mit anderen Worten: Ein Hofpfalzgraf war zumeist bürgerlicher Herkunft, der sich am Hof oder auch fern vom Hof als Notar mit obigen Beurkundungen – übrigens bis zum Ende des Alten Reiches 1806 – ein Zubrot verdienen konnte. In einer Reichsstadt wie Nürnberg oder Rothenburg, in der bald unzählige Bürgerfamilien ein Wappen besaßen, bedeutete der ausschließliche Beruf eines Hofpfalzgrafen zeitweise ein kümmerliches Dasein, wenngleich zweifellos manche Wappeninhaber sich ihr frei angenommenes oder ererbtes Familienwappen gerne bei einem Hofpfalzgrafen bestätigen, erneuern oder auch »bessern« (abändern) ließen, um so dem Symbol selber einen besseren formalen Rechtsschutz, der Familie aber auf Umwegen etwas kaiserlichen Glanz zukommen zu lassen und sich schon dadurch gegenüber anderen hervorzuheben.

So konnte man Hofpfalzgraf werden: Dank der Fürsprache seines Gönners, Graf Windischgrätz, erhob 1654 Kaiser Ferdinand III. den Dichter Sigmund (von) Birken in den erblichen Adelsstand und erteilte ihm als zusätzliches Privileg die Befugnisse eines Hofpfalzgrafen. Die lebenslang miserable finanzielle Situation des hochgebildeten und vielseitigen Mannes ist ein anschauliches Beispiel für das Leben eines Hofpfalzgrafen, speziell im Nürnberg des 17. Jahrhunderts. Immerhin eröffnete ihm wenigstens das Adelsprädikat eine Reihe gesellschaftlicher Türen, aber dazu hätte es wiederum nicht des Titels eines Hofpfalzgrafen bedurft. Birken, mit dem Humanistennamen Sigmund Betulius, wurde von Philipp Harsdörfer in den »Pegnesischen Blumenorden« – die älteste noch existierende deutsche Literaturvereinigung und Sprachgesellschaft – aufgenommen und erweckte nach Harsdörfers Tod die Vereinigung zu neuem Leben. Von seinen dichterischen Leistungen ist immerhin zu erwähnen, daß seine Festspiele während der Unterzeichnung des Westfälischen Friedens aufgeführt wurden und in besonderer Weise die allgemeine Hochstimmung zur Beendigung des 30jährigen Krieges zum Ausdruck brachten. Birkens eigenes Wappen verrät übrigens durch den Herzschild – über das »redende« Symbol einer Birke hinaus – eine deutliche Ähnlichkeit zum Wappen des eineinhalb Jahrhunderte vorher lebenden großen Humanisten Willibald Pirckheimer und läßt seinen Wunsch erkennen, dem großen Vorbild auch heraldisch nahezukommen.

Nicht zu adeligen Ehren brachte es Dr. iur. Paul Matthias Wehner, der am 4.11.1611 zu

Wappen des Sigmund von Birken (Zeichnung v. Verf.).

Prag von Kaiser Rudolf II. zum Hofpfalzgrafen ernannt wurde. Wie wir lesen, war seine kaiserliche Majestät »*in seinem kaiserlichen Gemüte billig bewegt und begierlich, diejenigen zu noch höheren Ehren und Würden zu erheben und mit sonderlichen kaiserlichen Gnaden und Freiheiten zu begaben, so in ehrlichem Stand und Wesen herkommen und sich für ihre Person wie auch für ihre Voreltern itze und allerwegen gegen ihn, das heilige Reich und sein Haus Österreich untertäniger beständiger Dienstbarkeit beflissen ...*« und erteilt Dr. Wehner hiermit »*die besondere Gnade, daß er ehrlichen, redlichen Leuten, die er dessen würdig erachten wird, nach ihrem Stand und Wesen, Wappen und Kleinoden mit Schild und Helm geben und verleihen solle ... jedoch ohne den kaiserlichen oder königlichen Adler, auch anderer Fürsten, Grafen und Freiherrn alt erbliche Wappen und Kleinod und auch ohne königliche Krone auf dem Helm ...*«. Die bloße Übernahme oder Anleihe bei bereits existierenden adeligen Wappen sollte also tunlichst unterbleiben. Außerdem enthält die Ernennungsurkunde die Aufforderung an alle Stände und Funktionsträger des Reiches, den neuen Hofpfalzgrafen bei seiner Tätigkeit nicht zu behindern, sondern zu unterstützen. Bei Zuwiderhandlung setze es eine kaiserliche Strafe in Höhe von »50 Mark lötigen Goldes«.

Offenbar ist Dr. Wehner noch am Tag seiner Ernennung als Hofpfalzgraf aktiv geworden. So verleiht er mit einer von ihm ausgestellten Urkunde Herrn Salomon Codomann, »Decanus der Kirchen und Dechaney Kitzingen am Main in Franken ...« auf dessen Bitte hin, »für ihn, seine Kinder, Leibeserben und deren Nachkommen für und in alle Ewigkeit folgendes geschriebenes und gemaltes Wappen, Zier und Kleinod«:

Wer die nebenstehende Neuzeichnung bei Siebmacher (wiedergegeben bei O. Neubecker, Die bürgerlichen Geschlechter Deutschlands, Österreichs und der Schweiz, Battenberg Verlag 1985, Tafel 149) mit der Darstellung auf dem Wappenbrief vergleicht, merkt sehr rasch, daß der neue Hofpfalzgraf Dr. Wehner, zumindest zu Beginn seiner Tätigkeit, von Wappenkunde und Wappenkunst wenig Ahnung hatte. Abgesehen von der heraldisch unpassenden szenischen Darstellung im obendrein disproportionierten Schild und der dilettantischen Gestaltung der Helmzier, schreibt er im Wappenbrief von einem »Steckhelm«, der auch damals richtig »Stechhelm« heißen mußte. Das nach seiner Meinung *alte ad rubin farbes Hütlein* ist deutlich die Nachzeichnung eines für ein Bürgerwappen völlig unangebrachten Fürstenhutes und *die alte ganz gelbe Helmdecke* ist in Wirklichkeit ein Wappenmantel, wie er vornehmlich in hochadeligen Häusern Anwendung gefunden hat. Die Neuzeichnung bei Siebmacher hat dann die heraldischen Hauptfehler beseitigt und das Codomann-Wappen zu einem akzeptablen bürgerlichen Wappen umgestaltet.

Lit.: Buhl; Müllner; Kunstmann, Wolfsberg; Kunstmann, Die Burgen; Haller/Eichhorn; Weissbecker; Rottenbach; Arndt, Hofpfalzgrafenregister; Bayern, A. v.; Buhl; Imhoff, Berühmte; Paschke; Neubecker, Bürgerl. G.

Wappen-Exlibris der Nürnberger Familie Merkel, verliehen 1705 durch den Nürnberger Hofpfalzgrafen und Stadtarzt Dr. Johann Paul Wurfbain an den nachmaligen ersten Ratsschreiber Andreas Merkel (in: Ausstellungskatalog Paul W. Merkel, Germanisches Nationalmuseum Nürnberg 1979).

Die korrekte Neuzeichnung des Codomann-Wappens bei Siebmacher

Von Wappenschwindlern, falschen Ahnenforschern und »verarmtem Adel«

Noch immer kann man Zeitgenossen begegnen, die – wiewohl bürgerlich – ihre genealogische Herkunft auf eine Adelsfamilie zurückzuführen glauben. Das Geschlecht sei halt im Laufe der Zeit »verarmt«, und irgendein Vorfahre habe den Adel, respektive das »von«, abgelegt. Abgesehen davon, daß sich bei sorgfältiger Überprüfung in den meisten Fällen solcherlei Vermutungen als blanker Unsinn, günstigstenfalls als romantische Spekulation erweisen, und abgesehen davon, daß das Gütesiegel für eine Familie nicht unbedingt erst durch adelige Herkunft gegeben sein muß, gilt zu diesem Thema folgende Faustregel: Solange nicht zweifelsfreie Urkunden, Kirchenbucheinträge oder ähnliches die diesbezügliche Herkunft einer Familie oder einer Person n a c h w e i s e n , bleiben alle andersartigen »Hoffnungen« der sympathischen Welt der Märchen überlassen.

Viel Unfug auf diesem Gebiet haben, insbesondere im 19. Jahrhundert, reisende Wappenschwindler angerichtet, die gutgläubigen und zahlungsbereiten, vor allem wirtschaftlich aufstrebenden Zeitgenossen Familienwappen samt »Expertise« lieferten und durch dieses vermeintliche Statussymbol am äußeren Glanz der damaligen Ständegesellschaft teilhaben ließen. Das angeblich historisch »echte« Familienwappen (siehe Abb.) entlarvt sich schon beim ersten Hinsehen als Fälschung. Nicht nur die Wappenzeichnung ist dilettantisch ausgeführt, der Zeichner hatte auch keine Ahnung, wie ein Wappenhelm ausgesehen hat, welche

Der Text zu diesem historisch »echten« Familienwappen lautet: »Stammwappen der Familie S . . . Die S . . . aus dem früheren Markgrafenthum Kulmbach stammend sind eines guten und ehrbaren Geschlechts und führen im schwarz und roten felde zwei goldene Balken mit drei Hackmessern, welche die Stärke und die Reinheit der Familie bedeutet. Einen gekrönten Helm, worauf ein Steinbock, der das Alter des Stammes darstellt. Dieses Wappen erhielten sie unter Kaiser Albrecht II. Anno 1438«.

Grundregeln jede heraldische Darstellung beherzigen muß, wie eine Blattkrone auf dem Helm sitzen sollte, welche Schildform zu welcher Stilform der Decken und des Helmes paßt etc. Ganz abgesehen von den unheraldischen Inhalten bzw. ihrer falschen räumlichen Aufteilung, ist das Wappen auch noch unzutreffend beschrieben und die Deutung schlichtweg Unsinn. Der angeblich wappenverleihende Kaiser Albrecht II. hat es – historisch korrekt – nur zum König gebracht.

Noch eine Kostprobe aus einem ähnlichen heraldischen »Institut«, das einer fränkischen Handwerkerfamilie 1896 zu einem »Stammwappen« samt ausführlicher Begründung und Erläuterung verhalf:

»Das blaue Feld bedeutet Treue und Beständigkeit nebst herzlicher Andacht gegen Gott. Der goldene Greif bedeutet, daß der Stammvater mit vereinigter Stärke und Klugheit ausgerüstet war. Der Turnierhelm bekundet gute Abkunft mit ritterlichem Sinn. Die Helmdecken Blau/Golden bedeuten Freudigkeit und Belusten. Dieses Wappen erhielten sie unter Kaiser Wenzel I. Anno 1380 als Belohnung für Tapferkeit und Auszeichnung im Kriege«.

An diesem Text stimmt lediglich die Jahreszahl 1380, die tatsächlich in die Regierungszeit Wenzels fällt, nur war er damals König und wurde auch bis zu seiner Amtsenthebung im Jahre 1400 niemals Kaiser. Selbst die besonders häufig anzutreffende »Quellenangabe« auf den Wappendarstellungen, genannt »Europäische Wappensammlung«, hat es nie gegeben. Was soll man nun tun mit solchen Erbstücken, die sich möglicherweise schon durch Generationen in einer Familie erhalten haben und den heutigen Inhabern lieb und teuer sind? Eigentlich kann man sie nur als Kuriosität behalten und mit entsprechenden schriftlichen Kommentaren an die nächste Generation weitergeben; auf seine Weise ist ein derartiges Produkt auch ein zeitgeschichtliches Dokument.

Gleiches gilt für die Elaborate gewisser »Ahnenforscher«, die für zahlungskräftige Kunden die Abstammung von Kaiser Karl dem Großen (!) oder anderen Größen der Geschichte zusammenbauen.

Zur Klarstellung: Daß heute, abgesehen von den Familien des Hochadels, für die das ohnehin gilt, vermutlich zigtausende Mitmenschen herumlaufen, die sich – ohne es zu wissen – auf den großen Karolinger genealogisch zurückführen lassen, ist längst eine Binsenweisheit und übrigens weniger eine Frage der historisch-genealogischen Überprüfbarkeit als eine mathematische Wahrscheinlichkeitsrechnung. Wenn man einerseits die nicht unbeträchtliche Zahl außerehelicher Kinder des Herrschers und anderer Karolinger bzw. deren Nachkommen, und gleichzeitig die damals geringe Bevölkerungsdichte zwischen Nordsee und Alpen in Rechnung stellt und beide Zahlen mit der errechenbaren riesigen Anzahl von Ahnen vergleicht, die jeder heute lebende Deutsche – zumindest mathematisch – um 800 gehabt haben muß, dann kann eine große Zahl von Bundesbürgern – so sie will – sich mühelos in der Annahme wiegen, neben unzähligen anderen Vorfahren, a u c h Karl den Großen unter den Erzeugern zu wissen.

Ein exakter Nachweis ist schon deshalb kaum möglich, weil sich die meisten bürgerlichen Ahnentafeln nicht über den 30jährigen Krieg hinaus zurückführen lassen. Ein Grund dafür ist, daß viele kirchliche Dokumente – Standesämter wie heute gibt es im deutschsprachigen Raum ja erst seit dem 19. Jahrhundert – und auch städtische Archivalien von der Soldateska entwendet, in Papier- oder Pergamentröllchen zerrissen, zum Stopfen der Flinten und Musketen und letztlich auch als Heizmaterial zweckentfremdet wurden. Gehen aber – aus glücklichen Umständen – erhalten gebliebene urkundliche Belege für eine bürgerliche Familie wirklich einmal bis ins Spätmittelalter zurück, dann beginnt die genealogische Nebelwand lange, bevor man bis in die Zeit Karls des Großen vorgestoßen ist. Unsere heutigen Familiennamen sind ja erst allmählich ab dem 11./12. Jahrhundert entstanden und wandelten sich obendrein in Phonetik und Schreibweise. Mit bloßen Vornamen ist schon wegen der leichten Verwechslung mit anderen Personen nicht übermäßig viel anzufangen. Da tun sich manche Adelsgeschlechter mit sogenannten Leitnamen, z. B. Poppo bei den Grafen von Henneberg, schon leichter. Aber selbst dort ist der Forscher zu größter Sorgfalt verpflichtet und auf viel Phantasie angewiesen. Wenn bei einem Vornamen noch dabeistehen sollte »Sohn des . . .« oder »Onkel des . . .«, »Tochter des . . .«, muß quellenkritisches Lesen zum obersten Handwerk gehören. Auch frühere Generationen haben sich manchmal geirrt, falsch hingehört und auch das noch falsch aufgeschrieben.

Allerdings gibt es abseits vom fragwürdigen Tun gewisser Wappenfirmen und falscher Ah-

nenforscher, und einmal abgesehen vom so beliebten Märchen vom »verarmten Adel«, sehr wohl Einzelfälle, die die Herkunft einer heute sozusagen bürgerlichen Familie aus ritterbürtigem, städtischem oder noch höherrangigem Adel bestätigen. Zunächst sind die »Winkelkinder« zu nennen, deren Mütter z. B. als Mägde im Haushalt adeliger oder großbürgerlicher Familien beschäftigt waren. Nicht selten wurden diese außerehelichen Kinder gemeinsam mit den ehelichen des Burg- oder Hausherrn erzogen. Sie führten, auch das ist verbürgt, manchmal sogar den Familiennamen ihres leiblichen Vaters, allerdings ohne Adelsprädikat und selbstredend ohne jegliches Erbrecht. Hierher gehört auch die Redensart »mit Kind und Kegel«. Wobei mit den Kegeln stets die unehelichen Kinder gemeint waren, die mit in der Familie aufwuchsen. In diese »Herkunftsgruppe« wären natürlich auch jene Kinder einzuordnen, die außerhalb der Familie des Erzeugers aufwuchsen. Es sind Fälle bekannt, in denen Nachkommen von unehelichen Kindern, die den Namen des Vaters weitergaben, auch das Wappen des »Stammvaters« unverändert führten, ob mit Zustimmung der ehelichen Nachkommenschaft, ist eine andere Frage. Heute suchen solche Wappeninhaber oft irritiert in den genealogischen Handbüchern, z. B. im »Gotha«, vergeblich ihre Anbindung in eine gedruckte Stammfolge von Familien gleichen Namens. Diesem Personenkreis bleibt in der Regel nur die Hoffnung auf einen Zufallsfund in einer Familienchronik oder in Familienbriefen, durch den das Geheimnis der Herkunft gelüftet werden kann.

Ein zweiter, relativ kleiner Personenkreis läßt sich auf adelige Offiziere zurückführen, die tatsächlich ihren Adel »ablegten«, um beispielsweise Unteroffizier und damit zurückgestuft zu werden. Als Unteroffiziere konnten sie nämlich finanziell einträglichen Nebenbeschäftigungen nachgehen, was ihnen als Offizier verboten war. Die nackte Existenznot hat also in Einzelfällen adelige Namensträger zu diesem, für sie sicherlich schweren Schritt gezwungen.

Bleibt noch eine dritte Gruppe zu nennen, die nachweislich adelige Geschlechter umfaßt, die sich beinahe stillschweigend aus der Reichsritterschaft bzw. aus dem adeligen Konnubium verabschiedeten. Eines der bekanntesten Beispiele ist die Familie von der Grün, die, wie ihre Stammes- und Wappengenossen in den Geschlechtern von Wildenstein und von Reitzenstein, von Rodeck, Sack und Berg zu den ältesten fränkischen Adelsfamilien gehörte, aber, wie wir von Siegfried von der Grün, Ramerberg, erfahren, »im 17. Jahrhundert schwere wirtschaftliche Einbußen im Rahmen der Gegenreformation« erlitt und allmählich aus der ersten Reihe des politisch und gesellschaftlich wirksamen Adels ausschied, sozusagen im Bürgertum aufging. Manche historischen Werke führen die von der Grün seither als »erloschen«, obwohl das Geschlecht bis zum heutigen Tag unter dem gleichen Namen blüht, ein breites Berufsfeld erfolgreich abdeckt und noch immer das alte Familienwappen führt.

Lit.: Bieberstein; Hildebrandt; Schöler, Hist. Fam.; Barth; Biedermann, Gebürg; Lang; Sand; Jäger-Sunstenau; Brandenburg; Rösch.

»Wie sieht ein Raubritterwappen aus?«
oder
Waren Sie schon einmal in Jagsthausen, Absberg oder Wald?

Erstens hatte ein Raubritter kein andersartiges Wappen als sonstige Ritter auch. Zweitens war nicht jeder Ritter ein Raubritter und nicht jede Ritterburg das Raubnest eines adeligen Schnapphahns. Ganz abgesehen davon, daß nicht jede Burg ein Verlies war, und der Durchschnittsbewohner einer solchen sich tagtäglich mit anderen Dingen zu beschäftigen hatte, als fremden Kaufmannszügen in irgendwelchen Hohlwegen aufzulauern. Der Alltag auf einer Ritterburg hätte für Hollywood-Filmregisseure recht wenig hergegeben. Wer es ganz genau wissen will, der sollte bei Ulrich von Hutten die Schilderung der väterlichen Burg Steckelberg nachlesen oder sich die Verse des Jörg von Rosenberg zu Gemüte führen:

»Ratzen und Mäus
Flöhe und Läus
Angst und Sorgen
Wecken mich allmorgen«.

Natürlich ergab sich nach dem Ende des klassischen Rittertums mit dem Aufkommen der Städte im 12./13. Jahrhundert, dann der Feuerwaffen und der bezahlten Söldnerheere auch für manchen adeligen Reiterkrieger bald der »Verlust des Arbeitsplatzes« – er wurde hinsichtlich seiner militärischen Verwendbarkeit schlichtweg überflüssig. Der eine verließ seinen befestigten Sitz einfach, der andere übergab ihn einer der nächsten Territorialmächte und blieb dafür als militärischer Dienstmann und Verwal-

ter in seinen bisherigen Mauern wohnen, trat also hier oder anderswo in fremde Dienste. Offiziers- oder Diplomatenlaufbahn wurden in folgenden Jahrhunderten bevorzugte Berufsziele des Adels. Manche niederadelige Familie ging im städtischen Bürgertum auf und erlebte dort als wirtschaftliches Unternehmen einen neuen, völlig andersartigen Aufstieg. Andere aus dieser Gruppe fanden sich, wie beispielsweise die einstige Casteller Ministerialenfamilie Tucher, Jahrhunderte später mit dem nichtstädtischen Uradel in der »Freiherrnklasse des in Bayern immatrikulierten Adels« wieder.

Wie zu allen Zeiten Menschen durch eigene oder fremde Schuld sozial oder juristisch abgleiten, so hat auch damals nach dem Ende des Rittertums der eine oder andere Ritterbürtige nicht den Anschluß und Übergang an gesellschaftliche Veränderungen geschafft, ist in einigen wenigen Fällen zum Strauchritter herabgesunken, der sein kärglich Dasein durch Raubüberfälle fristete. Allerdings sollte man sich bei den noch heute bekannten Beispielen vor einer voreiligen Etikettierung »verarmter Raubritter« hüten, denn die historische Überprüfung zeigt, wie differenziert und kompliziert manche Fälle lagen.

Nehmen wir den wohl bekanntesten fränkisch-hohenlohischen Ritter Götz von Berlichingen. Ihn lediglich als Raubritter abzustempeln, macht überhaupt keinen Sinn. Er hatte mit jenen raubenden Burginhabern, die das Reichs-

heer unter König Rudolf von Habsburg nach der »kaiserlosen schrecklichen Zeit«, also ab 1273, ausräucherte, nichts gemein – schon vom Datum her. Denn der Götz ist um 1480 in Jagsthausen geboren und 1562 auf seiner Burg Hornberg gestorben. Außerdem befand er sich wirtschaftlich durchaus nicht nahe der Armutsgrenze und stellte eher den Typus des adeligen Renaissancemenschen dar. Erlaubt war, was dem eigenen Stand oder Status nutzte, ganz im Sinne der Staatsräson, wie sie Machiavelli in seinem »Il principe« der fürstlichen Herrschaft attestiert hatte. Der historische Götz hatte auch wenig mit dem literarischen in Goethes Schauspiel zu tun, dem von demokratischem Freiheitssinn durchdrungenen und dafür auch leidenden Vorkämpfer gegen die Fürstenmacht – und doch hat Goethe den berühmten Ritter mit der eisernen Hand an einer Stelle treffend geschildert: »Er half und schadete, so wie es kam. Bald gab er selbst, bald brach er das Geleit, tat Recht und Unrecht in verworrener Zeit«. Das trifft den Kern. Wer den historischen Götz kennenlernen möchte, dem seien die Arbeiten von Helgard Ulmschneider und Karl Schumm empfohlen.

Auch sein Wappen (Abb. S. 7) hat mit unedlem Handeln nichts zu tun, wie es dann und wann uninformierte Reiseführer sensationslüsternen Touristen vor Götzens Epitaph im Kreuzgang des ehemaligen Klosters Schöntal an der Jagst weismachen wollen. Das silberne fünfspeichige Rad in Schwarz ist k e i n Hinweis auf die Wagenzüge, die der Götz erfolgreich überfallen hat und die Helmzier, der sitzende Wolf mit einem Lämmlein im Maul, ebensowenig. Das Lamm im Maul sollte vor allem zeigen, daß der von Uninformierten möglicherweise vermutete Hund tatsächlich ein Wolf war. Das silberne Rad sollte obendrein auch nicht andeuten, daß sich die von Berlichingen Wagen mit silbernen Rädern leisten konnten. Götz wurde auch nicht im Kreuzgang zu Schöntal begraben, weil er katholisch war, sondern – so müßte es richtig heißen – obwohl er evangelisch geworden war. Er fand deshalb seine letzte Ruhestätte in Schöntal, weil die Familie von Berlichingen von jeher dort ihr Erbbegräbnis hatte und als Wohltäter des Klosters ohnehin eine Sonderstellung besaß. Die Farben Silber und Schwarz sind in diesem Fall kein Indiz darauf, daß die Berlichingen Lehensleute der Hohenzollern-Markgrafen gewesen seien. Als Götz von Berlichingen an Kampfhandlungen auf Seiten der Markgrafen teilnahm, hatte die Familie dieses Wappen schon längst. Schließlich sind die übrigen Wappen auf seinem Grabstein n i c h t die seiner Kumpane und auch nicht die »seiner Frauen«, sondern die seiner Mutter und seiner beiden Großmütter. Das seiner Mutter Margaretha von Thüngen zu Sodenberg zeigt nämlich oben rechts vom Kruzifix einen Balken, belegt mit drei gewellten Pfählen und auf dem Helm den Rumpf eines bärtigen Mannes mit gestulpter Mütze, die oben und an beiden Seiten mit Hahnenfedern besteckt ist. Senkrecht darunter, also in der vom Beschauer aus rechten unteren Ecke, findet sich das Wappen von Göt-

zens Großmutter mütterlicherseits, Margaretha von Steinau genannt Steinrück, drei 2:1 gestellte fünfspeichige Räder, auf dem Helm ein Rad. Daneben, unter Götzens Füßen, das Wappen seiner Großmutter väterlicherseits, einer geb. von Adelsheim mit einem schwarzen Widderhorn; auf dem Helm ein gekrönter gekleideter Frauenrumpf mit geflochtenen Haa-

Grabmal des Götz von Berlichingen im Kreuzgang des ehemaligen Klosters Schöntal (Darstellung aus dem 16. Jh.).

ren, zwischen zwei Widderhörnern, die allerdings in Farbe manchmal silbern-schwarz geteilt dargestellt werden.
Die zeitlos wiederkehrende Frage aller besorgten Eltern, wo er das her hatte, läßt sich im Falle des Götz ziemlich eindeutig beantworten. Wie Helgard Ulmschneider feststellen konnte, war durch seine Mutter Margaretha von Thüngen »ein neues unruhigeres Element« in die Familie von Berlichingen gekommen. Götz und seine Brüder seien insofern »weit mehr echte Thüngen als Berlichingen« gewesen und überaus »der reutterey, streitbar und draufgängerisch ... dabei nicht ohne Humor« gewesen. Seine berühmte »eiserne Hand« ist übrigens noch im kleinen Museum von Schloß Jagsthausen zu sehen. Sein kernig-drastischer Ausspruch, der dank Goethes Schauspiel für immer mit dem Götz verbunden bleiben wird, ist – historisch gesehen – nicht in Jagsthausen, sondern, wie uns Götz in seiner Lebensbeschreibung selber berichtet, vor der nahen Burg Krautheim gefallen.
Er hatte »es« also von den Thüngen und mit Sicherheit nicht von seiner Frau, obwohl gerade deren Geburtsname Gailing (Geyling) von Illesheim jeden geschichtskundigen Franken aufhorchen läßt. Sie stammte in der Tat aus der Familie des berüchtigten Raubritters Eckelin Geyling von Illesheim zu Wald, vulgo Eppelein von Gailingen, der zwei Jahrhunderte vor Götz von Berlichingen, vor allem zum Ärger der Reichsstadt Nürnberg, sein Unwesen getrieben hat. Die Familie hatte nachweislich Besitz in Illesheim bei Windsheim und außerdem z. B. im nahen Röllinghausen, wo heute anstelle eines alten Geyling-Schlosses der Röl-

Wappen des Eckelin Geyling von Illesheim (vulgo Eppelein von Gailingen).
Entwurf des Verfassers für eine Veranstaltung im Jahre 1981 in Wald b. Gunzenhausen (unter Verwendung des tradierten Spruches, der sich auf die angebliche Flucht des Raubritters aus Nürnberger Gefangenschaft bezog).

linghof steht, in Urfersheim, Schwebheim, Külsheim, in der Reichsstadt Windsheim, in Wald bei Gunzenhausen, Leutershausen, Erkenbrechtshofen, Marktbreit etc., aber nicht dort, wo dichterische Freiheit, Sagen und allerlei Überlieferungen den Raubritter »Eppelein« zuhause wissen wollen. Mit dem sagenumwobenen »Dramaus«, also Trainmeusel b. Muggendorf in der Fränkischen Schweiz, dem »Eppeleinsturm« bei der Wöhrmühle dort in der Nähe und mit Burggaillenreuth hoch über dem Wiesenttal hat unser Eckelin absolut nichts zu tun, auch wenn man in letztgenannter Wehranlage humorvoll gemeinte »Erinnerungsstücke« an den berühmten Räuber zeigte. Besagte Orte und Sitze waren zu Eckelins Lebzeiten in anderem Besitz. Trainmeusel kam nach dem Tode des letzten Schlüsselbergers 1347 an das Bistum Bamberg, der sog. »Eppeleinsturm« ist ab 1360 aus ehemals Schlüsselbergischem Besitz an das Bistum Bamberg gekommen, und die Burg zu Gaillenreuth gehörte seit 1290 einer Linie derer von Egloffstein, wenngleich Conrad III. von Egloffstein seine Hälfte an dieser Burg dem Bischof von Bamberg zu Lehen aufgegeben hatte.

Wie also kommt der »Eppelein von Gailingen« in die Fränkische Schweiz? Schuld an dieser Legendenbildung hatte der gute Pfarrer Johann Meyer aus Muggendorf, der in einem Brief an den Hofprediger Rentsch 1684 die Anwesenheit des Eppelein in der »Fränkischen« behauptete. Der Grund dafür war, daß ein nachweisbarer Kampfgenosse »Eppeleins«, ein gewisser Egloff von Leonstein, das heißt Leuenstein, Inhaber einer abgegangenen Burg bei enstein, Inhaber einer abgegangenen Burg bei der Ruine Leienfels gewesen ist. Dieser Egloff gehörte zur Adelsfamilie von Egloffstein. So wäre es durchaus denkbar, daß Eckelin hie und da bei den Egloffsteinern in Burggaillenreuth, die 1383 ebenfalls mit den Nürnbergern im Streit lagen, Unterschlupf gefunden hat. Die Nürnberger haben übrigens 1383 die Burg Gaillenreuth eingenommen und die Besatzung grausam hingerichtet. Zwei Jahre vorher, also 1381, hatten die Nürnberger bereits den Eckelin Geyling erwischt und am 15. Mai mitsamt seinen Spießgesellen, seinen beiden Neffen Dietrich und Hermann von Bernheim sowie vier Knechten in Neumarkt vom Leben zum Tod befördert. Eckelin und die Bernheimer wurden gerädert, die anderen mit dem Schwert hingerichtet.

Damit ist wenigstens ein Eckdatum Eckelins sicher. Wenn es stimmt, daß er um 1311 als Sohn des »Schwarzen Geyling« geboren wurde, dann hat Eckelin seine Raubritter-Karriere in einem Alter begonnen, in dem man heute längst »in Rente geht«. Denn aus einer Urkunde Kaiser Karls IV. vom Jahre 1375 erfahren wir, daß die Veste Wald bei Gunzenhausen, die teilweise dem Eckelin gehörte, »von Raubes wegen« zu zerstören sei, und daß der Kaiser den ehemaligen Besitz Eckelins »und irer erben« dem Burggrafen Friedrich V. von Nürnberg »gnediclichen« verleihe. Der Burggraf, Verwandter des Kaisers, vollzog den allerhöchsten Zerstörungsauftrag ziemlich gründlich. Anstelle der ehemaligen Veste findet sich heute ein Obstgarten mit deutlich erkennbaren Grabenvertiefungen. Das jetzige Schloß in Wald ist Eigentum der Freiherrn von Falkenhausen, der

direkten Nachkommen der Nürnberger Burggrafen und späteren Markgrafen zu Brandenburg-Ansbach.

Das späte Aussteigen Eckelins aus einem offenbar durch Jahrzehnte geordneten und wirtschaftlich doch halbwegs gesicherten Lebenslauf ist nicht einer senilen Lust am Rauben zuzuschreiben. Zwei Dinge sind ihm zum Verhängnis geworden. Zum einen glaubte er, den wirtschaftlichen Erfolg des Stadtbürgertums, den eigenen standespolitischen Niedergang und den mancher Standesgenossen nach dem alten Gewohnheitsrecht der Fehde stoppen zu können und in eine Art Umverteilung der Güter überzuleiten. So habe er, wie Müllner berichtet, einen Nürnberger Kaufmannszug bei Dachau überfallen und sage und schreibe 32 Wagen ausgeplündert. Das ließen sich natürlich die Städte nicht bieten. Schon 1369 hatten sie erreicht, daß – Fehderecht hin oder her – der Eckelin und sein Sohn vom Landgericht der Burggrafen von Nürnberg in die Acht und damit für vogelfrei erklärt wurden. Wie schlimm die Aktionen des Eckelin Geyling von Illesheim gewesen sein müssen, beweist die Absprache der beiden Reichsstädte Nürnberg und Rothenburg, die jede Aussöhnung und jeden Vergleich mit dem Raubritter rundweg ablehnten. Zum anderen hatte er das Pech gehabt, zwischen die Räder der großen Politik jener Jahre zu geraten. Denn zwei der damaligen fränkischen Territorialmächte, der Burggraf von Nürnberg und die mit ihm verfeindeten Grafen Kraft und Gottfried von Hohenlohe hatten sich dem Schiedsspruch des Landgrafen von Leuchtenberg gebeugt und verpflichtet, die jeweiligen Helfer fallen zu lassen. Eckelin war,

wie die von Bernheim, auf Seiten der Hohenloher gestanden, die nun nicht mehr die schützende Hand über ihn hielten.

Von Eckelin Geyling kündet kein Grabstein. Was von ihm blieb, ist eine Fülle von Sagen, darunter auch jene historisch unhaltbare Geschichte, daß ihn die Nürnberger schon einmal gefangen hätten, ihm einen letzten Umritt auf der Nürnberger Burg erlaubten, wo er mit einem gewaltigen Satz im Stile eines Springreiters über die Mauer und über den reichlich breiten Burggraben gesprungen und so den Nürnbergern entkommen sei. Heute wissen wir, daß die damaligen Reichsstädter diese Geschichte wohl selber erfunden haben, um vermutlich das klägliche Scheitern einer früher versuchten Gefangennahme Geylingens zu kaschieren.

Reste des einstigen Augustinerklosters in (Bad) Windsheim, heute Stadtbibliothek, erinnern noch an die Erdentage dieses Geschlechts, denn in dessen Kirchengruft hatten die Geyling von Illesheim einst ihr Erbbegräbnis. Eine wissenschaftlich exakte Stammliste durch neun Generationen der Geyling verdanken wir Gerhard Rechter (siehe Literaturverzeichnis), durch die Biedermanns Angaben zur Familie, die bislang als wesentliche »Quelle« galten, überholt sind. Dadurch wissen wir auch, daß die letzten Familienmitglieder in Windsheim wohnten und daß Jobst Moder, Geleitsmann zu Windsheim, am 9. März 1547 dem Markgrafen berichtet, daß der junge Veit Geyling gestorben sei: »So hör ich jetz auch von keynem Gayling mer, der im leben sein soll«. Überliefert blieb das alte Familienwappen (Windsheimer Urkundenbuch Nr. 444), das auch die stammverwandten Familien Schoder von Tief und Esel von Illesheim führten, wobei letztere ihren Schild noch durch einen Esel im unteren schwarzen Feld »redend« machten.

Wappen derer von Absberg nach dem Wappenbuch des Abtes Ulrich in St. Gallen (so wiedergegeben bei Alberti, Württemberg. Adels- und Wappenbuch). In anderen Abbildungen zeigt die Helmzier einen Frauenrumpf, die Hutfedern geben dort die Schildfarben wieder. Auch bei Rietstap wird der Frauenrumpf als schwarz bekleidet bezeichnet, die Deckenfarben sind dort schwarz und silbern.

Als in Nürnberg und Umgebung die Eltern unartiger Kinder nicht mehr mit dem Holen des Eppelein drohen konnten, da machte im Fränkischen ein seltsames Kinderlied die Runde, das ungefähr so lautete:

»Tammala, Tammala, wick, wick, wick,
um einen Kreuzer einen Galgenstrick,
um einen Kreuzer ein Bändlein dran,
damit man den Tammala hängen kann«.

Gemeint war der Zeitgenosse des Götz von Berlichingen, der bislang nicht zu literarischen Ehren gekommene Hans Thomas von Absberg, geboren um 1477 und ermordet 1531. Mag man bei Eckelin Geyling von Illesheim noch ein gewisses Aufbegehren gegen das praktizierte Recht und die Überlegenheit der Mächtigen unterstellen, so scheiden bei dem Placker Hans Thomas von Absberg jedwede hehren Ziele aus. Bei ihm haben wir es auch keineswegs mit einem der sog. »Raubunternehmer« zu tun. Seine Rauflust, seine offenbar vom Vater geerbte Streitsucht, seine Rücksichtslosigkeit, Verschlagenheit und Grausamkeit ließen ihn frühzeitig zum Kriminellen werden. Bei ihm blieb auch bei Überfällen nicht einmal die Spur von Ritterlichkeit. Er hatte selbst in den Augen seiner Standesgenossen jenen Robin-Hood-Bonus, den man anderen »Kollegen« noch gewährt haben mag, schmählich überzogen, hatte nicht nur gefangene städtische Kaufleute geplündert, mißhandelt, verstümmelt und gemordet, sondern sich gar an der eigenen Kaste vergangen, in diesem Fall durch Mord an Graf Joachim von Oettingen 1520. Obendrein hatte er, um des eigenen Vorteils willen, seinen eigenen Schwager und Gefolgs-

mann Jörg von Giech den Verfolgern überlassen. Seine bedauernswerte Frau, eine geborene von Vellberg, hetzte 1523, nach der Zerstörung des Stammsitzes Absberg b. Gunzenhausen durch den Schwäbischen Bund, von Ort zu Ort, hielt sich mit ihren Kindern schließlich in Bauernhäusern und Köhlerhütten des Fichtelgebirges auf und fand ein Jahr nach dem Tode ihres Mannes, dank kaiserlicher Fürsprache, in ein normales Leben zurück. Hans Thomas von Absberg selber wurde durch einen seiner Hehler ermordet und »zu Altenzedlitz in einer Ecken vergraben«. Er ist nicht, wie gelegentlich in der Literatur behauptet, bei »der Erstürmung seiner Burg ums Leben gekommen«.

Welch fragwürdigen Ruf sich diese Linie derer von Absberg samt Verwandtschaft erworben hatte, zeigt ein Blick in die Familiengeschichte. Der Vater und zwei Brüder des Hans Thomas waren zeitweilig ebenso wie dieser in die Reichsacht erklärt worden, sein berüchtigter Schwager Kunz Schott von Schottenstein tat sich durch den grausamen Überfall auf den Nürnberger Patrizier Wilhelm Derrer hervor, dem er bei Erlenstegen die rechte Hand abschlug. Sein bereits erwähnter Schwager Jörg von Giech war bei vielen Raubzügen einer seiner wichtigsten Kumpane. Giechs Frau Ottilie, die Schwester von Hans Thomas, soll vor Schreck gestorben sein, als der Schwäbische Bund die Giechburg Krögelstein in der Fränkischen Schweiz 1523 zerstörte.

Erst im Falle dieses Absberg und seines Umfeldes kommen Schauergeschichten und kriminelle Phantasie des Volkes der Realität in trauriger Weise sehr nahe. Das Absberg-Wappen war für eine ganze Weile keine Zierde unter den Agnatenwappen adeliger Grabdenkmäler, obwohl es eigentlich zu den ältesten und besonders wohlgestalteten fränkischen Adelswappen zählt.

Auch unser letztes Beispiel soll zeigen, daß es mit der Raubritterromantik nicht weit her war, daß es immer einzelne Personen waren, die sich, im Gegensatz zu anderen Familienmitgliedern, nicht in die neue Zeit einfinden konnten. In einem Fall fand durch derlei Untaten sogar ein ganzes Geschlecht sein Ende. Da sind die Schütz von Hagenbach zu nennen, Eigentümer des Rittergutes Hagenbach bei Ebermannstadt und schon frühzeitig mit einigen Mitgliedern Inhaber des Bürgerrechts zu Nürnberg. Eine Familie, die im 15. und 16. Jahrhundert sowohl mit den Stadtadelsgeschlechtern, z. B. den Haller, Kreß, Volckamer, als auch mit der Reichsritterschaft, z. B. den v. Hetzelsdorf, v. Egloffstein, v. Aufsess, versippt war.

Hier ist es Joachim, »der ander« Schütz von Hagenbach, der aus dem adeligen Rahmen fällt. Zunächst zahlte er den Bauern heim, daß

Die drei waagrechten, mit dem Barte nach oben gekehrten roten Schlüssel in Silber finden wir auf nicht wenigen Grabdenkmälern und in Glasgemälden wieder, z. B. auf dem Totenschild des »reichen Kreß« Konrad III. († 1431) als Beischild seiner 2. Frau Klara Schütz zu Hagenbach.

sie ihm während des Bauernkrieges 1525 seine Burg in Hagenbach niedergebrannt hatten, indem er kreuz und quer durch ihre Felder ritt, *»daß Gott möchte erbarmen«*. Dann überfiel er Kaufleute und sank mehr und mehr zum »Buschklopfer und Straßenräuber« herab. Der wirtschaftlich und gesellschaftlich ruinierte Raubritter wurde etwa um 1540 gefangen, zu Hirschaid b. Bamberg enthauptet und auch noch auf das Rad geflochten, »den Vögeln zum Fraße«. Die mögliche Rettung kam zu spät; wenige Tage nach seiner Hinrichtung war beim kaiserlichen Kammergericht zu Speyer ein Verfahren zu seinen Gunsten entschieden worden, *»durch welches er einen Prozeß von vielen 1000 Gulden gewonnen, daß er also wohl zu leben und sich so aus dem Stegreif zu nähren, nicht Ursach gehabt hätt zu seinem Verderben . . .«.*

Lit.: Flake; Ulmschneider; Schumm; Schöler, Hist. Fam.; Thüngen; Rechter, Studien; Kunstmann, Burgen; Kunstmann, Das Rätsel; Bader; Seefried.

Böhmen ging bis Erlenstegen
oder
Wie kommen tschechische Wappen nach Franken?

Pünktlich um 12 Uhr erscheinen täglich beim »Männleinlaufen« an der Nürnberger Frauenkirche die sieben Kurfürsten, um ehrfürchtig Kaiser Karl IV. ihre Reverenz zu erweisen. Nur wenige der zahlreichen Zuschauer werden wissen, daß Karl IV. – aus dem Hause Luxemburg – nicht nur deutscher Kaiser, sondern auch gleichzeitig König von Böhmen war, das ja damals zum Reich gehörte, und daß er schon am Tage seiner Kaiserkrönung 1355 in einer Goldenen Bulle die an Böhmen unmittelbar angrenzenden Gebiete, die er so seit ca. sechs Jahren erworben hatte, seinem Königreich einzuverleiben gedachte. Daraus ist dann das entstanden, was man hierzulande später Neu-Böhmen nannte, und das reichte eben – kaum zu glauben – u. a. bis nach Nürnberg-Erlenstegen. Noch heute steht der sogenannte »böhmische Grenzstein« in Kopie in der Erlenstegenstraße im Osten Nürnbergs gegenüber dem Haus Nr. 122.

Das Ziel des Kaisers war klar. Er wollte durch Vergrößerung und Festigung seiner Hausmacht eine Landbrücke unter seiner Kontrolle schaffen, die von Böhmen, mit der Hauptstadt Prag, über Nürnberg, dem wichtigsten Wirtschaftszentrum des gesamten Reichs, bis nach Frankfurt, der Stadt der deutschen Königswahl reichen sollte, ohne auf das Wohlwollen dazwischenliegender deutscher Territorialmächte angewiesen zu sein. So erweiterte er Zug um

Kaiser Karl IV. auf dem Thron (Nürnberg um 1430, Berlin, Staatliche Museen, Preußischer Kulturbesitz. Kupferstichkabinett, Inv. Nr. 1748).

Zug seinen Besitz quer durch Franken und die Oberpfalz, und so wurden z. B. auch die fränkischen mit Burgen und anderen Befestigungen versehenen Orte Breitenstein, Spies, Strahlenfels, die Veste Rothenberg, Gräfenberg, Betzenstein, Velden, Stierberg, Hersbruck, Pegnitz, Hohenstein etc. böhmisch. Nicht genug damit, gab Karl IV. das Versprechen ab, die seiner »angenehmen und süßen Muttersprache Teilhaften vor anderen zu bedenken und zu begnaden« (»amabilis lingue boemicalis«). Dies war eine klare Aufforderung an die Menschen Neu-Böhmens, Tschechisch zu lernen. Selbst die Söhne der weltlichen Kurfürsten, die ihn kurz zuvor gewählt hatten, sollten nach dem Willen des Kaisers vom 4. bis zum 14. Lebensjahr Tschechisch lernen.

Heraldisch rechts ist der doppelköpfige Kaiseradler und links der böhmische Löwe zu sehen. Die Wappen zu Füßen des Kaisers sind die seiner Frauen, merkwürdigerweise aber nicht in der richtigen Reihenfolge:

a = 1. Gemahlin Bianca (Margarethe) von Valois

b = 4. Gemahlin Elisabeth von Pommern

c = 3. Gemahlin Anna von Schweidnitz (und nicht wie auf dem Pergament angegeben »Margret«)

d = 2. Gemahlin Anna von der Pfalz aus dem Hause Wittelsbach (und nicht wie auf dem Pergament angegeben »Metz«!)

Schon zwei Jahre vor seiner Kaiserkrönung hatte Karl IV. von den bayerischen Herzögen Teile der Oberpfalz und Gebiete an der Pegnitz, darunter auch die Stadt Lauf, erworben. Wann immer es ging, vermied der Kaiser in Burgen oder Städten, die ihm nicht gehörten, zu übernachten. Deshalb war Lauf, nahe bei der Reichsstadt Nürnberg gelegen, für ihn ein außerordentlich wichtiger Stützpunkt auf seinen dienstlichen oder privaten Reisen auf der Route Prag-Lauf-Nürnberg-Frankfurt. Und deshalb errichtete er hier den kaiserlichen »Lustsaal«, die Burg in Lauf, die heute noch nach dem Schutzpatron Böhmens den Namen »Wenzelschloß« führt, die aber nicht nach dem gleichnamigen, politisch gescheiterten Sohn Karls IV. benannt ist. Prunkstück wurde dabei zwischen 1360 und 1364 der noch heute erhaltene Wappensaal im ersten Stock der Burg, der die Wappen der gesamten am Hofe Karls IV. eingesetzten Adelspersonen bzw. -geschlechter und Amtsinhaber enthält, also ein heraldisches »who is who« des Königreiches Böhmen während seiner Regierungszeit darstellt. Darunter sind keineswegs nur tschechische Namen, sondern auch eine ganze Reihe deutscher, die wir in den Bezeichnungen ihrer böhmischen Burgen wiederfinden. 114 Wappenschilde, die heraldischen Schlußsteine gar nicht gerechnet, sind hier in den Sandstein der Innenmauern geschlagen und dann bemalt worden. Wenn auch der Saal nicht ganz fertiggestellt werden konnte, so bildet dieser einzigartige Wappenfries noch heute ein beispielloses historisches und kulturgeschichtliches Band zwischen Deutschland und der Tschechoslowakei.

Natürlich finden wir an exponierter Stelle den doppelschwänzigen böhmischen Löwen, wie er auch über dem Portal der Lorenzkirche zu Nürnberg als Wappen Karls IV. mit dem seiner dritten Frau Anna von Schweidnitz zu sehen ist. Das Wappen der Herzöge von Oppeln, ein gelber Adler in Blau, ist hier ebenso verewigt wie im St. Veitsdom zu Prag und am dortigen Karlstor; es ist das Wappen des kaiserlichen Schwagers Bolko. Das Wappen der Herzöge von Schlesien – in Silber ein schwarzer Adler, belegt mit einem weißen Halbmond, wobei an die Stelle von Silber später auch Gold tritt – ziert nicht nur diesen Saal, sondern auch die Vorderseite von St. Lorenz zu Nürnberg und ebenfalls das Karlstor zu Prag bzw. das Innere des Veitsdomes. Der heraldische Altmeister A. Seyler erklärte die Entwicklung des schlesischen Wappens übrigens so, daß von den Söhnen des Herzogs Wladimir II. der eine, Boleslaw, den Adler schwarz in Gold mit dem Halbmond, und der andere, Mesko, den Adler gold im blauen Feld ohne Mond führte.

Dann ist das Wappen der Markgrafschaft Mähren zu sehen – in Blau ein weiß und rot geschachter Adler, wie es uns seit dem 15. Jahrhundert an der Emporenbrüstung des St. Veitsdoms zu Prag begegnet. Wir finden das Wappen der Herrn von Waldeck (in Silber ein schwarzer, silbern bewehrter Eberkopf), die einst das Amt des Oberstburggrafen von Prag ausübten, und das Wappen der Propstei Wyschehrad in Prag, in Rot zwei gekreuzte silberne Schlüssel, dann die Schilde der Erzbischöfe und Bischöfe von Prag, Olmütz, Breslau, Lei-

Dieser Ausschnitt aus einem Nürnberger Papierblatt mit Nachzeichnungen der Wappen des Laufer Wappensaales aus dem 16. Jh. entspricht zwar der zweireihigen Anordnung, nicht jedoch der senkrechten Zuordnung; in der Waagrechten stimmt die Reihenfolge jedoch mit der Realität überein (Lit.: Kraft/Schwemmer).

tomischl und hie und da auch die persönlichen Wappen der Amtsinhaber. Vertreten sind natürlich auch die großen böhmischen Geschlechter wie die Rosenberg, Wartenberg, Hasenburg, Wallenstein; von letzteren ist das ursprüngliche Wappen, der geschwänzte Löwe in Silber(!) aufgeführt, denn Ende des 15. Jahrhunderts hatten die Waldstein alias Wallenstein ein blau und gold quadriertes Wappen mit vier Löwen. Dann finden wir die Podiebrad und die Kostomlat aus der Nähe von Dux, die Barchow, die Landgrafen von Leuchtenberg aus der Oberpfalz, die mehrere hohe Reichs- und königlich böhmische Funktionen bekleideten, usw. Insgesamt zeigt sich uns die politische Elite Böhmens zur Zeit Karls IV. in einer Mischung aus deutschen und tschechischen Adelsfamilien.

Mit Nachsicht wollen wir die Behauptung mancher Geschichtsschreiber betrachten, daß Karl IV. auf all seinen neu-böhmischen Burgen ausschließlich tschechische Besatzungen eingesetzt habe. Da wir leicht die Namenlisten nachlesen können, finden wir u. a. die Namen v. Lichtenstein, v. Wildenstein, v. Egloffstein, v. Henfenfeld, v. Strahlenfels, Türriegel von Riegelstein etc.; also heimische Adelsfamilien aus der Umgebung der neu-böhmischen Burgen, wie es von einem Pragmatiker vom Range Karls IV. auch gar nicht anders zu erwarten war. Mit Nachsicht wollen wir auch Karls IV. kleine Schummelei hinnehmen, als er in Avignon Papst Urban gegenüber beklagte, daß die tschechischen Dienstmannen auf seinen neu-böhmischen Burgen religiös unterversorgt seien, da sie mangels Sprachkenntnissen bei den deutschen Geistlichen nicht beichten könnten. Der gute Papst erfüllte auch umgehend die »demütige« Bitte des Kaisers und erteilte drei tschechischen Leutpriestern die Erlaubnis, besagtem Personenkreis die Beichte abzunehmen und die Sakramente der Kirche zu spenden.

Wenn auch Neu-Böhmen und die tschechische Sprachförderung in der fränkischen Geschichte nach dem Tode des Kaisers und vor allem nach der Abwahl seines Sohnes Wenzel nur eine Episode blieben, so haben sich doch genügend Zeugnisse eines lange Zeit gemeinsamen historischen Weges von Deutschen und Tschechen erhalten. Nicht zuletzt darf ohne jegliche nationalistische Hintergedanken daran erinnert werden, daß die erste deutsche Universität unter Karl IV. in Prag entstanden ist, daß zahlreiche fränkische Orte bis zum heutigen Tage den böhmischen Löwen im Wappen führen, wie beispielsweise – wenn auch in anderen Farben und seit 1397 siegelmäßig für die Altstadt geltend – Erlangen, dann Gräfenberg, Plech, Prichsenstadt etc., und schließlich, daß der geschichtsträchtige Wenzelplatz in Prag u. a. mit unserem bescheidenen Wenzelschloß in Lauf über den tschechischen Nationalheiligen verbunden bleibt.

Lit.: Klier, Neues; Klier, Tschechische; Kraft/Schwemmer; Wagner.

Die Blauen, die Roten und die Schwarzen
oder
Vom Zwischenbericht einer heraldischen Forschung

Es war für den Verfasser interessant, einmal der Frage nachzugehen, ob die Schildfiguren und Wappenfarben politisch und historisch exponierter Dynastien in der Frühzeit der Heraldik eine gewisse Vorbildfunktion für die ihnen unmittelbar, kurzzeitig oder längerfristig untergeordneten Einzelpersonen oder Geschlechter hatten. Damit ist der Personenkreis gemeint, in den wir heute im allgemeinen die sogenannten Edelknechte, Dienstmannen und Ministerialen einordnen können. Dabei ist es für unsere Untersuchung völlig unerheblich, ob die eine oder andere Person oder Familie aus dem Kreis der Ministerialen sich später als reichsfreiherrliche oder gräfliche Familie fortpflanzte. Im Rahmen der folgenden Untersuchung interessierte uns lediglich die heraldische Geburtsstunde dieses Personen- und Familienkreises, wobei die Fragestellung natürlich auch auf die diesen Geschlechtern wiederum nachgeordneten bzw. verwandtschaftlich verbundenen Personen und Familien erweitert wurde, um einer eventuellen Generationsfolge des Nachahmens oder Übernehmens von Wappenbildern nachzuspüren. Eine der bedeutendsten Dynastenfamilien Frankens waren im Hochmittelalter die Grafen und Herzöge von Andechs-Meranien. Wäre dieses Haus nicht schon 1248 mit Herzog Otto II. bzw. mit dem Patriarchen Berthold v. Aquileja 1251 im Mannesstamm erloschen, so hätte es vermutlich, wie die anderen ihm gleichrangigen Fürstenhäuser der Wittelsbacher oder Habsburger, der Wettiner oder Hohenzollern, europäische Geschichte geschrieben. So aber fiel der gewaltige Besitz des Hauses über die verheirateten Schwestern des letzten Herzogs an die Burggrafen von Nürnberg, an die Grafen von Truhendingen, die Grafen von Orlamünde und die Herzöge von Kärnten und Burgund. Im fränkischen Raum wurde ihr Erbe schließlich, u. a. nach dem Aussterben der Truhendingen und der Orlamünde, ein wesentlicher Grundstock für das Territorium »ober Gebürg« der Burggrafen von Nürnberg und nachmaligen Markgrafen zu Brandenburg-Kulmbach-Bayreuth im heutigen Oberfranken.

Daß ein Dynastengeschlecht von der historischen Qualität der Andechs-Meranier über eine Vielzahl von Lehensleuten, Ministerialen und Dienstmannen verfügte, versteht sich von selbst. Günstige Voraussetzungen also für unsere Frage nach einer möglicherweise auffallenden Weitergabe von Schildfiguren oder Wappenfarben. Zunächst soll das Wappen des Hauses Andechs selber betrachtet werden: in Blau ein schreitender silberner »leopardierter«, also den Betrachter frontal anschauender, Löwe über einem silbernen Adler. Dieses Wappen lebt noch heute im Stadtwappen von Kulmbach fort, dem einstigen oberfränkischen Hauptsitz des Geschlechts auf der dortigen Plassenburg. Nachbarn des mächtigen Dynastengeschlechts im südlichen Franken waren wiederum die bedeutenden Grafen von Aben-berg im Rangau, die ebenfalls um 1200 im Mannesstamm erloschen sind. Die Ähnlichkeit beider Wappen ist unverkennbar, wenngleich kaum zu klären sein dürfte, wer wessen Wappen zum Vorbild nahm, ob in beiderseitigem Einvernehmen, ob in Anspielung auf einen genealogischen Zusammenhang oder als bloße Nachahmung. Beide Grafengeschlechter hatten jedenfalls Lehen vom Bistum Bamberg, und Otto II. von Andechs war 1177-1196 Bischof von Bamberg. F S. 175

Auf ihrer Plassenburg ob Kulmbach hatten die Andechs-Meranier 1149 beispielsweise einen Ministerialen namens Nentwich de Blassenberg sitzen, dessen Nachkommen »von Plassenberg« erst ca. 1632 im Mannesstamm erloschen sind. Auch die Henlein von Plassenberg, erloschen 1856, waren einst Ministerialen der Andechs-Meranier. Von der Familie »Plassenberg mit dem Rosensiegel« wiederum leiten sich die späteren Reichsfreiherrn von und zu Guttenberg ab, von den Henlein die Guttenberg-Henlein und Guttenberg-Kirchleus, von den Plassenberg wiederum die Herren von Künsberg, die von Weidenberg und die von Bayreuth. Auch die Förtsch von Thurnau, erloschen 1564, zählten zu diesen Ministerialen. Als deren Dienstmannen fungierten wiederum die Modschiedel von Ziegenfeld und Görau, Lkrs. Lichtenfels, erloschen 1633. Nimmt man noch die bereits 1079 urkundlich genannten

Edelfreien von Aufsess hinzu und die mit ihnen stammesgleichen Groß von Trockau und Groß von Pfer(d)sfeld sowie die wiederum mit ihnen stammesgleichen Schlüsselberger Ministerialen von Christanz, erloschen anfangs des 17. Jahrhunderts, wie auch die vermutlich mit den Groß stammverwandten noch blühenden Lochner von Hüttenbach, so erhalten wir doch ein bemerkenswertes Zwischenergebnis, vor allem, wenn wir zum Vergleich noch die Dienstleute einer weiteren zentralen Edelfreienfamilie Oberfrankens, nämlich der Herren von Schlüsselberg, heranziehen. Der bedeutendste Vertreter dieser Familie, Konrad von Schlüsselberg, ist 1347 bei der Belagerung seiner Burg Neideck hoch über der Wiesent gefallen.

Damit können wir konstatieren:
1. Löwe und Adler aus dem Andechs-Meranier-Wappen finden sich in den Schilden und der Helmzier ihrer Ministerialen nicht wieder.
2. Die Andechs-Meranier-Farben Blau und Silber haben offenbar sehr wohl ihre Fortsetzung in den Wappen der Untergebenen gefunden.
3. Hinzu treten die Farben Rot und Silber und die Rose als auffallendes Stilelement bei einigen Familien. Wollen wir die bekannte heraldische Interpretation im Hochmittelalter für die Farben Blau und Rot – wie im Stadtwappen von Paris – als Farben der Gerichtsbarkeit akzeptieren, so fände sich hier ein logischer Schluß, da die Ministerialen quasi im Auftrag ihres Lehensherrn bzw. Vorgesetzten handelten, populär gesagt, deren »Farben vertraten«. Löwe und Adler hätten unter Umständen fälschlicherweise eine unmittelbare Verwandtschaft zu den Andechs-Meraniern unterstellen können; das sollte offenbar vermieden werden.
4. Auffallend ist zweifellos, daß bestimmte Heroldstücke bzw. Schildfiguren sich häufen und unter den Familien selber Verwandtschaft signalisieren, in jedem Fall aber die Vorbildfunktion des Andechs-Meranier-Wappens verdeutlichen. Ein Entwicklungsgang der Farben und der geometrischen Schildteilungen ist deutlich erkennbar.
5. Das Überwiegen der Farbe Schwarz in den Wappen der Schlüsselberger Dienstleute bestätigt ebenfalls unsere Vermutung, daß die Edelfreien bzw. die Dynastie Andechs-Meranien offenbar für ihre jeweiligen Ministerialen heraldische Vorbildwirkung hatten. Inwieweit diese Wahl freiwillig oder erwünscht war, wird sich kaum mehr nachweisen lassen. Einschränkend zum Beispiel Schlüsselberg müssen wir allerdings feststellen, daß nicht alle Dienstleute dieser Familie die Farbe Schwarz in den Schild aufnahmen, so z. B. die Hetzelsdorf, Neideck, Hirschaid.
6. Insgesamt kristallisieren sich für die Frühzeit der Heraldik im heutigen Oberfranken die heraldischen Gruppen um das Haus Andechs-Meranien und die Edelfreien Aufsess und Schlüsselberg heraus. Damit wäre umgekehrt beim Auffinden eines bislang namentlich unbekannten Wappens in diesem Raum, das hinsichtlich der Schildfigur einem der drei »Kreise« zuzuordnen wäre, ein Nachforschen in dieser Richtung zumindest anzuraten. Eine Übersicht ist auf der nächsten Seite abgebildet.

Lit.: Kist, Die Nachfahren; Hohenlohe; Schöler, Hist. Fam.; Voit, Adel am Obermain; Voit, Die Schlüsselberger; Glaser; Schuhmann, Markgrafen; Schuhmann, Hohenzollerngrablegen; Alberti, V./Boesch, T.

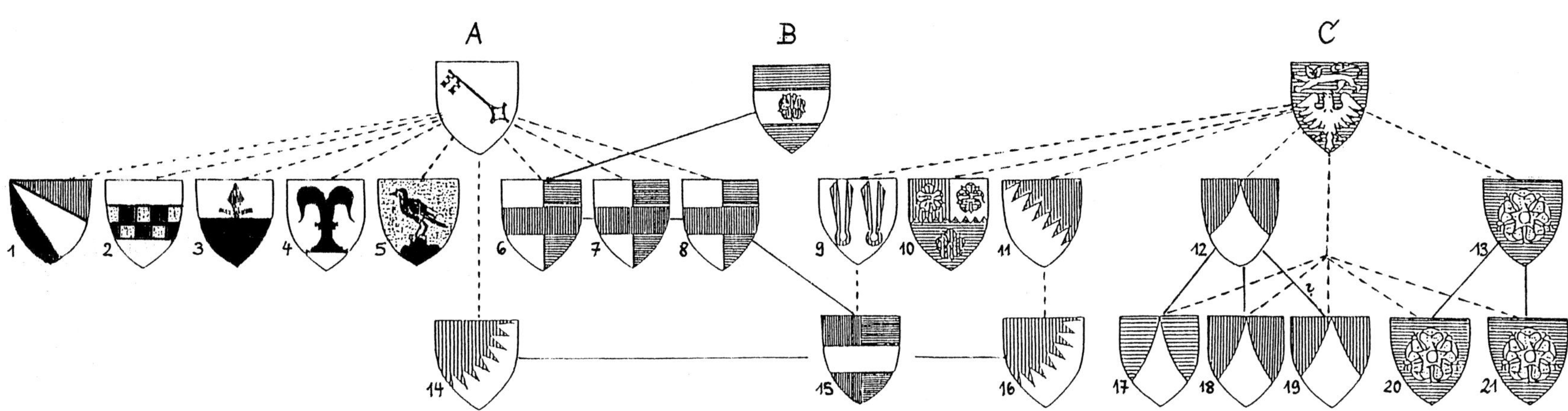

– – – – – = zeitweilige oder längere Abhängigkeit als Ministerialen, Dienstmannen etc. im Zeitraum 11. — 14. Jh. (nach Voit, v. Haller)

——————— = genealogischer Zusammenhang (hier: Abstammung) (nach Voit, v. Haller) im 11. bis 14. Jh., wobei im Laufe der Jahrhunderte naturgemäß ein genealogisches Zusammenwachsen der hier benannten Geschlechter (mit Ausnahme der Schlüsselberger u. d. Grafen v. Andechs) festzustellen ist.

Anmerkungen:

a) in der obigen Zusammenschau konnten nicht alle Geschlechter und Wappen zu diesem Themenkreis erfaßt werden (außerdem sind bei einigen Dienstmannen der Schlüsselberg und der Andechs bislang keine Wappensiegel bekannt).

b) Es zeigt sich insgesamt, daß die Farbe Schwarz bei den Ministerialen und Dienstmannen der Schlüsselberg mehr als doppelt so häufig auftritt wie bei denen des Hauses Andechs-Meranien.

c) Zu überprüfen wäre u. a., wie lange die Ministerialen (hier: Einzelpersonen und auch deren Familien) in Abhängigkeit zu den Schlüsselberg, den Andechs etc. blieben und ob sich in diesen Phasen das Wappen änderte (so führten z. B. die Waischenfeld

zunächst einen oberhalben Bock im Schild, der später als Helmzier fungierte und im Schild durch einen gold-schwarz geschachten Balken in Silber ersetzt wurde).

d) Zu überprüfen wäre auch (soweit möglich), wann eine Familie ihr Wappen angenommen bzw. erstmals geführt hat.

e) Zu klären wäre weiter, ob die Inhaber der oben dargestellten Wappen in einem Lehensverhältnis o d e r in einem Dienstverhältnis zu den dominierenden Geschlechtern standen.

f) Reizvoll wäre weiter die Untersuchung, welche Art der Helmzier (auch Deckenfarbe) gewählt wurde, ob sich auch hier eine gewisse Vorbildfunktion andeutet, ob eine Weiterentwicklung der Helmzier feststellbar ist etc.

g) Eine gewisse Sonderstellung der Edelfreien von Aufsess ist unverkennbar.

(Zur Lit.: außer Voit als wichtige Ergänzung: H. Frhr. Haller von Hallerstein, Fränkische Adelsgenealogien gestern und heute, in: GFF Heft 10, 9. Bd., 1970).

Zu den Wappen:

A = Reichsherren von Schlüsselberg
B = Edelfreie (später Freiherrn) von Aufsess

C = Grafen von Andechs und Herzöge von Meranien

1 = v. Peulendorf
2 = v. Waischenfeld
3 = v. Stiebar
4 = v. Neustetter gen. Stürmer
5 = v. Rabenstein
6 = v. Christanz
7 = v. Pfer(d)sfeld
8 = Groß v. Trockau
9 = v. Giech
10 = v. Truppach
11 = Förtsch v. Thurnau
12 = v. Plassenberg
13 = v. Plassenberg mit dem Rosensiegel
14 = v. Fellendorf
15 = Lochner v. Hüttenbach
16 = Modschiedel v. Görau
17 = v. Künsberg
18 = v. Weidenberg
19 = v. Bayreuth (genealogische Zuordnung und Wappenfarben unsicher)
20 = v. Guttenberg
21 = Henlein v. Plassenberg (später Guttenberg-Henlein und Guttenberg-Kirchleus)

Ein Festungswappen erzählt
oder
Warum Bayern doch Bayern blieb

Im Jahre 1838 machte sich der berühmte Künstler G. C. Wilder von Schnaittach aus auf, die mächtige Festung Rothenberg auf dem Bergkegel gegenüber zu besuchen. Den gleichen Weg hatten durch lange Jahre Strafgefangene genommen, die von der kurpfalzbayerischen bzw. ab 1806 königlich-bayerischen Justiz zu Festungshaft verurteilt worden waren. Denn »der Rothenberg« diente nur noch als Gefängnis. Als militärisch-strategische Drohgebärde war die alte Festung am nordöstlichen Rand des Königreichs längst bedeutungslos geworden. G. C. Wilder kam zur rechten Zeit, denn König Ludwig I. hatte im gleichen Jahr den Befehl gegeben, die kostenintensive Justizvollzugsanstalt aufzulösen und das gesamte Bauwerk nach entsprechender Ausräumung schlichtweg aufzulassen. So konnte Wilder u. a. noch den intakten Kasernenhof samt Kommandantur, die Bastion Amalia und den Haupteingang der Festung samt Brücke in je einem Stich, das Wappen über dem Tor aber in einer Radierung festhalten, bevor Wind, Wetter und menschliche Hand ihr Zerstörungswerk begannen, das übrigens ab 1889 dank der Fürsorge des Schnaittacher Heimat- und Verschönerungsvereins gestoppt werden konnte.

Das Wappen über dem Haupttor, das Wilder festgehalten hat, war nicht das königlich-bayerische, sondern noch das vorherige kurpfalzbayerische – ein Kuriosum mitten in Franken.

Denn eigentlich war der Rothenberg Jahrhunderte vorher als Ganerbenburg im Besitz von 44 fränkischen Rittern gewesen, keineswegs zur Freude des übrigen fränkischen Umlandes, das ringsherum Territorium der Reichsstadt Nürnberg war. Die Herren Ritter suchten nämlich die umliegenden Ortschaften nicht nur zu Ausflügen auf. Der Rothenberg war also lange Zeit ein »Pfahl im Fleische Nürnbergs«. Das änderte sich auch nicht als die bajuwarischen Herzöge, ohnehin Lehensherrn dieser seltsamen Insel im Fränkischen, nach dem 30jährigen Krieg zu Kurfürsten aufstiegen und die verbliebenen Ganerbenfamilien systematisch vom Rothenberg verdrängten. Nun waren die Nürnberger zwar die Ganerben los, hatten dafür aber eine bayerische Enklave mitten in ihrem Staatsgebiet; der Ärger konnte also weitergehen. Alle diesbezüglichen Streitereien haben sich erst durch den Übergang der fränkischen Territorien an das neugeschaffene Königreich Bayern 1806 von selbst erledigt.

Ob G. C. Wilder gewußt hat, daß er genau jenes bayerische Wappen zeichnete, das nur 22 Jahre gegolten hat, aber dafür die dramatischsten Jahre für sein Herrscherhaus und dessen Land symbolisierte, als nämlich Bayern beinahe von der politischen Landkarte verschwunden wäre? Die Jahreszahlen für die Dauer dieses Staatssymbols 1777-1799 sind leicht zu merken. Es zeigt in der Mitte den alten kurfürstlichen Schild, wie ihn die bayerische Herzogsfamilie ab 1623 nach Erhalt der Kurwürde führen durfte, mit den weiß-blauen Rauten als Stammwappen und dem pfälzischen goldenen Löwen in Schwarz für die wittelsbachischen Territorien in der Rheinpfalz und in der »oberen« Pfalz, dazu den goldenen Reichsapfel in Rot. Wie kam es nun zu dieser plötzlichen Erweiterung im Jahre 1777 durch eine Vielzahl weiterer Wappen?

Am 30. Dezember besagten Jahres war mit Maximilian III. der letzte Kurfürst der altbayerischen Wittelsbacher gestorben. Übrig blieben von allen wittelsbachischen Linien die Nebenlinien in Sulzbach, die mit Kurfürst Karl Theodor inzwischen in Mannheim und Schwetzingen saß, und Birkenfeld-Zweibrücken. Damals haben drei Sulzbacher Schwestern und eine österreichische Erzherzogin das weitere Schicksal der Wittelsbacher in Bayern entschieden.

Die erste, **Elisabeth Maria,** dadurch, daß sie ihrem Vetter und Ehemann Kurfürst Karl Theodor, der außerehelich reichlich mit Nachwuchs gesegnet war, k e i n e n Erben schenkte, dafür aber ab 1777 mit ihm aus seinem geliebten Mannheim weg ins ungeliebte München ziehen mußte. Mit Karl Theodors und Elisabeth Marias Herrschaftsantritt erweiterte sich das bayerische Staatswappen um acht Felder und galt so bis zu Karl Theodors Tode 1799.

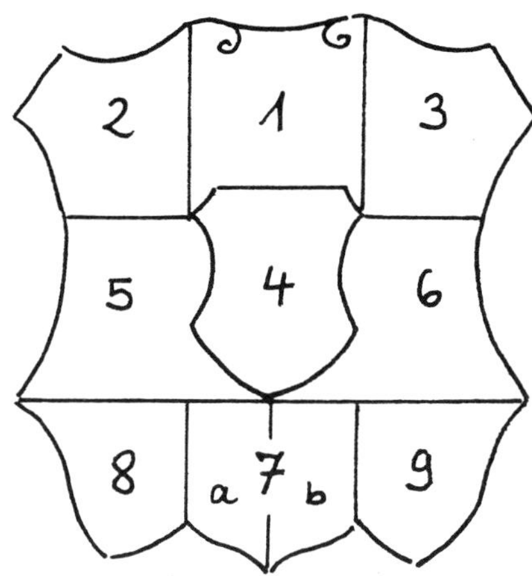

Ab 1609 war die Wittelsbacher Nebenlinie der Herzöge von Pfalz-Neuburg am Erbe der Herzöge von Jülich, Kleve und Berg beteiligt. Deshalb nahmen sie in einen vermehrten Schild zusätzlich zum angestammten Wappen (Feld 4) die Herrschaftszeichen für Jülich (Feld 1), Kleve (Feld 2), Berg (3), Grafschaft Mark (8), Grafschaft Ravensberg (9) und Mörs (5) auf. Als ausschließliches Kennzeichen für die Zeit Karl Theodors kam das Marquisat Bergen op Zoom (6) hinzu. Feld 7 zeigt frühere wittelsbachische Zugewinne: Grafschaft Veldenz (7a) und Grafschaft Sponheim

(7 b). Letztere hatte die wittelsbachische Linie der Pfalzgrafen von Zweibrücken-Simmern im 15. Jh. erworben; nicht zu verwechseln mit den Grafen von Spanheim-Ortenburg, deren Panther- bzw. Panthel-Tier-Wappen die bayerischen Wittelsbacher im 13. und 14. Jh. für ihre Zugewinne in Südostbayern verwendeten. Zum Herzschild (4): Herzog Maximilian von Bayern hatte bis 1623 den traditionellen quadrierten Löwen- und Rauten-Schild geführt. Nachdem er Kurfürst geworden war, setzte er einen kleinen Herzschild mit dem Reichsapfel auf dem Vierung. Damit wurde

die Kurfüstenwürde des Pfalzgrafen bei Rhein ausgewiesen, der obendrein das Amt des Reichs-Erztruchsessen bekleidete.
Anmerkung: Wilders Radierung zeigt, daß das Original am Festungstor 1841 zwei Fehler enthalten haben muß (falls Wilder keine Fehler beim Abzeichnen unterliefen): im Feld 6 fehlen drei (2:1) gestellte silberne Andreaskreuze, und im Feld 8 wäre richtig ein rot-silbern geschachter Balken in Gold darzustellen gewesen, offenbar wurde als oberes goldenes Feld für 8 das untere Drittel aus Feld 5 mitverwendet.

Die zweite Ehefrau Karl Theodors wurde Erzherzogin **Maria Leopoldine** von Österreich-Este. Nun ruhten auf ihr alle Hoffnungen auf einen Erben – wiederum vergeblich. Als sie in der Todesstunde Karl Theodors aus staatsrechtlichen Gründen trotzdem gefragt wurde, ob sie vom Kurfürsten ein Kind erwarte, antwortete sie wahrheitsgemäß mit »Nein«, obwohl sie schwanger war; allerdings von ihrem Oberhofmeister Graf Arco, den sie später auch geheiratet hat. Man stelle sich vor, sie hätte »Ja« gesagt und den nach Karl Theodors Tod geborenen Arco-Sohn als verspäteten Wittelsbacher Sprößling ausgegeben, wie anders wäre doch die bayerische Geschichte verlaufen! Es hätte keinen Ludwig I. und keinen Märchenkönig Ludwig II. samt Linderhof und Neuschwanstein etc. gegeben.

Die zweite der Sulzbach-Schwestern, **Maria Anna,** seit sieben Jahren Witwe und verheiratet gewesen mit ihrem Vetter, Herzog Klemens, hatte auch keine Nachkommen. So blieb die Hoffnung auf Fortsetzung des wittelsbachischen Geschlechts der dritten Sulzbach-Schwester, **Maria Franziska,** überlassen, die ihren wittelsbachischen Vetter, Pfalzgraf Friedrich von Birkenfeld-Zweibrücken, geheiratet hatte. Sie konnte die Hoffnungen erfüllen, und ihre Nachkommen haben nach Kurfürst Karl Theodors Tod 1799 das gesamte wittelsbachische Erbe angetreten. Maria Franziska wurde zur Ahnfrau aller bayerischen Könige. Um ein Haar wären die späteren bayerischen Monarchen trotzdem n u r Pfalzgrafen von Birkenfeld-Zweibrücken geblieben, hätte nicht die bereits erwähnte und heute so gänzlich vergessene

Sulzbach-Schwester, Herzogin Maria Anna, eine ganz entscheidende Rolle gespielt. Und diese Geschichte hat etwas mit unserem Rothenberg zu tun. An jenem 30. Dezember 1777, dem Todestag des letzten Wittelsbachers der alten bayerischen Linie, mußte – wie bereits erwähnt – als nächster Agnat der Mannheimer Karl Theodor nach München kommen. So traf Maria Anna in München mit ihrem höchst widerwillig aus Mannheim angereisten Cousin zusammen. Ihn interessierten Bayern und die Landeshauptstadt außerordentlich wenig. Im Gegenteil, er war zu einem blitzschnellen Tauschgeschäft bereit. Denn Österreich witterte die Riesenchance, sich für das an Preußen verlorene Schlesien zu entschädigen, und dafür wäre das benachbarte Bayern ein idealer Ersatz gewesen. Ein Teilgebiet sollte wegen uralter Rechte gleich an Österreich gehen, für den Rest Karl Theodor die bis dato österreichischen Niederlande erhalten. So hätte er seine Rheinpfalz ganz ansehnlich erweitert.

Als Herzogin Maria Anna davon Wind bekam, setzte die resolute Dame diesem Verschachern Bayerns energischen Widerstand entgegen. Eine große Hilfe war ihr dabei ein gewisser Andreas Andre, der sich vom Bauernsohn zum intimen Vertrauten der Fürstin emporgedient hatte, und auch dessen Neffe Utzschneider. Quasi als Geheimagenten der Herzogin waren die beiden Oberbayern pausenlos im Einsatz, um an den europäischen Höfen die Pläne Karl Theodors und Österreichs zu hintertreiben – vor allem in Preußen bei Friedrich dem Großen, der am wenigsten Interesse an einer territorialen Ausdehnung Österreichs in Süddeutsch-

land haben konnte. Preußen schickte auch prompt Truppen, der sog. Bayerische Erbfolgekrieg begann, und nach zwei Jahren stand im Frieden von Teschen 1779 das Ergebnis fest. Bayern blieb erhalten, bis auf das nunmehr österreichische Innviertel. Herzogin Maria Anna hatte gewonnen, und Cousin Karl Theodor mußte in München bleiben.

Seine Rache folgte auf dem Fuß. Der Cousine konnte er ja öffentlich nichts anhaben, wohl aber ihrem erfolgreichen Diplomaten und Vertrauten. Im Juni 1779 ließ er den treuen Sonderbotschafter verhaften und im geschlossenen Wagen auf die Festung Rothenberg bringen. Andre sollte in einem menschenunwürdigen Kellerraum zugrunde gehen. Es gab aber weder eine Anklage, er hatte ja auch nichts verbrochen, noch ein Gerichtsverfahren. Auch jetzt gab die Herzogin Maria Anna nicht auf. Sie setzte durch, daß ihr geliebter Andreas Andre im Juni 1780 freigelassen wurde. Ans Tageslicht kam ein schlohweiß gewordener, vor Schmutz starrender und entkräfteter Ex-Hofrat. Maria Anna hat dann ihren Getreuen vom Rothenberg nach München geholt und in aller Heimlichkeit geheiratet. Andre hat übrigens seinen hohen fürstlichen Widersacher Karl Theodor, dessen Wappen G. C. Wilder auf dem Rothenberg gezeichnet hat, noch überlebt. Eine stille Genugtuung muß es Andre auch gewesen sein, daß Bayern 1806 noch Königreich wurde und seine Souveränität damit endgültig gesichert blieb.

Lit.: Potzel; Schnelbögl, Rothenberg; Bayern, A. v.; Schrott; Glaser.

»... *sollen bayerisch werden*«
oder
Was Ortswappen alles erzählen können und sollen

Am Montag, den 5. April 1802, verläßt eine Kutsche die kurfürstlich-bayerische Hauptstadt München in Richtung Norden. Der Fahrgast, Major Karl Roger von Ribaupierre, ist durch seine weiß-blaue Uniform mit weiß-blauem Federbusch auf dem Paradehut unzweideutig als bayerischer Generalstäbler ausgewiesen. An diesem Tag beginnt, von der Masse unbemerkt, die Ouvertüre zur Eingliederung großer Teile Frankens in das nachmalige Königreich Bayern.

Was ist geschehen? Der siegreiche Noch-Nicht-Kaiser Napoleon hatte als Entschädigung für die linksrheinischen Besitzungen, die er den deutschen Fürsten weggenommen hatte, im Frieden von Lunéville 1801 das Deutsche Reich verpflichtet, den Betroffenen Gebiete zu geben, »welche in dem deutschen Reiche selbst genommen werden« sollten. Das konnte logischerweise nur auf Kosten der geistlichen Fürstentümer, der Reichsabteien, der Reichsstädte und sonstiger kleiner und mittlerer Fürstentümer geschehen. Schon im August 1801 garantierte Frankreich dem bayerischen Generalbevollmächtigten, Freiherrn von Cetto, den gesamten rechtsrheinischen Besitz des Hauses Wittelsbach. Grund genug also für den amtierenden Kurfürsten Max Joseph und seinen geschickten Staatsminister Graf Montgelas, sich frühzeitig über den Zustand der Territorien zu informieren, die man nördlich der Donau nach Lage der Dinge wohl so vereinnahmen werde.

Den Auftrag zu dieser Inspektionsfahrt hatte der besagte Major von Ribaupierre erhalten. Seine schriftlichen Geheimdossiers, die er von einzelnen Stationen seiner rund 1500 km (!) langen Rundreise nach München schickte, sind erhalten geblieben.

Was wir im nachhinein lesen können, ist nicht immer schmeichelhaft für das fränkische Selbstbewußtsein, bot aber damals summa summarum wohl dem Münchner Herrscher und seinem Staatsminister Grund genug, mit der in Aussicht gestellten Napoleonischen Entschädigungsgabe zufrieden zu sein. So wird die einst markgräfliche, nunmehr preußische Stadt Schwabach wegen ihrer »Betriebsamkeit und einträglicher Fabriken« gelobt. Daß man in Nürnberg »Heil nur aus Bayern erhofft, und nirgends könnte Bayerns Regent unter größerem Jubel Einzug halten als hier«, allerdings sei das Militär der Nürnberger – ungefähr 300 Mann Stadtsoldaten – »von schlechtem Aussehen. An Gebrechlichen ist dieser Trupp reichhaltig«. Über die bischöflich-bambergische Festung Forchheim konnte der Herr Major nur den Kopf schütteln, da sie offenbar ohne Kenntnis der Realität von »einem wetterscheuen Ingenieur auf der Stube ... gezeichnet« worden sei. Ansonsten ist ihm »die ungewöhnlich große Anzahl Bierhäuser« aufgefallen. Der Volkscharakter im Bambergischen sei übrigens »stille und verschlossen«. Was hielt nun Ribaupierre vom

regierenden Fürstbischof? »Niemand schmäht auf den Fürsten und niemand liebt ihn«. Man könne aber »unter dem Krummstab ganz gemächlich verdauen«. Wie schnell die Bamberger die Mission des Herrn Majors durchschaut hatten, beweist folgende Notiz: »Jedermann sagte mir, ich komme gewiß, Quartier für bayerische Truppen zu machen – und ich ward durchaus sehr gut empfangen«. Es werde auch »nicht bezweifelt, daß der fränkische Kreis bayerisch werde«. Insgesamt, so Ribaupierre, werde das Hochstift Bamberg »mit Recht zu den besten Ländern Deutschlands gerechnet«.

Die gleiche Stimmung pro Bayern macht der Major in der damals noch reichsunmittelbaren Reichsstadt Schweinfurt aus und zitiert erfreut die Bürgeraussage: »Gleichviel, wer unser Herr wird, nur einen anderen, erschallt es aus jedem Munde«. Auch in Würzburg »äußern alle Leut den Wunsch, an Bayern zu fallen ...«.

Dies ist dann ja auch mit den meisten fränkischen Territorien nach und nach geschehen. Ribaupierre, der 1809 als pensionierter Oberst in München gestorben ist, hat also diese Staatswerdung Bayerns in der Anfangsphase noch miterlebt. Die endgültigen Grenzen des Königreiches Bayern (ab 1806) konnten allerdings erst 1819 als konsolidiert bezeichnet werden. Aber dieses Jahr ist, heraldisch gesehen, für Franken mit keiner angenehmen Erinnerung verbunden. Denn die bayerische Regierung hatte schon vor dem Sturz des allmächtigen Grafen Montgelas 1817 damit begonnen, vielen fränkischen Ortswappen ihre heraldische Identität zu nehmen, indem jahrhundertealte Symbole plötzlich »auf bayerisch gemacht« werden mußten. 1818 hatte die Regierung ohnehin die Benutzung eigener Wappensiegel verboten.

In unzähligen Ortswappen, vor allem Ober- und Mittelfrankens, findet sich z. B. als e i n heraldisches Element der silbern-schwarz quadrierte Hohenzollernschild, manchmal auch der rote Brandenburger Adler als Nachweis der ehemaligen Zugehörigkeit zu den fränkischen Markgraftümern Brandenburg-Ansbach und Brandenburg-Kulmbach-Bayreuth. Wenige Jahre nach Beginn des Königreiches Bayern und der Zugehörigkeit dieser ehemaligen Fürstentümer zur Münchner Krone, wurden diese Orte angewiesen, das angestammte Silber-Schwarz gegen das bayerische Weiß-Blau auszuwechseln und gegebenenfalls zu übermalen. Das betraf z. B. Orte wie Unterschwaningen b. Dinkelsbühl, Thierstein b. Wunsiedel, Seibelsdorf b. Stadtsteinach, Stammbach b. Münchberg, Weissenstadt b. Wunsiedel, Weidenberg b. Bayreuth, Schauenstein b. Naila, Roth b. Nürnberg, Rehau in Oberfranken, Pegnitz, Bad Berneck etc. Am schlimmsten wurde damals dem einstigen Markgrafenzentrum Kulmbach mitgespielt. Dort mußte 1819 nicht nur der silber-schwarz tingierte Schild in das übliche weiß-blau umgewandelt werden, auch das uralte andechs-meranische Wappen mit dem silbernen Löwen und dem silbernen Adler in Blau verschandelte man in einen roten Löwen in Schwarz und einen weißen Adler im roten Feld. Heraldisch

und historisch eine Zumutung. In keinem anderen fränkischen Ortswappen wurde so barbarisch die gewachsene Heraldik vernichtet. Erst 1922 ist Kulmbach wieder zu seinem historisch und heraldisch korrekten »Stammwappen« zurückgekehrt.

Helmbrechts mußte zunächst die vordere Schildhälfte in Weiß und Blau umändern und seinen roten Brandenburger Adler erst silbern, später golden in Blau führen. Aber jene, die ebenfalls verärgert das alte Schweinfurter Reichsstadtwappen als weißen Adler in Blau wiederfanden, warfen ausnahmsweise den damaligen bayerischen Behörden zu Unrecht Geschichtsfälschung vor. Denn diese Farbgebung taucht erstmals 1771 auf, wohl in dem späten Bemühen, den Schweinfurter Adlerschild von den vielen schwarz-silbernen oder schwarz-goldenen Schilden anderer Reichsstädte zu unterscheiden. Daß der Münchner Regierung diese Schweinfurter Form der Selbsthilfe sehr gelegen kam, versteht sich von selbst. Dafür mußte die Reichsstadt a. D. Weißenburg den Reichsadler im Herzschild durch den Buchstaben W ersetzen, und Windsheim hatte die Brust seines schwarzen Reichsadlers mit einem großen W zu verzieren.

Stadtsteinach sollte nun statt des alten Bamberger Löwenwappens einen höchst unpassenden silbernen Sparren in Blau akzeptieren, Scheßlitz mußte seinen Bamberger Löwen durch ein weiß-blaues Feld ersetzen, und Herzogenaurachs Bamberger Hochstiftwappen wurde, allerdings nur bis 1836, durch die Wegnahme der charakteristischen Schrägleiste verfremdet. Stadtlauringen b. Hofheim in Unterfranken führte schon seit 1520 ein höchst eigenartiges

Siegel, und seine Wappenfarben mit gleichem Bild sind seit 1544 nachgewiesen. Auch hier mußten die Farben Weiß und Blau alle anderen verdrängen. Prichsenstadt war untersagt worden, den seit dem 14. Jahrhundert dort heimischen böhmischen Löwen zu behalten und nur gestattet, den Turm alleine zu benützen.

Davon blieb die alte Markgrafenstadt Erlangen insofern verschont, als sie bereits vor der bayerischen Machtübernahme den doppelschwänzigen, gekrönten böhmischen (luxemburgischen) Löwen in Blau über einer silbernen Zinnenmauer geführt hatte und das Wappen in der alten Form weiterbestehen durfte. Denn Kaiser Karl IV. hatte 1361 das Dorf Erlangen als einen Baustein für sein Territorium Neu-Böhmen als Landbrücke zwischen seinem Königreich Böhmen und dem deutschen Westen erworben. Wenn ab diesem Datum zwischen Erlanger »Bürgern« und »Leuten« unterschieden wurde, dann war das als Hinweis auf jene Menschen gemeint, die noch im Dorf Erlangen wohnten – eben die »Leute« – und jenen, die bereits als »Bürger« zur neugegründeten Stadt – deshalb die Mauer im Siegel – gehörten. 1402 wurden die Markgrafen von Brandenburg-Kulmbach Landesherrn, und mit Gründung der barocken Erlanger Neustadt »Christian Erlang« wurde das alte Erlanger Wappen ab 1707 gemeinsam mit dem roten Brandenburger und dem schwarzen preußischen Adler in einen dreifeldrigen Schild gesetzt; die Buchstaben ES, nicht CE, weisen auf Elisabeth Sophie, Gattin des Markgrafen Christian Ernst und geb. Prinzessin von Preußen, hin. 1819 konnte es sich die bayerische Regierung nicht verkneifen, den Brandenburger Adler zu entfernen

F S. 176

und so das Erlanger Stadtwappen auf einen
weder heraldisch noch historisch überzeugenden zweifeldrigen Schild zu dezimieren. Immerhin beließ man den quasi umrahmenden hohenzollerschen Brackenkopf als eine Art Helmzier bzw. Oberwappen. 1835 wurde dieser Fehlgriff wieder beseitigt, und so zeigt seither das Erlanger Stadtwappen die genannten drei heraldischen Elemente aus dem Jahre 1707, die – übrigens eine heraldische Besonderheit in Franken – auf dem amtlichen Schreiben gerne als getrennte Einzelschilde mit dem Brackenrumpf und schwarz-silbernen Decken als Umrahmung dargestellt werden.

Ähnlich überstand Frankens größte Reichsstadt Nürnberg den heraldischen Übergang an Bayern. Hier hatte man schon seit 1349 zwischen dem älteren »Großen Stadtwappen«, dem goldenen Königskopfadler in Blau und dem nunmehr hinzugekommenen Rücksiegel – gespaltener Schild, vorne in Gold ein halber schwarzer Adler am Spalt, hinten von Rot und Silber fünfmal schrägrechts geteilt – als »Kleinem Stadtwappen« unterschieden. Während der Handwerkerrevolution 1348/49 waren nämlich Urkunden mit dem alten Stadtwappen bzw. -siegel ausgestellt worden. Um nach der erneuten Etablierung der Patrizierherrschaft keine Verwechslungen mit dem »Vorher« aufkommen zu lassen, wurde nun als Veränderung das »Kleine Wappen« nicht nur als Rücksiegel verwendet, sondern später, seit dem 16. Jahrhundert, als Signet von nachgeordneten Behörden und Ämtern der städtischen Verwaltung. So erhielten bis 1806 viele fränkische Orte, die zum Territorium der Reichsstadt gehörten, dieses »kleine Stadtwappen« zusätzlich in ihren Wap-

penschild gesetzt. Die Mißdeutung des Königskopfadlers durch die Humanisten im 15. Jahrhundert in einen »Jungfrauenadler« kam den bayerischen Behörden später außerordentlich gelegen, konnten doch die seit dem 16. Jahrhundert überlieferten Farben Blau und Gold samt dem klar weiblichen Körper und Kopf dieser Art von Adler nur reduzierte Rückschlüsse auf das »Reich« und die »Reichsstadt« zulassen. So behielt Nürnberg von 1818 gar bis 1936 sein falsch interpretiertes »Großes Stadtwappen«, ehe man zur heraldisch und historisch korrekten Form zurückfand. Heute ist das »Große Stadtwappen« das offizielle Signet des Oberbürgermeisters, der Bürgermeister und der berufsmäßigen Stadträte, während das »Kleine Stadtwappen« von den städtischen Dienststellen benützt wird.

Den bayerischen Königen Ludwig I. und Maximilian II. ist es schließlich zu danken, daß die meisten der von München aus veranlaßten heraldischen Fehlentscheidungen bereits im 19. Jahrhundert wieder rückgängig gemacht wurden und damit Franken insgesamt seine heraldische Identität zurückgewinnen konnte. Im wesentlichen richten sich noch heute die Kriterien für neuzuschaffende Orts- und Landkreiswappen bzw. Gemeindesiegel nach den gleichen Prinzipien:

1. Sind in der Geschichte eines Ortes oder eines Landkreises bereits heraldische Symbole historisch vorgegeben, z.B. durch Grundherrschaft, Adelsgeschlechter etc.? Bietet sich der Name für ein echtes redendes Wappen an?

Das dreifache Nürnberger Stadtwappen (Holzschnitt von 1484, v. M. Wolgemut?)
Die beiden Figuren stellen die Nürnberger Stadtheiligen, links den hl. Sebaldus und rechts den hl. Laurentius dar. (German. Nationalmuseum Nürnberg).

2. Sind besonders typische Symbole aus der örtlichen oder regionalen Berufswelt, etwa des Handwerks, zu berücksichtigen?
3. Sind charakteristische Bauten (z. B. Brücken, Türme, Mauern etc.) bei der Motivwahl einzubeziehen?
4. Sind besondere religiöse oder kirchliche Symbole vorhanden?
5. Sind eventuell besondere historische Ereignisse oder auch historische Einzelpersonen zu würdigen?
6. Sind bestimmte Farben vorrangig für den Entwurf des neuen Wappens?

Bei der Endfassung eines neuen Gemeinde- oder Landkreiswappens werden die oben angesprochenen Vorlagen nicht einfach abgemalt, sondern es werden je nach dem Grad der Wichtigkeit Elemente aus diesem Angebot entnommen und zu einem völlig neuen Wappenbild zusammengefügt. Denn nach Möglichkeit soll ein Wappen ja unverwechselbar, also im wörtlichen Sinne einmalig sein, wie schon in den Anfängen der Heraldik und des Rittertums. Die nachfolgende kleine Auswahl aus der großen Palette von gelungenen Gemeindesiegeln soll deshalb als Anregung und Beispiel für künftige Neuschöpfungen in der kommunalen Heraldik dienen. Jedes von ihnen symbolisiert für die Bewohner die historischen Wurzeln der engeren Heimat.

Lit.: Hofmann, H. H.; Stadler; Bischoff; Stolz, St. Lorenz.

Amtliche Siegel fränkischer Gemeinden

(unabhängig von evtl. späteren Veränderungen durch Gebietsreform und Gemeindezusammenlegungen).

Kurze historische Beschreibung (die Entwürfe bzw. die künstlerische Ausführung stammen von verschiedenen Personen):

Happurg (Lkr. Nürnberger-Land): Mehrere Ortsteile der heutigen Großgemeinde sind heraldisch repräsentiert. Happurg selber und Kainsbach durch die ehemaligen Grundherren Schenk von Reicheneck (Rose), Thalheim war 1621-1909 im Besitz der v. Holzschuher (Holzschuh), und der größte Teil Förrenbachs hatte einst zum Besitz der Kreß von Kressenstein gehört (Schwert).

Hemhofen (Lkr. Erlangen-Höchstadt): Hauptbestandteil des Gemeindewappens ist der Mohr auf dem Dreiberg. Wappen der seit 1722 in Hemhofen ansässigen Winkler von Mohrenfels. Der Ortsteil Zeckern war lange Eigentum der (erloschenen) Stiebar v. Buttenheim, aus deren Schild wurde die Saufeder (bzw. der Sauspieß) entnommen.

Billingshausen (b. Marktheidenfeld): Bis 1556 gehörte der Ort den Grafen von Wertheim (Rose). Bis 1849 übten die Grafen von Castell (rot-silbern geviertet) die Niedergerichtsbarkeit aus.

Fischbach (Lkr. Kronach): Der Fisch ist als »redendes« heraldisches Element gedacht, die Rose ist dem Wappen der Freiherrn von und zu Guttenberg entnommen, die in der Geschichte des Ortes die maßgebliche Rolle spielten.

Stetten (Lkr. Karlstadt): Der Torbogen symbolisiert als charakteristisches Bauwerk den Eingang zur befestigten Kirche aus dem Jahr 1691. Die Traube zeigt den Weinbau als wesentlichen Wirtschaftszweig des Ortes an.

Wolfsbronn b. Gunzenhausen: Der Wolf ist »redendes« heraldisches Zeichen. Der Wellenpfahl im vorderen Feld soll an die berühmte geologische Besonderheit, die »steinerne Rinne« erinnern, die sich im Gemeindebereich befindet.

Mainaschaff (Lkr. Aschaffenburg): Der Wellengöpel zeigt die Lage des Ortes am Main und an der Aschaff, während die ehemaligen Grundherrschaften der Grafen von Rieneck (Teilungen) und des Kurfürstentums Mainz (hier nur das halbe Rad) im vorderen bzw. im hinteren Feld repräsentiert sind.

Geiselbach b. Alzenau: Der große Buchstabe erinnert an die Abtei Seligenstadt und deren einstige Grundherrschaft über die »Dreidörfer« Geiselbach, Hofstädten und Omersbach (in der farbigen Ausführung sind Rot und Silber als Bezug zur einstigen kurmainzischen Grundherrschaft gedacht).

Trennfeld b. Marktheidenfeld: Die Schlüssel beziehen sich auf die frühere Grundherrschaft des Augustinerchorherrenstifts Triefenstein. Die Otterngabel, das Zunftzeichen der Mainfischer, ist dem Dorfsiegel von 1777 entnommen.

Adelsdorf b. Höchstadt/Aisch: Die bekannte Karpfenzucht im Aischgrund ist durch den Fisch im Schildfuß angesprochen, die mit der Geschichte des Ortes besonders verbundenen Herren v. Schlüsselberg und die Freiherrn v. Bibra sind durch ihre »redenden« Wappen Schlüssel und Biber repräsentiert.

Eltersdorf (heute Stadtteil von Erlangen): Aus dem bis 1885 benutzten Ortssiegel entstand auch das Ortswappen. Das Motiv ist der Legende des hl. Egidius, des Schutzpatrons der Ortskirche, entnommen.

Oberaltertheim b. Würzburg: Bis heute führt das Haus Castell, das ab 1556 im Besitz des Ortes war, den von Rot und Silber gevierteten Schild. Aus dem Schild der vorherigen Grundherren, der Grafen von Wertheim, stammen die silbernen Rosen (vergl. Ortswappen Billingshausen).

Simmelsdorf b. Schnaittach: Im Schildhaupt das verkürzte Wappen der Adelsfamilie Lochner v. Hüttenbach, die seit dem 15. Jh. mit dem Nachbarort Hüttenbach verbunden war. Entscheidende historische Akzente setzten die Reichsstadt Nürnberg (halber Adler) und die Freiherrn Tucher v. Simmelsdorf (Mohrenkopf und Schrägteilungen). Die Feldaufteilung des Familienwappens wurde dabei im Ortswappen um der besseren Anordnung willen vertauscht).

Langendorf b. Hammelburg: Nach dem Fürststift Fulda (schwarzes Kreuz) war das Hochstift Würzburg (hier durch den »Rechen« gekennzeichnet) Landesherr des Ortes. Das Mühlrad erinnert an die Mühlen an der Saale.

Suffersheim b. Weißenburg: Die »sächsischen« Schwerter sind dem vermehrten Wappen der Marschälle von Pappenheim entnommen, die historische Verbindung zur Reichsstadt Weißenburg wird durch den halben Adler am Spalt ausgedrückt. Zentrales Bauwerk im Ort ist die schon zur Zeit der Karolinger nachgewiesene Ortskirche.

Blankenbach b. Alzenau: Die Wellenleiste stellt den Fluß Zahl dar, der die beiden Ortsteile Großblankenbach (einst Schönbornbesitz, daher Schönbornwappen) und Kleinblankenbach (einst Mainzer Besitz, daher das Mainzer Rad) trennt.

Mittelfranken: Setzt sich im wesentlichen zusammen aus dem einstigen Fürstentum Brandenburg-Ansbach (silbern-schwarz geviertet) und dem Gebiet zahlreicher Reichsstädte (halber schwarzer Adler am Spalt).

Unterfranken: Umfaßt im wesentlichen das Gebiet des einstigen Hochstifts Würzburg (Fähnlein) und Teile des Fürstbistums Mainz (Rad).

Oberfranken: Hier erinnern die heraldischen Symbole an drei Territorien: Fürstbistum Bamberg (Löwe mit Schrägleiste), Fürstentum Brandenburg-Kulmbach-Bayreuth (silber-schwarz geviertet) und Herzogtum Sachsen-Coburg und Gotha (schwarz-goldene Teilungen und grüner Rautenkranz).

Alle fränkischen Regierungsbezirke aber führen als gemeinsames Zeichen den sog. »fränkischen Rechen«.

Territorialgeschichte im Spiegel von Ortswappen

(die Zuordnung der einzelnen Orte zu einem der drei fränkischen Regierungsbezirke entspricht dem Stand von 1961; Zeichnungen vom Verf.)

Manche der hier exemplarisch aufgeführten Orte sind inzwischen durch Gemeindezusammenlegungen in größeren kommunalen Körperschaften (mit neu gestalteten Wappen) aufgegangen.

Die kurzen historischen Anmerkungen sind v. a. folgenden Werken entnommen:

K. Stadler, Deutsche Wappen, Bd. 4 und Bd. 6, Die Gemeindewappen des Freistaates Bayern, Bremen 1965 und 1968

J. Decku, Deutsche Länder- und Städtewappen, Bonn 1960

K. Stadler, Die Wappen der oberfränkischen Landkreise und Gemeinden, (Hrsg. Gesellschaft der »Freunde der Plassenburg« e. V.), Kulmbach 1963

C. Broser, Wappen im Landkreis Ansbach, Hercynia Verlag Ansbach 1990

Ortswappen in Oberfranken (Stand 1961)

Oberfranken

1 = Bayreuth: Die ehemals markgräfliche Residenzstadt des Hohenzollernfürstentums »ober Gebürg« enthält die ältesten heraldischen Symbole des markgräflichen Hauses: das silbern-schwarz quadrierte Stammwappen und den rot-silbern geständerten Löwenschild (Burggrafen von Nürnberg). Darüber sind als »redende« Elemente Rodungshaken (für »reuth«) gelegt. Bayreuth mußte sein historisch gewachsenes Ortswappen im Königreich Bayern 1819 »auf bayerisch« (= weiß und blau) verändern, auch die Farben des Löwenwappens wurden völlig unheraldisch und unhistorisch verändert. Zum Glück sind diese Verfälschungen recht bald korrigiert worden.

2 = Bad Berneck i. Fichtelgebirge: Der bereits 1357 „Stadt" genannte Ort führt als Zeichen seiner Zugehörigkeit zum ehem. markgräflichen Territorium den quadrierten Stammschild der Hohenzollern als Ortswappen.

3 = Betzenstein: Zur Entstehungsgeschichte siehe Kapitel »Ein Wappen wandert . . .«

4 = Ebermannstadt: Unsere Abbildung zeigt eine bis 1928 übliche heraldisch falsche Gestaltung des Ortswappens, die inzwischen revidiert wurde: Der Königskopf, der an die durch Ludwig den Bayern erfolgte Stadterhebung erinnern soll, wurde in ein blaues Feld gesetzt, und statt der zwei Schlüssel korrekterweise nur ein Schlüssel in das rote Feld, zur Erinnerung an die 1347 erloschenen Reichsherren von Schlüsselberg, also an die Inhaber der Ortsherrschaft. Der Eber blieb als »redendes« Element erhalten.

5 = Gefrees: Auch die Zeichnung dieses Ortswappens zeigt eine heraldische Fehlinterpretation seit 1636, die 1952 korrigiert wurde: Aus dem Löwen wurde richtig wieder ein schwarzer Bracke (= Helmzier der Hohenzollern) in Gold; aus der silbernen Mauer wurde eine rote (als Hinweis auf die mittelalterliche Befestigung des Ortes). Allerdings wurde auch die Farbfolge des Zollernwappens in Schwarz-Silbern »gedreht«. Die Ortsherrschaft war übrigens 1336 an die Burggrafen von Nürnberg (und nachmaligen Markgrafen) übergegangen.

6 = Gräfenberg: Vergleichbar mit dem Erlanger Wappen, zeigt auch hier der böhmische Löwe die Lehensoberhoheit der böhmischen Krone an, zur Zeit der Verleihung des Stadtrechts 1371; die Mauer symbolisiert die Befestigung des Ortes, der Dreiberg kommt als »redendes« Element hinzu. Nach der Einbeziehung in das reichsstädische Territorium Nürnbergs legte man das kleine Schildchen als Besitzstandszeichen auf (ab 1561, bzw. 1609). Beim Übergang an das Königreich Bayern wünschten die Münchner Behörden die Entfernung des Nürnberg-Schildes; deshalb fehlt dieses heraldische Zeichen in manchen Abbildungen des Ortswappens während des 19. Jh.

7 = Helmbrechts: Seit 1386 Bestandteil des Burggraftums »ober Gebürg«. Wie in Oberkotzau zeigt das Ortswappen den quadrierten Hohenzollern-Stammschild und den roten Brandenburger Adler. Die zwischenzeitliche »Bajuwarisierung« des Wappens in Weiß und Blau wurde glücklicherweise auf Empfehlung von Altmeister Prof. Otto Hupp rückgängig gemacht.

8 = Herzogenaurach: (jetzt Mittelfranken). Das Ortswappen entspricht exakt dem Wappen des Fürstbistums Bamberg, dem der Ort einst zugehörte. Auf Abbildungen im 17.Jh. wird der Löwe gelegentlich als »Stangenreiter« dargestellt, in einer falschen Interpretation der Schrägleiste, die ü b e r dem Löwen liegen muß.

9 = Hiltpoltstein: Die Schrägteilung in den Farben Gold und Rot entspricht dem Wappen der Reichsministerialen von Hiltpoltstein (nicht zu verwechseln mit Hilpoltstein!), die sich auch von Rothenberg und von Lauf schrieben (siehe ausführlich Voit, Der Adel an der Pegnitz). Mit der Zugehörigkeit zu Nürnberg ab 1503 kam das Reichsstadtwappen in den Schild.

10 = Höchstadt/Aisch: (jetzt Mittelfranken). Turm und gezinnte Mauer mit dem Bamberger Hochstiftswappen im Tor finden sich seit 1386 im Siegel. Bereits in königlich-bayerischer Zeit wurde 1836 das Familienwappen des Bamberger Fürstbischofs Lamprecht von Brunn (reg. 1374-1399) hinzugefügt, dafür glücklicherweise die zwischen 1818-1835 praktizierte Verunstaltung durch die Münchner Behörden (statt des historisch korrekten Bamberger Löwen ein weißer Schrägbalken in Blau) abgeschafft.

11 = Hohenberg a. d. Eger: Das vordere Feld des einst markgräflichen Ortes zeigt das Stammwappen der Hohenzollern. Der Turm auf dem »redenden« hohen Bergkegel wurde durch Markgraf Albrecht Alcibiades 1549 verliehen, übrigens »auf kniefällige Bitte der vier Bürgermeister hin«, wie im Ratsbuch nachzulesen ist. Auch Hohenberg traf das »Bayerisch-machen« durch eine völlige Veränderung der traditionellen Wappenfarben 1819. Wie in vielen anderen Fällen hat sich hier die historisch korrekte Wiedergabe ebenfalls durchgesetzt.

12 = Kasendorf: Wie im Falle von Helmbrechts, Gefrees, Kulmbach etc. gibt das vordere Feld das Stammwappen der Hohenzollern wieder. Die Katze als »redendes« Symbol erinnert an die alte Schreibweise »Katzendorf« und »Katzenstatt«. In unserer Zeichnung ist die Katze silbern in Rot wiedergegeben, entsprechend der Auffassung von Prof. Otto Hupp. Dagegen lehnt sich die heutige Darstellung des Ortswappens mit der Farbwahl silberne Katze in Blau an eine Abbildung aus dem Jahre 1581 an.

13 = Kirchenlamitz: 1357 kam der Ort an die Burggrafen von Nürnberg, deren Stammwappen das vordere Feld des Wappens einnimmt. Das sakrale Gebäude stellt die Kirche St. Michael dar, als »redendes« Element wurde in den grünen Hügel das örtliche Flüßchen Lamnitz durch einen Wellenbalken eingefügt. Das Ortswappen hat im Laufe der Jahrhunderte mancherlei Änderungen erfahren, von der zwischenzeitlichen Tingierung mit dem bayerischen Weiß und Blau ganz abgesehen.

14 = Creußen: Mit Genehmigung von Kaiser Karl IV. erhob der Hohenzollernburggraf Friedrich von Nürnberg 1358 den Ort zum Markt und zur Stadt. Deshalb liegt dem Ortswappen das Hohenzollernstammwappen zugrunde. Das Gefäß symbolisiert die Herstellung der berühmten Creußener Krüge. Die neueren Wiedergaben, z. B. bei Kl. Stadler, bevorzugen für den Krug im Wappen die Farbe Rotbraun, während unsere Zeichnung noch die Auffassung von Prof. Hupp, also den grünen Krug, wiedergibt.

15 = Kulmbach: Ursprünglich den Grafen von Andechs-Meranien (mit der Plassenburg ob Kulmbach) zugehörig, kam der Ort nach deren Aussterben 1248 an die Grafen von Orlamünde und 1340 an die Burggrafen von Nürnberg, die 1415/17 zu Kurfürsten, bzw. Markgrafen von Brandenburg aufstiegen, und wurde die ältere Residenz der Linie Kulmbach-Bayreuth (bis 1791). Als bisher einziges Ortswappen in Franken enthält das von Kulmbach beide Schildfiguren des Andechs-Meranier-Wappens, also Löwe und Adler in den traditionellen Farben Silber in Blau. Den Andechser Löwen führen u.a. Steinberg b. Kronach und Lichtenfels (letzteres u. a. einen goldenen Löwen), den Andechser Adler u. a. Wattendorf b. Bamberg, und auch das Ortswappen von Bamberg selber zeigt einen silbernen Ritter in Rot,

der sich mit der Linken auf einen blauen Schild mit aufgemaltem silbernem Adler stützt.

Anmerkung: Die beiden silbernen Löwen in Blau im vorderen Feld des Ortswappens von Frensdorf haben nicht das Wappen der Andechs-Meranien zum Vorbild, sondern das der Grafen von Abenberg-Frensdorf, die um 1190 ausstarben.

16 = Kupferberg: Die vordere Schildhälfte zeigt das Bamberger Hochstiftswappen, die hintere in Rot schräggekreuzt einen silbernen Stössel und einen silbernen Kupferhammer (zur Erinnerung an die seit 1320 urkundlich nachgewiesene Bergwerkssiedlung), jeweils mit goldenen Stielen.

17 = Lichtenberg: Die Darstellung einer Burg findet sich bereits im 15.Jh. im Stadtsiegel. Um 1430 erwarb Kaspar von Waldenfels die Herrschaft Lichtenberg von Graf Sigmund von Orlamünde; deshalb das Einhorn der Freiherrn von Waldenfels im Ortswappen. In den neueren Abbildungen wird anstelle des grünen Bodens ein silberner Felsenberg (als »redendes« Element) bevorzugt.

18 = Münchberg: Zwischen 1373 und 1384 gingen die Güter der Herren von Sparneck an Burggraf Friedrich von Nürnberg über. Deshalb ist im vorderen Feld das Hohenzollernstammwappen, allerdings in umgedrehter Farbfolge, vertreten. In die Felder 2 und 3 kam der Großbuchstabe M (heute in moderner Schreibweise und außerdem in der Farbe Schwarz statt Rot), als »redendes« Element in das hintere Feld »ein Mönch auf dem Berg«.

19 = Nordhalben: Der Bamberger Hochstiftslöwe und das Familienwappen derer von Würtzburg (Rumpf eines bärtigen Mannes) erinnern an die frühere Grundherrschaft: 1567 hatte der Fürstbischof von Bamberg, Veit II. v. Würtzburg, nach dem Übergang des Marktes Nordhalben an das Hochstift das Wappen in dieser Kombination gestalten lassen.

20 = Großwendern: Die im Lk. Wunsiedel gelegene Gemeinde weist mit dem silbern-schwarz gevierteten Schildfuß auf die einstige Zugehörigkeit zum Territorium des Markgraftums Brandenburg-Bayreuth hin; den springenden roten Hirsch in Silber führen die Herren und nachmaligen Freiherrn und Grafen von Hirschberg im Wappen. Im burggräflichen Lehenbuch von 1398/1420 sind die v. Hirschberg bereits als Leheninhaber im Ort nachgewiesen; im Jahre 1674 hat die Familie ihren Besitz im Ort verkauft.

21 = Egloffstein: Die hoch über dem Ort liegende Burg Egloffstein ist Stammburg der schon vor 1190 nachweisbaren fränkischen Uradelsfamilie der Freiherrn und Grafen von Egloffstein. Das Geschlecht führt einen rotbezungten schwarzen Bärenkopf in Silber, der Ort die gleiche Schildfigur zur Unterscheidung in verwechselten Farben.

22 = Thurnau: Der »Turm zu Thurnau«, bereits 1288 erwähnt, ist das »redende« Element im Ortswappen; darauf liegt der vermehrte Schild der Herren, später Grafen, von Giech, die seit 1731 Alleininhaber des Ortes waren. Der Turm im Wappen wurde fortan mit dem Storchen- oder Cent-Turm des Giech-Schlosses in Verbindung gebracht.

23 = Oberkotzau: Ähnlich Helmbrechts zeigt auch dieses Ortswappen mit dem roten Brandenburger Adler und der silbern-schwarz quadrierten hinteren Schildhälfte die einstige Zugehörigkeit zum Fürstentum Brandenburg-Kulmbach-Bayreuth an.

24 = Pegnitz: Die obere Hälfte des Ortswappens ist praktisch mit dem Ortswappen von Oberkotzau identisch, die untere Schildhälfte steht »redend« für den gleichnamigen Fluß Pegnitz.

Ortswappen in Mittelfranken (Stand 1961)

Mittelfranken

1 = Abenberg: Krummstab des Bistums Eichstätt, das 1296 den Ort und die einstige Burg der Grafen v. Abenberg von den Burggrafen v. Nürnberg erwarb; der burggräfliche Löwe kam deshalb in das vordere Feld.

2 = Absberg: Einst Stammsitz der 1647 erloschenen Herren v. Absberg. Das Ortswappen ist eine bewußte Verfremdung des Adelswappens.

3 = Allersberg: 1323 erhielten die Grafen v. Wolfstein vom Kaiser die Genehmigung, den Ort zu befestigen. Ihr Löwenwappen ist als kleiner Beischild eingefügt.

4 = Altdorf: Rund ein Jahrhundert gehörte Altdorf zum pfälzischen Besitz der Wittelsbacher, bis es 1505 für drei Jahrhunderte an die Reichstadt Nürnberg kam. So hält der pfälzische Löwe in seinen Pranken das sog. »kleine« Nürnberger Wappen.

5 = Berolzheim: 1573 kam der Ort an die Marschälle von Pappenheim (Eisenhutfeh).

6 = Herrieden: Die Schildfigur bezieht sich auf den ursprünglichen Namen Hasaried der Reichsabtei Herrieden. Die spätere politische und religiöse Abhängigkeit vom Bistum Eichstätt wird durch den Bischofsstab ausgewiesen.

7 = Hilpoltstein: Der Adler symbolisiert die Funktion der Adelsfamilie von Stein als Reichsministerialen; die Farben Weiß und Blau waren die Hausfarben des Geschlechts, sie können außerdem die jahrhundertelange Zugehörigkeit des Ortes zum Haus Wittelsbach (seit 1386) zum Ausdruck bringen.

8 = Ellingen: 1817 erhielt der Ort das heutige Wappen mit dem klaren farblichen Bezug zu Bayern. Das Kreuz stellt das verfremdete Kreuz des Deutschen Ritterordens dar, der einst in diesem Ort die Residenz seiner Ballei Franken hatte (ab 1788 auch Sitz des Hochmeisters).

9 = Heideck: Einst Zentrum des im 14. Jh. zur Reichsunmittelbarkeit gelangten Territoriums der Herren von Heideck; deren Farben und Teilungen im hinteren Feld, das vordere Feld zeigt einen Flug, denn das Reitersiegel Marquards von Heideck aus dem Jahre 1259 hat einen offenen Flug als Helmzier. Als neues Kleinod erscheint dann ab 1312 der bekannte Straußenkopf mit dem Hufeisen im Schnabel.

10 = Heroldsberg: Das Ortswappen entstand in Anlehnung an das Familienwappen der Geuder von Heroldsberg und wurde so 1417 von König Sigismund verliehen. Der Löwenkopf soll vermutlich an den böhmischen Löwen erinnern (Sigismund war aus dem Hause Luxemburg, das damals in Böhmen regierte).

11 = Erlangen (Beschreibung siehe in diesem Kapitel Seite 144)

12 = Ornbau: Im ältesten Siegel von 1374 Löwe und Krummstab getrennt. Die jetzige Gestalt seit 1671 bekannt. Der Krummstab weist auf die Zugehörigkeit zum Bistum Eichstätt hin, der Löwe wurde dem (fälschlicherweise unterstellten) Löwenwappen des ersten Bischofs St. Wunibald, bzw. dem des Eichstätter Domkapitels (das ebenfalls in Erinnerung an Wunibald die »englischen« Löwen führte) entnommen.

13 = Pleinfeld: Krummstab und silbern-schwarze Vierung symbolisieren die beiden Grundherrschaften in der Geschichte des Ortes: Fürstbistum Eichstätt (deshalb müßte der Krummstab richtig golden tingiert werden) und Markgraftum Brandenburg-Ansbach.

14 = Roth: Im Sekret-Siegel vor 1400 enthält bereits der Schild die Quadrierung des Stammwappens der Markgrafen von Brandenburg-Ansbach und im ersten Viertel den Buchstaben R. Die rote Farbe des R ist seit 1718 bezeugt.

15 = Scheinfeld: Als Hauptort der reichsunmittelbaren Herrschaft Schwarzenberg erhielt Scheinfeld 1598 von Kaiser Rudolf II. den halben Reichsadler über dem Stammwappen des Hauses Schwarzenberg (resp. Seinsheim) und dahinter unter Verwendung des Ortswappens von 1405 als redendes Symbol für Schloß Schwarzenberg und die Stadt einen silbernen Turm auf schwarzem Dreiberg in Rot. (Vergl. Wappen des Fürstenhauses Schwarzenberg).

16 = Treuchtlingen: Die sog. »Eisenhüte« erinnern an die Grundherrschaft der Grafen von Pappenheim bis 1647. Die zweite Schildfigur wird 1718 von der markgräflichen Regierung als »Fuchs oder Leopard« bezeichnet und als alleiniges Ortssymbol genehmigt. 1888 wurde das alte Wappen wieder angenommen.

17 = Wilhermsdorf: Das alte Ortssiegel von 1581 geriet völlig in Vergessenheit (es hatte einen sechsstrahligen Stern gezeigt). 1926 wurde das völlig neu geschaffene Ortssymbol aus den Rauten der erloschenen Ortsadelsfamilie v. Wilhelmsdorf (also mit »l« statt »r«), der Ortsinitiale und den bayer. Farben Weiß und Blau gestaltet.

18 = Gnotzheim: Der Schragen ist dem Wappen der Grafen von Oettingen entnommen, die ab 1360 Eigentümer der Burg Spielberg über dem Ort sind.

19 = Velden i. Pegnitztal: Der obere Teil des Schildes zeigt die Zugehörigkeit zum Territorium der Reichsstadt Nürnberg ab 1506; 1806 wurde das Wappen dann »bayerisch gemacht«. Nach 1836 kehrte man wieder zur korrekten Ortsgeschichte zurück. Der Fisch deutet auf den Fischreichtum der Pegnitz hin.

Unterfranken

20 = Neustadt a. d. Aisch: Seit Mitte des 19. Jh. ist die Stadt wieder zu ihrem traditionellen Ortswappen zurückgekehrt, das im Schild das älteste Hohenzollernvollwappen zeigt, nämlich den rot gezungten goldenen Brackenkopf mit rotem Ohr auf silbernem Helm über dem silbern-schwarz gevierteten Stammwappen der einstigen Stadtherren.

21 = Großgründlach: Das Wappen des Ortes, der heute zum Stadtbereich Nürnberg gehört, zeigt vorne und im unteren Teil des hinteren Feldes das Wappen der Reichsministerialen von Gründlach und dazu das bekannte Sparrenwappen der Freiherrn Haller von Hallerstein, denen seit 1764/66 das Schloß in Großgründlach gehört.

22 = Ansbach: Aus dem Schrägrechtsbalken der ursprünglichen Grundherrenfamilie, der Vögte von Dornberg, entwickelte sich im frühen 14. Jh. ein Schrägrechts-Bach als »redendes« Symbol. Obwohl schon in älteren Quellen erwähnt, kommen endgültig Ende des 17. Jh. noch die drei Fische hinzu, die Farbe Grün setzt sich seit ca 1580 durch. Im 18. Jh. zeigte ein Brandenburger Adler als Schildhalter die Funktion Ansbachs als Residenzstadt des Fürstentums Brandenburg-Ansbach (von 1385-1791) an.

23 = Altenmuhr (heute Muhr am See): Die Armbrustschäfte sind das Wappen des ältesten Ortsadels »von Muhr«, ausgestorben 1556. Eine Grabplatte mit diesem Wappen findet sich noch in der sog. Ritterkapelle des Münsters zu Heilsbronn. Im Laufe der Jahrhunderte wandelte sich übrigens die Darstellung der Armbrustschäfte auf den Grabdenkmälern derer von Muhr.

24 = Enderndorf: Das Wappen wurde – mit anderen Farben – dem Wappen der Freiherrn Harsdorf von Enderndorf nachgebildet, die im 18. Jh. Enderndorf erwarben.

1 = Würzburg: Seit dem 16. Jh. führt die Stadt die Würzburger Bistumsfahne, allerdings in anderen Farben: In Schwarz eine schrägrechts gestellte, eingekerbte und von Rot und Gelb quadrierte Fahne an silberner Stange.

2 = Dettelbach: 1484 wurde der Ort zur Stadt erhoben. Der Wellenbalken ist das »redende« Element für den Ortsnamen; die Fahnen und die Farben des Hochstifts Würzburg weisen auf die einstige politische Zugehörigkeit hin.

3 = Gerolzhofen: Das früheste Siegel datiert aus den Jahren 1330/1340 und weist bereits den bekannten »fränkischen Rechen« auf, hier als Symbol des Würzburger Domkapitels und damit Zeichen der Zugehörigkeit des Ortes; bekannt wurde dieses Wappenbild über die heraldische Symbolik des Fürstbistums Würzburg. (Siehe dazu letztes Kapitel »Wie die Franken zu ihrem Rechen kamen«).

4 = Homburg a. Main: Die im Schild dominierende Ottergabel soll auf die Arbeit der Mainfischer hinweisen; die Rosen erinnern an die Grafen von Wertheim, die den Ort einst als Pfandschaft innehatten.

5 = Kissingen: Dieses Ortswappen entstand durch einen eigenartigen Irrtum: Das ursprüngliche zeigte einen schwarzen Hennenfuß in Gold, also einen »Teil« des Familienwappens der Grafen von Henneberg (die bekanntlich eine schwarze Henne auf dem Dreiberg führten). In Erwartung der Wahl des Dompropstes Richard von der Kehre zum Bischof von Würzburg hatte der Lehenschreiber Johann Schetzler im voraus als neues Kissinger Wappen auf die Torburg das Wappen der v. d. Kehre (= jüngerer Stamm der Truchsessen v. Henneberg) setzen lassen. 1573 wurde aber nicht v. d. Kehre, sondern Julius Echter von Mespelbrunn zum Bischof gewählt. Kissingen kehrte zwar damals zu seinem alten Wappen zurück, aber die »Neuschöpfung« hatte sich bereits in der heraldischen Literatur verfestigt. Außerdem hätte die Farbfolge des kleinen Schildes in der Reihenfolge Silber über Schwarz und der Hennenfuß in verwechselten Farben erfolgen müssen. Dreieinhalb Jahrhunderte hatte die Torburg lediglich als schmückende Umrahmung des eigentlichen Ortswappens fungiert, im 19. Jh. kam sie selber in den Schild. Als 1937 dieses irrtümliche Wappen seine erneute Bestätigung erfuhr, hatte das alte historisch korrekte (in Gold ein abgehauener Hennenfuß) ausgedient. Bleibt noch anzumerken, daß kein Truchseß v. Henneberg und kein von der Kehre jemals Amtmann in Kissingen gewesen ist oder einen Adelshof darin besaß. (Nach: H. v. Heßberg, Zum Wappen von Bad Kissingen, Jb. f. fränk. Landesforschung, Bd. 42, Jg. 1982)

6 = Kleinheubach: Ab 1731 waren die Fürsten von Löwenstein-Wertheim Ortsherren (Erbauer des Schlosses und des Parks). Das Ortswappen zeigt die Variante des Löwenstein'schen Stammwappens, das eigentlich einen auf einem Dreiberg schreitenden Löwen darstellt.

7 = Klingenberg: 1929 führte der Ort unter blauem Schildhaupt in Silber ein halbes rotes Rad auf einem Dreiberg, wobei das Rad an das Bistum Mainz erinnert, der Berg für den Ortsnamen »spricht«. Prof. Hupp ließ in seiner Darstellung das blaue Schildhaupt weg.

8 = Retzbach: 1586 verlieh Bischof Julius Echter von Mespelbrunn der Gemeinde dieses Wappen: Es zeigt den hl. Laurentius, der als Kirchenpatron sich auf das kombinierte Wappen »fränkischer Rechen« und Familienwappen Echter stützt.

9 = Rieneck: Der Schild setzt sich aus drei früheren Herrschaftswappen zusammen: Grafen von Hanau (Sparren), Grafen von Rieneck (Teilungen) und das Rad des Erzstifts Mainz.

10 = Rüdenhausen: Der Rüde ist »redend« für den Ortsnamen zu verstehen und entspricht auch als Wappen dem heraldischen Symbol derer von Gnodstat, die Lehensleute der Grafen von Castell waren und 1533 ausstarben.

11 = Seinsheim: Seit dem 12. Jh. war der Ort Stammsitz der Herren und späteren Grafen von Seinsheim, 1504 ging er an die Linie Schwarzenberg (später Fürsten von Schwarzenberg) über. Der goldene Wellenbalken soll eine Verwechslung mit dem Familienwappen vermeiden, außerdem deutete die Richtung des Wellenbalkens noch die Unterscheidung des Siegels für die Gemeinde und für das Gemeindegericht an.

12 = Markt Bibart: Bis 1802 gehörte der Markt zum Fürstbistum Würzburg, deshalb zeigt das vordere Feld das Würzburger Fähnlein. Seit dem 18. Jh. stellt der aufrechte Biber das »redende« Element im Ortswappen dar. 1835 wurde die zwischenzeitliche, unhistorische Farbe Rot für das vordere Wappen wieder rückgängig gemacht.

13 = Lohr a. Main: Das Siegel von 1408 zeigt bereits den mehrfach (rot und golden) geteilten Schild der Grafen von Rieneck, dazu den schrägrechten Fluß als Symbol für den Lohrbach. (Bis 1559 fanden die Grafen von Rieneck in Lohr ihre letzte Ruhestätte). Der Ort war außerdem ein Zentrum ihres Territoriums.

14 = Maßbach: Das Ortswappen ist identisch mit dem Wappen der Ende des 30jährigen Krieges erloschenen Herren von Maßbach.

15 = Volkach: Vorne findet sich der »fränkische Rechen«, hier als heraldischer Nachweis für die Zugehörigkeit zum einstigen Hochstift Würzburg. 1544 kam durch den Fürstbischof von Würzburg in das hintere Feld statt der Castellschen Farben der Fluß Volkach als »redendes« Symbol.

16 = Obernbreit: Der Altmeister der Heraldik, Prof. Otto Hupp, wählte als Ortswappen das Wappen des Hauses Castell, allerdings in verwechselten Farben, um die Unterscheidung zu erleichtern. Schließlich gehörte Obernbreit bereits 1258 den Castell.

17 = Alzenau: Um 1395 kam Alzenau zum Erzstift Mainz, daher das Mainzer Rad. Die Zweige erinnern an die Ernennung von Beamten, die »bei dem Märkerding des Freigerichts von den Bewohnern der Hohen Mark als den freien Märkern zu wählen waren« (Kl. Stadler).

18 = Gelchsheim: Das schwarze Kreuz zeigt die einstige Zugehörigkeit (ab 1401) von Ort und Burg zum Deutschen Ritterorden an. Die Madonna ist die Schutzpatronin des Ritterordens. Verliehen wurde das Wappen 1538 vom Deutschmeister Walter von Cronberg.

19 = Kleinlangheim: Das obere Feld zeigt das Hohenzollernstammwappen der Burggrafen von Nürnberg, die 1283 den Ort in Besitz nahmen. In der lokalen Tradition symbolisiert das Lamm die Verleihung des Schäfereirechts 1441 durch den Markgrafen von Brandenburg.

20 = Burgstadt: Bis 1803 gehörte der Ort zum Erzstift Mainz (Rad und rot-weiße Farben). Die Burg stellt zugleich das »redende« Element im Schild dar.

21 = Königshofen im Grabfeld: Seit dem 15. Jh. führt der Ort die Würzburger Bistumsfahne im Wappen (ursprünglich aber, wohl um Verwechslungen zu vermeiden, die Vierung in den Farben Rot und Gelb).

22 = Prichsenstadt: Seit dem 14. Jh. sind Turm und Löwe im Ortswappen vertreten, wobei der Löwe zweifellos an die Erhebung zur Stadt 1367 unter böhmischer Herrschaft erinnern kann. 1835 hatte König Ludwig I. auch den böhmischen Löwen wieder genehmigt, den die bayer. Regierung 1818 entfernt hatte.

23 = Brückenau: Besser hätte wohl das Kreuz des Fürststifts Fulda zum Ortswappen gepaßt, denn dadurch wäre die historische Zugehörigkeit viel besser gewürdigt worden. Die bayerischen Behörden wählten aber 1819 das Wappen des Fürstabts Bernhard Gustav Markgraf von Baden als Ortswappen, der jedoch nur von 1671-1677 regiert hatte.

24 = Giebelstadt: Das Geschlecht der Geyer von Giebelstadt, zu dem auch der bekannte Ritter Florian Geyer gehörte, besaß ab ca. 1300 das »untere Schloß« (heute Ruine), die Freiherren von Zobel sind Eigentümer des Wasserschlosses zu Giebelstadt. Die Geyer sind 1708 als Reichsgrafen erloschen. Ihr Wappen wurde zum Ortssymbol.

Ortswappen in Unterfranken (Stand 1961)

Wie die Franken zu ihrem Rechen kamen
oder
Von der Langzeitwirkung der Geschichte

Die Franken hatten überhaupt kein Wappen. Das heute so vertraute gesamtfränkische Symbol verdanken wir, genau genommen, den bayerischen Behörden in München. Die drei aufsteigenden silbernen Spitzen in Rot nennt man spätestens seit dem 15. Jahrhundert »Rechen«, wohl wegen ihrer entfernten Ähnlichkeit mit dem gleichnamigen Handwerksgerät.

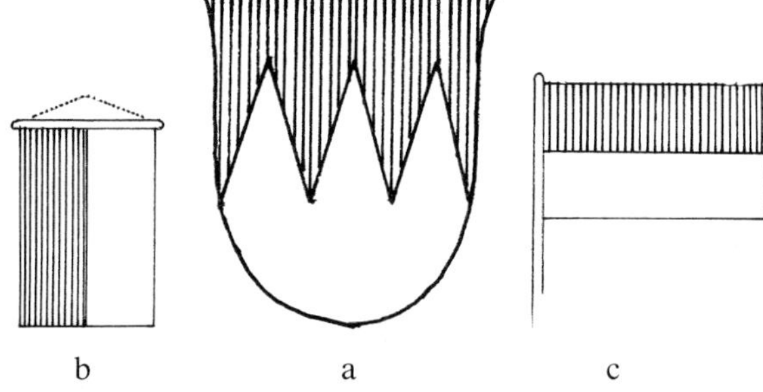

a) Der »fränkische Rechen«. Farbfolge: rot-weiß (die obere Farbe wird vor der unteren genannt, vergleiche Deutschlandflagge).
b) Senkrecht hängende fränkische Flagge: Farbfolge rot-weiß (die heraldisch vordere Farbe, also die vom Beschauer aus linke, wird zuerst genannt.
c) Waagrecht wehende fränkische Flagge: Farbfolge rot-weiß (wie im Wappen).

Anmerkung: Flaggen folgen den heraldischen Regeln und enthalten heraldische Motive, Fahnen unterliegen keinen gestalterischen Regeln (z. B. Vereinsfahnen.)

Nachdem ab 1806 der fränkische »Fleckerlteppich« aus zahlreichen Klein- und Mittelstaaten sukzessive an das, dank Napoleons Hilfe, neugeschaffene und gleich erweiterte Königreich Bayern gekommen war, mußte dieser Zuwachs im neuen bayerischen Staatswappen auch gebührend repräsentiert sein. Dies sollte zwar nicht gleich geschehen, denn zunächst einmal sollten sich die Franken an die ungewohnten bayerischen Staatsfarben »Weiß und Blau« gewöhnen, aber spätestens ab 1835 war dann der »fränkische Rechen« im großen bayerischen Staatswappen enthalten. Warum gerade dieses Symbol? Als einziger der einstigen souveränen Territorialherren zwischen Main und Donau hatte schon seit Mitte des 15. Jahrhunderts der jeweilige Fürstbischof von Würzburg den Zusatztitel »Herzog zu Franken« – nicht »von« Franken – geführt. Ergo nahmen nun die bayerischen Wittelsbacher, quasi als Amtsnachfolger, diesen Titel an sich und nannten sich »König von Bayern, Pfalzgraf bei Rhein, Herzog von Bayern, Franken und zu Schwaben etc.«. Von diesem »Herzogtum Franken« hatte aber bis ins 18. Jahrhundert hinein in Franken eigentlich keiner so richtig etwas gemerkt, und auch die Bischöfe waren mit diesem Anspruch ziemlich zurückhaltend gewesen. Es war ein Titel, mehr nicht; erinnernd an das Jahr 1168, als der große Stauferkaiser Friedrich Barbarossa dem Würzburger Bischof »die herzogliche Gewalt«, also die »hohe Gerichtsbarkeit und

Wappen König Ludwigs I. von Bayern ab 1835

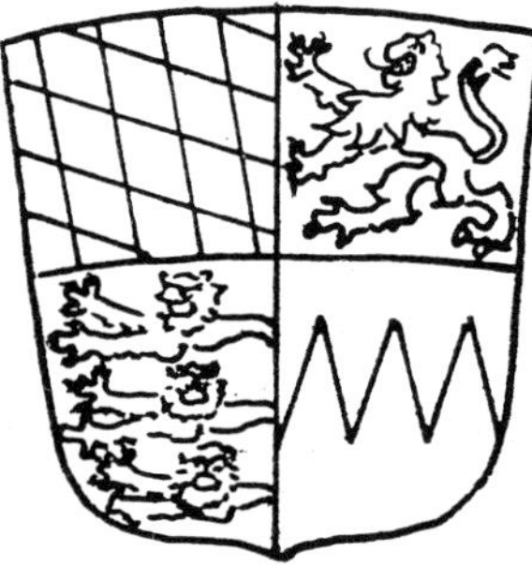

Wappen des Freistaates Bayern ab 1923

Wappen des Freistaates Bayern ab 1950

das Gericht über Eigen und Lehen im Bistum und Herzogtum Würzburg«, n i c h t aber über ganz Franken verliehen hatte, »wie es Würzburg später mit Hilfe von Falsifikaten beanspruchte« (Wendehorst).

Genau das aber haben sich die anderen fränkischen Territorialmächte frühzeitig verbeten, allen voran die Hohenzollern-Markgrafen – schon allein deshalb, weil sie diesen imposanten Titel gerne selber geführt hätten. Immerhin schaffte es im 15. Jahrhundert das Politgenie Markgraf Albrecht Achilles, daß ihn zwar nicht der Kaiser, aber immerhin der Papst mit diesem Titel auszeichnete. Das wiederum war Würzburg zuviel. Prompt nannte sich Bischof Johann von Brunn, gestorben 1440, nunmehr »Herzog von Ostfranken«, und sein Nachfolger aus dem Hause der Schenken von Limpurg, gestorben 1455, erhielt diesen Titel deutlich sichtbar auf seinem Grabstein eingemeißelt. Damit wurde Diplomaten, Historikern, Politikern oder einfachen Gottesdienstbesuchern die Frage überlassen, was denn wohl alles zu diesem »Ostfranken« gehörte. Von diesem Bischof Gottfried Schenk von Limpurg wird schließlich berichtet, daß er 1447, gekleidet in herzoglichem Ornat, die Sitzung des »kaiserlichen Landgerichts im Herzogtum Franken« leitete, wobei er sich zur weiteren Verdeutlichung seiner Würde auf ein Schwert stützte.

Sein Nachfolger, der von 1455-1466 regierende Fürstbischof Johann von Grumbach ließ das noch heute erhaltene 130 cm lange Zeremonienschwert anfertigen und mit seinem Familienwappen schmücken. Diese Waffe begleitete fortan die Würzburger Fürstbischöfe bei allen feierlichen Anlässen von der Weihe bis zum

Wappen der Schenken von Limpurg: Felder 1 und 4 vier aufsteigende silberne Spitzen in Rot; Felder 3 und 2 fünf (3:2 gestellte) silberne Schippen oder Kolben in Blau. Der Würzburger Fürstbischof Gottfried Schenk von Limpurg (reg. 1442-1455) ersetzte in seinem Amtswappen Feld 1 durch den fränkischen Rechen und Feld 3 durch das Würzburger Rennfähnlein. Ein weiterer Hinweis darauf, daß die Spitzen im Familienwappen der Limpurg und der fränkische Rechen n i c h t identisch waren (Wappenskizze d. Verf.).

Tode. Wenn der Bischof höchstpersönlich das Hochamt hielt, hatte der Obermarschall dieses Schwert am Hochaltar »blank zu ziehen«. Daß die bayerischen Könige nach der Einverleibung des Hochstifts Würzburg dieses symbolträchtige Herzogsschwert zu sich nach München holten, versteht sich von selbst. Es kann dort noch heute in der Schatzkammer der Residenz besichtigt werden.

Die Behauptung, daß dieses »Herzogsschwert« gar auf den Heiligen Kilian, den klassischen Frankenapostel zurückgehe, ist schlichtweg falsch. Wenn der große Frankenheilige dann und wann mit einem Schwert dargestellt wird, dann deshalb, weil er im Jahre 689 am Main – der Überlieferung nach – mit einem Schwerthieb ermordet wurde. Das Kilians-Schwert ist also kein »fränkisches Herzogsschwert«, sondern ein Märtyrerattribut.

Das Würzburger Schwert aber ist jenes Rechtssymbol, das auch die Rolandsfiguren als Beschützer städtischer Märkte zeigen. Folglich zeigen dies auch die bischöflichen Grabmäler im Dom zu Würzburg, nicht aber die Grabmäler der Bischöfe von Bamberg oder von Eichstätt. Jene geistlichen Würdenträger waren nämlich nicht Vorsitzende eines kaiserlichen Landgerichts in Franken, und einen Herzogstitel führten sie auch nicht. Bei der Frage, was nun der »fränkische Rechen« damit zu tun hat, hilft uns die Betrachtung der fürstbischöflichen Grabdenkmäler im Würzburger Dom weiter.

Beginnend mit dem Grabdenkmal des 1333 verstorbenen Bischofs Wolfram von Grumbach zeigen alle Grabmäler außer dem persönlichen Wappen des Bischofs bis 1804 den

»fränkischen Rechen« und das sogenannte Würzburger »Fähnlein« als kennzeichnende Symbole für die Würzburger Amtsinhaber; teils einzeln, teils in einem Allianzwappen vereinigt. Nun gab und gibt es manche Forscher, die nicht den »Rechen«, sondern das Würzburger »Fähnlein« als Zeichen für den Titel »Herzog zu Franken« ansehen, weil – wie im Mittelalter üblich – ein Reichslehen vom Kaiser eben mit einer Lehensfahne vergeben worden sei. Dabei ist allerdings anzumerken, daß kaiserliche oder königliche Lehensfahnen nicht unbedingt eine silbern-rot quadrierte Farbgebung zeigten, eher schon mal die Farbe Rot allein (Blutfahne; Farbe des Rechts), ansonsten aber durchaus mit dem Zeichen des Gebietes versehen waren, das der Lehensmann, der Lehensträger etc. vom Kaiser ge- oder verliehen bekam. Andere Forscher wieder sehen in der Würzburger Fahne das »Rennfähnlein«, wie es der Sturmabteilung des kaiserlichen, respektive königlichen Heeres voranflatterte. Die Verwirrung wird noch größer, wenn wir feststellen müssen, daß das Würzburger Domkapitel – quasi die Versammlung der bischöflichen Minister – sich des »fränkischen Rechens« als Abzeichen bediente, nie aber das »Rennfähnlein« benützte. So führt der Ort Gerolzhofen den »Fränkischen Rechen« als Wappen, weil er einst dem Würzburger Domkapitel zugehörig war. Wenn nun ein Mitglied des Domkapitels üblicherweise den Bischof als Vorsitzenden des kaiserlichen Landgerichts vertrat, prangte der »fränkische Rechen« als Zeichen dieser herzoglichen Funktion über der Versammlung. Offenbar durchschauten bald selbst die Fürstbischöfe diesen Wirrwarr nicht mehr. Beim

Regalienempfang des Fürstbischofs Lorenz von Bibra (reg. 1495-1519) vor König Maximilian in der Reichsstadt Nördlingen, wurden dem neuen Würzburger Amtsträger ein Jahr nach seinem Regierungsantritt beispielsweise drei Lehensfahnen vom König ausgehändigt, unter ihnen auch ausdrücklich die Fahne des Herzogtums Franken: *»Das ist ein weißer fanne mit roten Zacken«.* Der verunsicherte Fürstbischof ließ sofort überprüfen, ob sein Vorgänger im Amt – Rudolf von Scherenberg – seinerzeit ebenfalls eine derartige Fahne für das »Herzogtum Franken« erhalten hatte. Tatsächlich war es 1468 das gleiche Fahnenbild gewesen.

Somit macht es auch Sinn, daß auf den Würzburger Bischofsgrabmälern der jeweilige Bischof mit Schwert und Bischofsstab abgebildet ist, wobei immer der »Rechen« über dem Schwert, das Würzburger »Fähnlein« immer über dem Bischofsstab zu stehen kommt. Damit dürfte wohl klar zum Ausdruck gebracht sein, daß die Bischöfe spätestens seit dem 15. Jahrhundert selber den »Rechen« als heraldisches Symbol für ihr geistliches und weltliches Herrschaftsgebiet, das Hochstift Würzburg, verstanden haben. Tatsache ist auch, daß der »Rechen« immer die heraldisch vornehmere Stelle, im quadrierten Schild in der Regel Feld 1, ansonsten immer auf den Grabsteinen die heraldisch rechte – also vom Beschauer aus linke – Seite, gegenüber dem deutlich nachgeordneten »Fähnlein« erhielt. An diese Rangordnung hielten sich auch die bayerischen Behörden, als sie den »Rechen« im neugefaßten kurfürstlichen Wappen von 1804 vor das »Fähnlein« setzten.

Grabmal des Fürstbischofs Rudolf von Scherenberg (gest. 1495), geschaffen von T. Riemenschneider, im Würzburger Dom (Nachzeichnung des Verf.). Über der Schwertseite ist der »fränkische Rechen« postiert, über dem Bischofsstab das »Rennfähnlein«.

Daß die Würzburger Fürstbischöfe selber den »fränkischen Rechen« als Hoheitssymbol für ihren Titel »Herzog zu Franken« ansahen, beweist auch der Wappenstreit der Würzburger mit dem Hause Hohenlohe-Waldenburg im 18. Jahrhundert. Diese Linie des bedeutenden Hochadelsgeschlechts erstrebte damals beim Kaiser in Wien die Erhebung aus dem Grafen- in den Fürstenstand. Da sie sich, bestärkt durch den Rat hauseigener Archivare, von den frühesten Herzögen von Franken – aus vorheraldischer Zeit – herzuleiten glaubte, so ließ sie in ihren eigenen Entwurf des noch zu genehmigenden Fürstenwappens den »fränkischen Rechen« als Herzschild setzen. Dagegen protestierte umgehend der Würzburger Fürstbischof, weil diese Herzogsabstammung der Hohenlohe »gänzlich unbewiesen« sei, worauf wiederum die Hohenlohe ironisch zurückfragten, was denn ein herzogliches Familienwappen im Amtswappen eines Bischofs zu suchen habe. Fazit dieser Auseinandersetzung war, daß das Haus Hohenlohe-Waldenburg das Fürstendiplom erhielt, auf den »fränkischen Rechen« verzichtete und dafür wenigstens die fränkischen Farben in Gestalt eines roten Schildes mit silbernem Schildfuß in sein neues Wappen setzte.

Noch einmal sollten »Rechen«, »Fähnlein« und der ominöse fränkische Herzogstitel höchste politische Bedeutung erlangen, als man im allgemeinen napoleonischen Länder- und Titelschacher ab 1805/06 für den aus der Toskana vertriebenen Großherzog Ferdinand einen territorialen Ersatz suchte. Man fand ihn mit der Errichtung eines selbständigen Kurfürstentums Würzburg. Ferdinand tauschte es für das Hochstift Eichstätt ein, das er für eine kurze

Wappen von 1805/06 für Ferdinand »Großherzog zu Würzburg und in Franken Herzog«

Fürstenwappen der Linien Hohenlohe-Waldenburg und Hohenlohe-Neuenstein seit 1773/1782 (so im Archiv für Hohenlohische Geschichte 1, 1857-1860, Neuenstein).

Weile besessen hatte. Da er aber ein Habsburger war, führte auch der Familienchef, also der Kaiser in Wien, sofort den weiteren Zusatztitel »Großherzog zu Würzburg und in Franken Herzog« und betrachtete das einstige Territorium des Hochstifts nunmehr als Teil der österreichischen Erblande; allerdings nur bis zum endgültigen Sturz Napoleons 1815. Dann kam Würzburg, wie vorher schon das übrige fränkische Gebiet mit den hohenzollerschen Markgraftümern, den Reichsstädten etc. ebenfalls an das Königreich Bayern. Die Münchner Heraldiker aber entschieden sich später für den »Rechen« und gegen das »Fähnlein« als gesamtfränkisches Symbol und dabei ist es bis heute geblieben. Bleibt noch anzumerken, daß die heutigen drei fränkischen Regierungsbezirke des Freistaates Bayern, Ober-, Mittel- und Unterfranken, die alle den »Rechen« als gemeinsames Teilwappen führen, keineswegs völlig identisch sind mit dem einstigen Stammes- und Siedlungsgebiet der Franken. Auf dem »Dreifrankenstein« im Naturpark Steigerwald, auf der Bucklinge in der Gemarkung Heuchelheim b. Schlüsselfeld, sind übrigens alle drei Regierungsbezirkswappen gemeinsam vertreten, denn exakt an dieser Stelle treffen neben den drei fränkischen Bezirken noch die Landkreise Kitzingen, Neustadt/Aisch-Bad Windsheim und Bamberg, sowie die Gemeinden Geiselwind, Burghaslach und Schlüsselfeld zusammen. Nicht immer muß ein Wappen mit einem »Rechen« im Schild auf Franken hinweisen. Beispielsweise macht sich das Familienwappen der Freiherrn und Grafen von Heussenstamm doch recht fränkisch, auch in der gleichen Farbfolge oben Rot und unten Weiß; im Falle der Schen-

Wappen der Freiherren von Thüngen, einst »Erbküchenmeister des Herzogtums Franken«. (Lutzische Linie): Generalfeldmarschall Hans Karl Graf von Thüngen (1648-1709) wurden vom Kaiser, flankierend zur klassischen Helmzier der Thüngen, noch zwei Reichsbanner mit dem doppelköpfigen Reichsadler in Gold verliehen. Anläßlich der nochmaligen Erhebung der Gesamtfamilie in den Reichsfreiherrnstand (Hans Karls Ehe war kinderlos) wurde diese Wappenmehrung schließlich vom Wiener Heroldamt für die Gesamtfamilie festgelegt. Das enorme Territorium, über das die reichsunmittelbare Familie verfügte, kommt u. a. noch in zahlreichen kommunalen Wappen zum Ausdruck: u. a. Markt Zeitlofs, Gemeinde Aura, Markt Thüngen, Stadt Werneck, Gemeinde Wartmannsroth, Altlandkreis Bad Brückenau, Altlandkreis Karlstadt.

Beschreibung des Stammwappens: In Silber ein goldener Balken, belegt mit drei gewellten Pfählen, auf dem Helm mit rot-silbernen Decken der Rumpf eines graubärtigen Mannes in rotem Kleid mit silbernem Halsumschlag, bedeckt mit silbern-gestulpter, auf der Spitze und an beiden Seiten mit Hahnenfedern bestückte rote Haube.
Lit.: Dr. R. Frhr. von Thüngen, Das reichsritterliche Geschlecht der Freiherren von Thüngen, B. 2, 1926 (dort wird anstelle der »gewellten Pfähle« die Bezeichnung »Vließe« (Felle) gebracht.) (für die Hinweise und die Überlassung der Wappenzeichnung habe ich Freiherrn Wolf-Hartmann von Thüngen, Schloß Weißenbach, zu danken).

ken von Limpurg allerdings mit einer Spitze mehr als der »Frankenschild«. Auch die Fürsten von Schwarzenberg haben in ihrem vermehrten Wappen einen »Rechen«, zwar nicht in den Farben Rot-Weiß, aber immerhin in Weiß-Rot. Es ist das Wappen einer Erbtochter der Grafen von Sulz, die in das Haus Schwarzenberg einheiratete.

Im Sängersaal von Neuschwanstein, dem Traumschloß König Ludwigs II. von Bayern, wiederum findet sich zur Verblüffung für den heraldisch Kundigen im bayerischen Königswappen exakt der Schwarzenberg-Sulz'sche Rechen, der dort aber, historisch gesehen, nichts zu suchen hat. Das Rätsel ist leicht erklärt: Der Wappenmaler König Ludwigs II. hat diesen

Teil des Königswappens schlichtweg falsch bemalt, er hätte eigentlich den fränkischen rotweißen Rechen darstellen sollen. Schließlich hatte Ludwigs gleichnamiger Großvater 1835 den »fränkischen Rechen« deutlich sichtbar für den Zusatztitel »Herzog v o n Franken« in den königlichen Schild setzen lassen und zwar in der richtigen Farbfolge!
Unser heraldischer Spaziergang durch Franken soll mit einem kleinen Beweis für die Langzeitwirkung von Geschichte enden. Die Würzburger Fürstbischöfe mögen im allgemeinen mit ihrem Titel »Herzog zu Franken« recht zurückhaltend umgegangen sein, innerhalb ihres Hochstifts spielten sie das »Herzogsamt« aber bis in die kleinste Konsequenz aus. Da zu einem richtigen Herzog ganz bestimmte Hofämter gehörten, beriefen sie einige im Hochstift besonders verdiente fränkische Adelsfamilien zu Erbtruchsessen, Erbschenken, Erbkämmerern etc. Die Freiherrn von Thüngen z. B. waren »Erbküchenmeister des Herzogtums Franken« bis zum Ende der Würzburger Souveränität 1814/1815, und der jeweilige Familienälteste bezog anschließend noch bis 1918 vom Königreich Bayern als dem juristischen Nachfolger des Fürstbistums Würzburg finanzielle Zuwendungen. Denn da sich der jeweilige bayerische König auch Herzog von Franken nannte, mußte er schließlich wohl oder übel die uralten Gepflogenheiten beibehalten. Und vielleicht muß deshalb die heutige bayerische Regierung nicht unbedingt . . ., aber das ist wieder eine andere Geschichte.

Lit.: Kolb, P.; Wendehorst; Glaser; Schuhmann, Markgrafen; Taddey; Andraschko; Schwarzenberg; Mößlein; Thüngen.

(frdl. überlassen von General a. D. Friedrich Jobst
Volckamer von Kirchensittenbach)

Titelseite der von Dr. Eberhard Frhr. v. Eyb verfaßten Familiengeschichte (siehe Literaturverzeichnis).

Wappen der Pilgram von Eyb (Eib) bei Kiener (siehe
Literaturverzeichnis; Stadtarchiv Nürnberg).

Heraldische Ahnentafel für Ludwig Chr. Erdmann Frhr. von Seckendorff, 18. Jh. (wohl aus Unkenntnis hat der Künstler die freiherrliche Rangkrone mit zuvielen Perlen versehen).

Grabmal für Afra von Buttlar, geb. von Rechenberg, das letzte Mitglied der reichsritterschaftlichen Familie von Rechenberg, gest. 1602 (i. d. Kirche zu Ostheim b. Gunzenhausen)

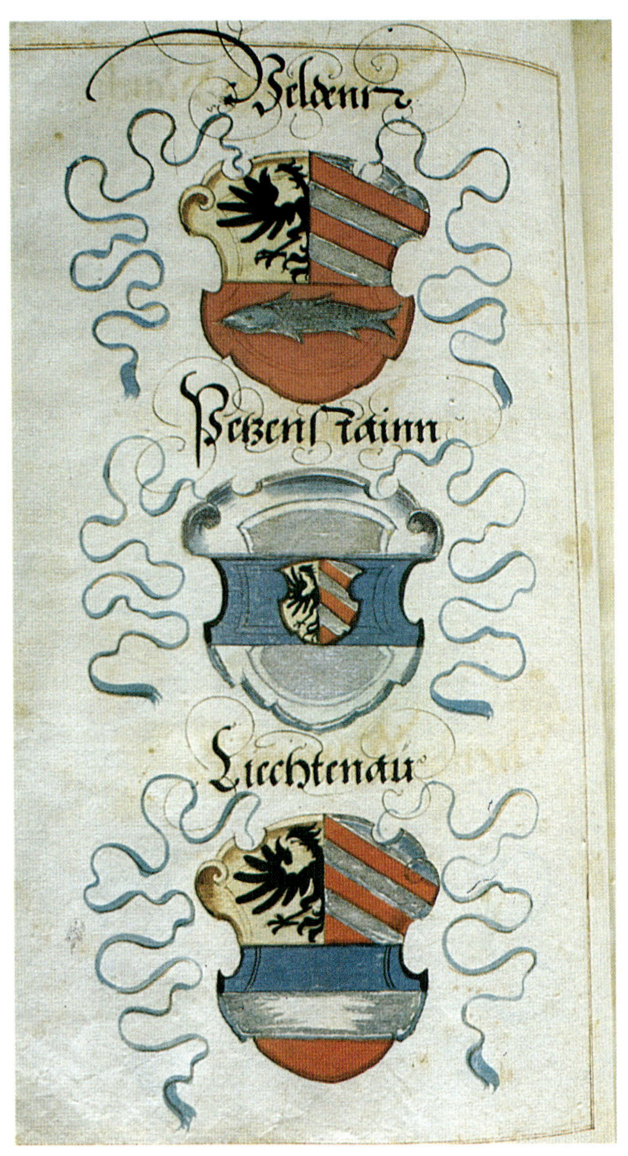

Wappen von Nürnberger Pflegämtern (u. a. Betzenstein).
(Kiener'sches Wappenbuch im Stadtarchiv Nürnberg)

164

Das Wappen im Ritterstands-Diplom von 1728 für den Ritter Wenzel von Streitberg (dem Ahnherrn der noch heute blühenden Familie von Streitberg).
(Foto: O. v. Streitberg, Erlangen)

Wappenbrief von Kaiser Maximilian II. für die Brüder Jacob, Alexander, Georg, Virgil, Rupprecht und Heinrich Trinckher, ausgestellt 1572 (Original im Stadtarchiv Schwabach).

Beginn des Wappenbriefes:
Wir, Maximilian der Ander, von Gottes genaden erwelter römischer Kaiser
zu allen zeitten Merer des Reichs, in Germanien, zu Hungern, Behaimb, Dalmatien, Croatien, Sclavonien etc. Kunig, Ertzhertzog zu Osterreich, Hertzog zu Burgundi, zu Brabannt, zu Steier, zu Khärndten, zu Crain, zu Lützemburg, zu Wirtemberg, Ober- unnd Niederschlesien, Fürst zu Schwaben, Marggrave des heiligen römischen Reichs zu Burgaw, zu Märhern, Ober- unnd Underlausnitz, gefürster Grave zu Habspurg, zu Tyrol, zu Phierdt, zu kiburg unnd zu Görtz etc, Lanndtgrave in Elsas, Herr auf der windischen Marckh, zu Portenaw unnd zu Salins etc., bekennen offentlich mit disem brief unnd thuen khundt allermeniglich, …

Die Passage mit der Beschreibung des Wappens:
… dieß hiernach beschriben wappen unnd clainat, mit namen ain schildt, in der mitte über zwerch in zween thail gleich abgethailt, der unnder gelb oder goldtfarb, darinn an einer abgehawten wein reben drey plawe weintrauben, gleich dryangelsweiß, als nemblich unnden ain unnd oben zween hangendt, der ober thail des schildts schwartz, in dem selben auß der abthaillung gleich aufrechts unnd furwets ain vorderthail aines Leoparten gestallt, mit über sich geworffnem schwantzent stehendt, in beeden pranckhen ain lanngknopffets maß an sein maul zum trinckhen geschickht haltendt, auf dem schildt ain stechhelm, beiderseits mit gelb oder goldt unnd schwartzer helmdeckhen unnd von den selben farben ainen gewündnen pausch mit zurückfliegenden pinden geziert, daraus abermals vorwerts unnd aufrechts erscheinendt ain vorderthail ains leopraten, allermassen mit dem glaß unnd sonnstengestallt wie der unnden im schildt, alsdann dieselben wappen unnd clainat in mitte ditz gegenwirtigen unnsers kaiserlichen briefs gemahlet unnd mit farben aigentlicher von newem gnedigelich verlichen unnd gegeben …

(Abschrift von Stadtarchivar Dippert, Schwabach)

Anordnung: 2 1 3
             5 4 6
             8 7 9

Das vermehrte Wappen der Grafen von Schönborn
(frdl. überlassen von Dr. Karl Graf von Schönborn-
Wiesentheid):

1 = Kaiserlicher Doppeladler für die Reichsgrafen-
würde. Die reichsständische Grafenkrone gehört zu
Feld 4.

2 = reichsständische Herrschaft Reichelsberg; 1671
vom Bistum Würzburg erworben; damit Sitz und
Stimme im fränkischen Grafenkollegium.

3 = Herrschaft Heppenheim; nach dem Erlöschen
der Freiherrn von Heppenheim 1684 gingen deren
Rechte an die mit ihnen verwandten Schönborn
über.

4 = Stammwappen des Hauses Schönborn. In Abbildungen des Spätmittelalters schreitet der Löwe
auch mal auf vier, statt auf drei Spitzen, und statt
des Löwen gelegentlich ein Leopard (bzw. ein »her-
schauender« Löwe).

5 = Erbtruchsessenamt in den österreichischen
Landen ob und unter der Enns (ab 1712).

6 = Wappen des Geschlechts von Buchheim, deren
Güter in Österreich 1711 an die Schönborn kamen.

7 = Mit dem Buchheim-Erbe übernahmen die
Schönborn aus deren Wappen auch den Herzschild
des Hauses Österreich (rot-weiß-rot) als besonderes
Gnadenzeichen.

8 = Wappen der Grafen von Wolfsthal: 1717 erbten
die Schönborn die Besitzungen dieses Geschlechts.

9 = Wappen der Truchseß von Pommersfelden: Nach
dem Tode des letzten Truchseß 1710 fiel dessen Besitz an das Haus Schönborn. Hier entstand auch
zwischen 1711 und 1718 das prachtvolle Schönborn-
Schloß Weißenstein.

Im Familienvertrag von 1811 wurden die bis heute bestehenden Linien Schönborn-Wiesentheid, Schön-
born-Buchheim und die (böhmische) Linie von
Schönborn begründet (nach H. Maué).

(siehe Lit.: Kl. Raab)

Wappen Weißenburger Ratsfamilien in der Kleinen Halle des Rathauses zu Weißenburg i. Bay.
(Ausschnitt, Foto: Verf.)

(Kiener'sches Wappenbuch im Stadtarchiv Nürnberg)

Die späteren Freiherrn und Grafen von Wimpffen führen den Widder auf einem grünen Berg (Dreiberg) stehend bzw. aufspringend; zwischen den Vorderpfoten ein goldenes (Trage-)Kreuz haltend. Die Büffelhörner wurden mit grünen Lindenblättern besteckt. Das Kreuz ist 1797 anläßlich der Erhebung von Franz Carl Eduard Freiherr v. Wimpffen in den Grafenstand zusätzlich in den Schild gekommen (n. Rietstap, Armorial Général, und Alberti, Wappenbuch).

Wappen des Abtes Eugen Montag (reg. 1791-1803), Zisterzienserkloster Ebrach (Gemeindearchiv Markt Ebrach).

Pfinzing-Wappen im Kiener'schen Wappenbuch, Stadtarchiv Nürnberg

168

Wappen der Freiherrn von Falkenhausen (Privatbesitz) (Foto: W. Remm).

Vermehrtes Wappen der Haller von Hallerstein flankiert jeweils vom Stammwappen der Familie (wobei das vom Beschauer aus linke Stammwappen sich aus heraldischer Courtoisie umdreht und den anderen Wappen zuwendet; ebenso schauen sich die Löwen der vermehrten Schilde einander an) (Glasgemälde in der St. Lorenz-Kirche zu Nürnberg).

Totenschild des 1626 verstorbenen Hans Rieter von und zu Kornburg und Kalbensteinberg in der Kirche zu Kleinschwarzenlohe (Foto: Anja Schöler). Beischilde der Ehefrauen (in der Stellung 1 – 3 – 2):
1 = Maria von Imhoff (sie gebar fünf Söhne);

2 = Maria Blandina von Eyb (sie brachte drei Söhne und drei Töchter zur Welt); 3 = Martha von Vohenstein (keine Kinder) (in der Literatur wird die 3. Frau oft irrtümlich als eine geb. »von Hohenstein« bezeichnet).

Totenschild für den 1646 verstorbenen Niklaus Albrecht Rieter zu und von Kornburg und Kalbensteinberg in der Kirche von Kleinschwarzenlohe (Foto: Anja Schöler). Das vermehrte Rieter-Wappen:

Feld 1: Das Stammwappen der Rieter, die Melusine.

Feld 2: Das Lilienwappen gehörte der Adelsfamilie von Kornburg, die bis zu Beginn des 15. Jh. mit dem gleichnamigen Ort verbunden war.

Feld 3: Der gespaltene, vorne weiß und blau gerautete und hinten rote Schild gehörte den Kalbenberger. Wappenschild des Chunrat Kalbenberger, † 1340, in der ev. Pfarrkirche zu Kalbensteinberg.

Feld 4: Durch die Ehe von Endres Rieter († 1488) mit Veronika Rehm zu Bocksberg kam deren Wappen in den vermehrten Rieterschild. Der Herzschild (ein blauer Kalbskopf) stammt ebenfalls aus dem Wappen der Kalben(stein)berger. Die beiden Helme zeigen die Rietersche Helmzier (die Melusine) und den offenen Flug derer von Kornburg. Die beiden Ehefrauen des Verstorbenen sind durch die kleineren Beischilde angegeben: Heraldisch rechts eine geb. Gewandschneider (1. Frau) und heraldisch links eine geb. Dietherr von Anwanden (2. Frau).

Prunk-Totenschild für Paulus Rieter, † 1600, in der Kirche zu Kleinschwarzenlohe (Foto: Verf.).

Genormte Totenschilde (hier der Familie von Imhoff) in der St. Lorenz-Kirche zu Nürnberg) (Foto: Verf.).

Gedächtnisschild für den Deutschordensritter Julius Welser, ✕ 1278 in der Schlacht auf dem Marchfeld (Münsterkirche zu Heilsbronn). Der Schild wurde 1618 und 1750 erneuert (Foto: Verf.).

172

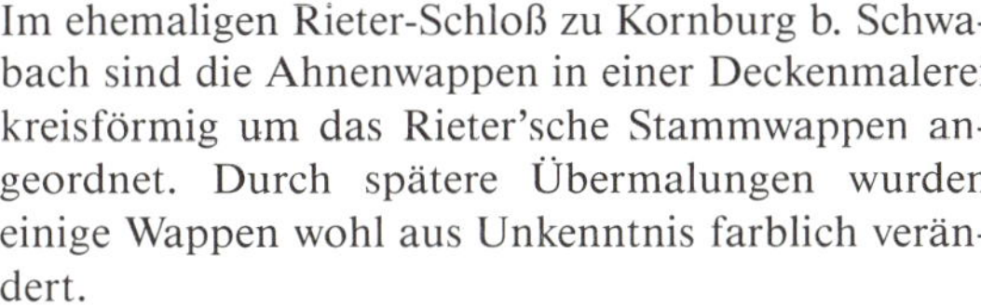

Im ehemaligen Rieter-Schloß zu Kornburg b. Schwabach sind die Ahnenwappen in einer Deckenmalerei kreisförmig um das Rieter'sche Stammwappen angeordnet. Durch spätere Übermalungen wurden einige Wappen wohl aus Unkenntnis farblich verändert.

Allerheiligen-Kirche zu Kleinschwarzenlohe: Gedächtnisgemälde für den 1462 verstorbenen Peter Rieter von Kornburg, der seinen gesamten Besitz in eine Familienstiftung einbrachte, nach der jeweils dem Familienältesten die Nutzung zustehen sollte. Nach dem Erlöschen des Geschlechts sollte der Besitz an das Heilig-Geist-Spital in Nürnberg fallen (was auch 1753 dann geschehen ist). Peter Rieter selber trat als Mönch in das Nürnberger Barfüßer-Kloster ein, seine zweite Frau Barbara von Seckendorff wurde Nonne im Klara Kloster. Deshalb sind die einstigen Eheleute in Klostertracht zu Füßen ihrer Ordensheiligen dargestellt (Foto: Anja Schöler).

Das Stifterwappen am Taufstein der ev. Pfarrkirche zu Kirchensittenbach allein zeigt, daß als Stifter nur Jobst Friedrich Tetzel in Frage kommt, weil im 16. Jh. nur ein Tetzel in erster Ehe mit einer Groland und in zweiter mit einer Schlüsselfelder verheiratet war; daß ergo die erste Frau auf jeden Fall vor 1594 verstorben und die 2. Eheschließung spätestens 1594 erfolgt sein muß ... Die vorhandenen schriftlichen Dokumente bestätigen diese heraldische Aussage.

Wappen der Mendel im Kiener'schen Wappenbuch, Stadtarchiv Nürnberg (an anderer Stelle ist die Helmzier nur als ein Flug dargestellt).

Aus dem Kiener'schen Wappenbuch, Stadtarchiv Nürnberg.

Wappen der Kurfürstin Anna, †, in der Münsterkirche zu Heilsbronn (Foto v. Verf.).

Wolfram von Eschenbach in der berühmten Manesse-Handschrift.

Das Stiftungsbild im Münster zu Heilsbronn (restauriert u. a. im 19. Jh., dabei Fragmente aus dem 13. Jh. übermalt), das an die Klostergründung von 1132 durch Bischof Otto von Bamberg erinnert. Bischof Otto trägt gemeinsam mit dem Klosterschutzvogt, Graf Rapoto von Abenberg, das Modell des Münsters. Hinter seinem Vater steht Graf Konrad d. J. von Abenberg (beide gekennzeichnet durch das Familienwappen, während dem Bischof das Bamberger Bistumswappen zugeordnet ist). Die Ehefrauen der beiden Abenberger Grafen sind nicht durch ihre väterlichen Wappen bezeichnet. (Anmerkung: Ein nicht mehr vorhandener Kapellenanbau hinter dem romanischen Chor war Grablege der Abenberger Grafen, denen Bischof Otto das Klostergrundstück, das »praedium Halesprunnen«, abgekauft hatte. Lit.: W. Goez, Zisterziensische Spiritualität und Lebensform in Franken, in: 91. Jahrbuch des Historischen Vereins für Mittelfranken 1982/83).

Das Stadtwappen von Erlangen (Zeichnung v. Verf.).

LITERATURVERZEICHNIS

Abkürzungen:

AL = Altnürnberger Landschaft Mitteilungen (Veröffentlichungen des Vereins Altnürnberger Landschaft e.V., Nürnberg)

FL = Frankenland (Zeitschrift des Frankenbundes, Würzburg)

GFF = Blätter für Fränkische Familienkunde (herausgegeben von der Gesellschaft für Familienforschung in Franken e. V., Nürnberg, Staatsarchiv)

HEROLD = Vierteljahrsschrift für Heraldik, Genealogie und verwandte Wissenschaften (herausgegeben vom HEROLD zu Berlin, Berlin-Dahlem, Staatsarchiv)

MVGN = Mitteilungen des Vereins für Geschichte der Stadt Nürnberg, Nürnberg, Stadtarchiv

NF = Nürnberger Forschungen, Selbstverlag des Vereins für Geschichte der Stadt Nürnberg

Aign, Th., Die Ketzel, Kommissionsverlag Degener & Co., Neustadt/Aisch 1961

Alberti, O. v., Württembergisches Adels- und Wappenbuch, Verlag Bauer & Raspe, Neustadt/Aisch 1975

Alberti, V./Boesch, T., Herrensitz Hüttenbach 1140-1990, AL, 1991, Verlag Korn und Berg, Nürnberg

Andraschko, F., Schloß Schwarzenberg im Wandel der Zeiten, Verlag Degener & Co., Neustadt/Aisch 1960

Arndt, J. u. a. (bearb.), Das Wappenbuch des Reichsherolds Caspar Sturm, Verlag Bauer & Raspe, Neustadt/Aisch 1984

Arndt, J. (bearb.), Hofpfalzgrafenregister, 3 Bände, Degener & Co., Neustadt/Aisch 1964/1988

Aufsess, H. M. Frhr. v. u. z., Burg Aufseß – Lebensbild einer fränkischen Ritterburg, Eigenverlag der Gesamtfamilie von Aufsess 1956

Baader, J., Der Placker Hanns Thomas v. Absberg, in: 34. Jb. des Historischen Vereins Bamberg

Bachmann, E., Residenz Ellingen (Amtl. Führer), Bayer. Verwaltung der staatl. Schlösser, Gärten und Seen, München 1963

Baier, H. (Hrsg.), 600 Jahre Ostchor St. Sebald – Nürnberg 1379-1979, Kommissionsverlag Ph. C. W. Schmidt, Neustadt/Aisch 1979

Bartelmeß, A., Der Reichsherold Caspar Sturm und Nürnberg, in: MVGN, 69. Bd., 1982

Barth, G., Das »ausgestorbene« Geschlecht der Staufer, in: GFF, 9. Bd., Heft 4, 1967

Bayern, A. Prinz v., Die Wittelsbacher – Geschichte unserer Familie, Prestel Verlag, München 1979

Bechtolsheim, H. Frhr. v., Reichsritterschaft Ort Steigerwald (2 Bände), Kommissionsverlag Schöningh, Würzburg 1972

Behrens, J., Coburg, Coburg 1964

Bieberstein, J. Rogalla v., Adelsherrschaft und Adelskultur in Deutschland, Verlag Peter Lang, Frankfurt/Main 1989

Biedermann, J. G., Geschlechtsregister der Reichsfrey unmittelbaren Ritterschaft Landes zu Francken, Löblichen Orts Gebürg 1747 (Orts Altmühl 1748)

Bischoff, E., Erlangens Stadtrecht im Lichte neuer Forschungen, in: Erlanger Heimatchronik, 1. Folge, Febr. 1950 (Stadtarchiv)

Bischoff, J., Erlangen – 600 Jahre Stadt, in: FL, Heft 4, 1967

Bischoff, J., Ortsartikel »Erlangen« in: Bayerisches Städtebuch, Teil 1, Kohlhammer, Stuttgart 1971 (S. 187-197)

Borneff, K. F., Die Grafen von Henneberg und die Erzgießer Vischer, in: FL, Heft 8/9, 1976

Brandenburg, E., Die Nachkommen Karls des Großen, Zentralstelle für deutsche Personen- und Familiengeschichte, Frankfurt/Main 1964

Broser, C., Wappen im Landkreis Ansbach, Hercynia Verlag, Ansbach 1990

Buhl, W., Fränkische Klassiker, Verlag Nürnberger Presse, Nürnberg 1971

Bumke, J., Wolfram von Eschenbach, Metzlersche Verlagsbuchhandlung, Stuttgart 1966

Bundschuh, M. J. K., Versuch einer historisch-topographisch-statistischen Beschreibung der unmittelbaren freien Reichsritterschaft in Franken nach seinen sechs Orten, Ulm 1801

Bürger, W., Das große Staatswappen der Markgrafen von Brandenburg-Ansbach, Ansbacher Kulturspiegel, Heft 23/24, 1970; und in: »Maler und Poeten – Bürger und Markgrafen«, Verlag Wiedfeld und Mehl, Ansbach 1978

Crailsheim, S. Frhr. v., Die Reichsfreiherrn von Crailsheim, 2 Bände, München 1905

Dichtel, C., Fränkische Grabsteine in Bad Kissingen, Hollfeld und Schönfeld, GFF, 8. Bd., Heft 7, 1964

Dobeneck, A. Frhr. v., Geschichte des erloschenen Geschlechtes der Rabensteiner von Doehlau, Bayreuth 1914

Dünninger, J., Sebald Rieter von Nürnberg in Santiago 1462, in: FL, Heft 5/6, 1964

Dürer-Katalog 1471-1971, Prestel Verlag, München 1971

Egloffstein, A. Graf v. u. z., Schlösser und Burgen in Oberfranken, Verlag Weidlich Frankfurt/Main 1972

Egloffstein, G. Frhr. v. u. z., Chronik der Grafen und Freiherrn v. u. z. Eggloffstein, Aschaffenburg 1894

Eichhorn, E./Schultheiss, W., Nürnberg, Glock und Lutz Verlag, 3. Auflage, Nürnberg 1971

Eichhorn, E., Franken und Böhmen – Begegnung zweier Kulturlandschaften, FL, Heft 9, 1974

Engel, W., Das »Prinzle« von Weikersheim, in: Altfränkische Bilder, 49. Jg., Stürtz Verlag, Würzburg

Engel, W. (bearb.), Die 364 Kinder der Gräfin von Henneberg . . ., in: Altfränkische Bilder, 51. Jg., 1952, Würzburg

Engel, W. (bearb.), Georg Graf von Löwenstein, in: Altfränkische Bilder, 52. Jg., 1953, Würzburg

Eyb, E. Frhr. v., Das reichsritterliche Geschlecht der Freiherren von Eyb, Kommissionsverlag Degener & Co., Neustadt/Aisch 1984

Fehring, G. P./Ress, A., Bayer. Kunstdenkmale – Die Stadt Nürnberg, Deutscher Kunstverlag, München 1961

Flake, O., Ulrich von Hutten, Bertelsmann Verlag, Gütersloh o. J.

Frank zu Döfering, Karl Friedr. v., Die Kressen – eine Familiengeschichte, Schloß Senftenegg/Niederösterreich 1936

Friese, A., Die Rittergesellschaft »mit dem Greifen«, in: FL, Heft 5, 1961

Fuchß, V., Zwei Maserbecher im Besitz der Städtischen Sammlungen Schweinfurt, in: FL, Heft 10, 1985

Galbreath, D. L./Jéquier, L., Lehrbuch der Heraldik, Battenberg Verlag, München 1978

Geiling, H., Die Geiling – Ein fränkisches Rittergeschlecht, Verlag Degener & Co., Neustadt/Aisch 1982

Glaser, H. (Hrsg.), Die Zeit der frühen Herzöge (Bd. I, 1 der Katalog-Reihe Wittelsbach und Bayern), Hirmer Verlag, München 1980

Glückert, E., Totenschilde in Beerbach und Neunhof, in: FL, Heft 4, 1983

Glückert, E., Zwischen Reichsstadt und Reichsritterschaft – Aus der Geschichte der Herrschaft Neunhof b. Lauf, AL, 36. Jg., Heft 1, 1987 (Anm.: Zu den Familien Geuder, Koler und Welser)

Grote, H., Stammtafeln, Leipzig 1877

Grote, L., Die Tucher – Bildnis einer Patrizierfamilie, Prestel Verlag, München 1961

Hager, L., Burg Prunn, Bayer. Verwaltung der Staatlichen Gärten, Schlösser und Seen, 1966

Haller v. Hallerstein, H. Frhr. v., Schloß und Dorf Großgründlach, AL, 14. Jg., 1965, Frankenverlag Lorenz Spindler, Nürnberg

Haller v. Hallerstein, H. Frhr. v., Fränkische Adelsgenealogien gestern und heute, in: GFF, Heft 10, 1970

Haller v. Hallerstein, H. Frhr. v., Die Reichsministerialen von Gründlach und von Berg-Hertingsberg, in: AL, 14. Jg., 1965, Heft 1/2

Haller v. Hallerstein, H. Frhr. v., Schloß und Dorf Henfenfeld, Altnürnberger Landschaft e. V., Verlag Korn und Berg, Nürnberg 1986

Haller v. Hallerstein, H. Frhr. v./Eichhorn, E., Das Pilgrimspital zum Hl. Kreuz vor Nürnberg, NF, Bd. 12, 1969

Hambrecht, R., Wettiner Wappen im Riesensaal der Ehrenburg zu Coburg, Schriftenreihe der Historischen Gesellschaft Coburg e. V., Heft 2, Coburg 1985

Hannakam, K./Veit, L. (bearb.), Archiv der Freiherrn Schenk v. Geyern, Bayer. Archivinventare, Heft 11, Karl Zink Verlag, München 1958

Hausdörfer, J., Die Herren von Uttenhofen, Kommissionsverlag Degener & Co., Neustadt/Aisch 1966

Heller, H., Türkentaufen um 1700 – ein vergessenes Kapitel der fränkischen Bevölkerungsgeschichte, in: FL, Doppelheft 5, 1987

Heßberg, H. Frhr. v., Die ehemaligen Totenschilde in der Frauenkirche zu Nürnberg, in: Genealogie, Deutsche Zeitschrift für Familienkunde, 22. Jg., 1973

Hildebrandt, A. M. (bearb. Herold, Berlin), Wappenfibel – Handbuch der Heraldik, Verlag Degener & Co., 16. Auflage, Neustadt/Aisch 1970

Hirschmann, G., Die Familie Muffel im Mittelalter, in: MVGN, Bd. 41, 1950

Hirschmann, G., Stein bei Nürnberg, Frankenverlag Lorenz Spindler, Nürnberg 1962

Hirschmann, G., Kraftshof, ein Nürnberger Dorf mit Herrensitz und Wehrkirche, AL, 19. Jg., Sonderheft 1970

Hirschmann, G., Albrecht Dürers Abstammung und Familienkreis, in: 15. Band Nürnberger Forschungen, 1971

Hirschmann, G., Das Nürnberger Patriziat im Königreich Bayern 1806-1918, Nürnberger Forschungen, Bd. 16, Selbstverlag des Vereins für Geschichte der Stadt Nürnberg, 1971

Hirschmann, G., Die Familie (von) Neu in Württemberg und Franken, Hist. Verein für Württemb. Franken, 1974

Hofmann, H. H., . . . sollen bayerisch werden, Verlag Laßleben, Kallmünz 1954

Hofmann, M., Fürstenhäuser aus Franken, Altfränkische Bilder und Wappenkalender, Würzburg, 64. Jg., 1965

Hohenlohe-Waldenburg, Fr. K. Fürst zu, Hohenlohe – Bilder aus der Geschichte von Haus und Land, 4. Aufl., Neuenstein 1983 (Familienverband des Fürstl. Hauses Hohenlohe)

Horster, R., Castell – Vom Landesherrn zum Unternehmer, Castell 1990

Imhoff, W. Frhr. v., Genealogisches Handbuch der zur Zeit lebenden rats- u. gerichtsfähigen Familien der vormaligen Reichsstadt Nürnberg, Nürnberg 1900

Imhoff, Chr. Frhr. v. (Hrsg.), Berühmte Nürnberger, Albert Hofmann Verlag, Nürnberg 1984

Isenburg, W. K. Prinz v., Stammtafeln zur Geschichte der europäischen Staaten, Bd. I/II, Marburg 1960

Jaeger, A. (Hrsg. O. Puchner), Veit Stoß und sein Geschlecht, Kommissionsverlag Degener & Co., Neustadt/Aisch 1958

Jäger-Sunstenau, H., Wappen, Stammbaum und kein Ende, Böhlau-Verlag, Wien-Köln-Graz 1986

Jahnel, H., Die Imhoff – Eine Nürnberger Patrizier- und Großkaufmannsfamilie, Dissertation, Würzburg 1951

Kiener, P., Nürnberger Geschlechter- und Wappenbuch von 1590-1602, Stadtarchiv Nürnberg

Kist, J., Fürst- und Erzbistum Bamberg, St. Otto Verlag, 2. erw. Auflage, Bamberg 1958

Kist, J., Die Nachfahren des Grafen Berthold I. von Andechs, Jahrbuch für fränkische Landesforschung, Bd. 27, Jg. 1967 Verlag Degener & Co., Neustadt/Aisch 1967

Klier, R., Neues über die Wappen des Laufer Schlosses, AL, 11. Jg. 1962, Heft 3

Klier, R., Tschechische Dienstmannen auf den Burgen der Luxemburger in Neuböhmen, AL, 12. Jg., 1963, Heft 1/2

Kohn, K., Ein merkwürdiger Gedenkstein in der Kirche von Hagenhausen, AL, 17. Jg., 1968, Heft 1

Kolb, K., Heiliges Franken, Echter Verlag, Würzburg 1973

Kolb, P., Die Wappen der Würzburger Fürstbischöfe, Würzburg 1974

Kolbmann, G., Mauern, Tore und Türme in Betzenstein, AL, 19. Jg., 1970, Heft 1/2

Kolbmann, G., Betzensteiner Geschichtsbilder, Verlag Korn und Berg, Nürnberg 1973

Koenig, O., Urmotiv Auge, Piper Verlag, München 1975

Körner, H., Das kaiserliche Ordens- und Gnadenzeichen der fränkischen Ritterhauptleute von 1718, in: Altfränkische Bilder und Wappenkalender, 77. Jg., Würzburg 1978

Kraft, W./Schwemmer, W., Kaiser Karls IV. Burg und Wappensaal zu Lauf, AL, Bd. VII, Nürnberg 1960

Krüger-Lorenzen, K., Das geht auf keine Kuhhaut, Econ Verlag, Düsseldorf 1971

Kübele, Fr., Geschichte des Exulanten-Geschlechts (von) Danngrieß, in: GFF, 9. Bd., Heft 5, 1968

Kunstmann, H., Die Burg Wolfsberg, in: AL, 11. Jg. 1962, Heft 2

Kunstmann, H., Die Burgen der südwestlichen Fränkischen Schweiz, 1. Teil, Kommissionsverlag Schöningh, Würzburg 1971

Kunstmann, H., Das Rätsel um Eppelein von Gailingen in der Fränkischen Schweiz, in: FL, Heft 9, 1979

Kurras, L., Georg Rixner, der Reichsherold Jerusalem, in: MVGN, Bd. 69, 1982

Kurz, J. B., Wolfram von Eschenbach, Ansbach 1930

Lang, K. H. Ritter v., Adelsbuch des Königreichs Baiern, München 1815

Lemmel, H. E., Herkunft und Schicksal der Bamberger Lemmel des 15. Jh., in: 101. Bericht des Hist. Vereins, Bamberg 1965

Lemmel, H. E./Lemmel, H.-D. u.a., Lemmlein filii – Studien zur Geschichte der Familie Lemmel-Lämmel, Selbstverlag des Familienverbandes Lemmel-Lämmel, Fürth/Bayern, Buchdruckerei Fr. Lämmel, Stuttgart 1975

Lippe, E. A. Prinz zur, Orden und Auszeichnungen, Keysersche Verlagsbuchhandlung, Heidelberg-München 1958

Maas, H., Nürnberg – Geschichte und Geschichten, Verlag A. Hofmann, Nürnberg 1976

Martin, W., Zur Etymologie und Verbreitung des Familiennamens »Bernbeck«, GFF, 13. Bd., Heft 1, 1988

Maué, H., »Schönborn, ein uraltes adeliches, nunmehro Reichs-Gräfliches Geschlecht«, in: Katalog »Die Grafen von Schönborn«, Germanisches Nationalmuseum, 1989

Mayer, H. E., Geschichte der Kreuzzüge, Kohlhammer Verlag, Stuttgart 1965

Meißner, H., Stiftskirche, Ehemaliges Kloster und Schloß Himmelkron, Deutscher Kunstverlag, 1970

Meißner, H., Himmelkron – Geschichte und Geschichten, Namen und Daten, Verlagsdruckerei Metho-Graphik, Bayreuth 1979

Mett, R., Berühmte Königsberger (u. a. Friedrich Heinrich Reichsgraf von Seckendorff, 1673-1763), Hrsg. Stadt Königsberg i. Bay. o. J.

Meyer, O. u. Kunstmann, H., Castell – Landesherrschaft, Burgen, Standesherrschaft, Castell 1979

Möller, H., Fürstenstaat oder Bürgernation, Deutschland 1763-1815, Siedler Verlag, Berlin 1989

Mosch, H. v. (bearb.), Schlesisches Wappenbuch von Crispin und Johann Scharffenberg, Verlag Bauer & Raspe, Neustadt/Aisch 1984

Mößlein, L., Der Dreifrankenstein – ein Symbol der Einheit in der Vielfalt, in: FL, Heft 9, 1984

Müllner, J., Die Annalen der Reichsstadt Nürnberg, Teil I (Von den Anfängen bis 1350), Hrsg.: G. Hirschmann, Selbstverlag des Stadtrates zu Nürnberg 1972

Muth, H., Wallfahrtskirche Maria Sondheim – Arnstein, Verl. Steiner u. Schnell, 1. Auflage, München 1975

Muth, H./Schneiders, T., Tilman Riemenschneider und seine Werke, edition popp, Würzburg 1978

Neubecker, O., Heraldik zwischen Waffenpraxis und Wappengraphik. Wappenkunst bei Dürer und zu Dürers Zeit. in: Albrecht Dürers Umwelt, Nürnberger Forschungen, Bd. 15, Selbstverlag des Vereins für Geschichte der Stadt Nürnberg, 1971

Neubecker, O., Heraldik, Krüger Verlag, Frankfurt/M. 1977

Neubecker, O., Die bürgerlichen Geschlechter Deutschlands, Österreichs und der Schweiz, Battenberg Verlag, Augsburg 1985

Oswald, O., Lexikon der Heraldik, Bibliograph. Institut, Mannheim-Wien-Zürich 1984

Pappenheim, H., Graf zu, Die frühen Pappenheimer Marschälle, 2 Bände, Leipzig-Würzburg 1927

Paschke, H., Das Wappen des Kitzinger Dekans Salomon Codomann von 1611, FL, Heft 3, 1965

Pfeiffer, G., Studien zur Geschichte der fränkischen Reichsritterschaft, in: Jahrbuch für fränkische Landesforschung, Nr. 22, 1962

Pilz, K., Der Totenschild in Nürnberg und seine deutschen Vorstufen (Das 14.-15. Jahrhundert), Sonderdruck aus: Germanisches Nationalmuseum Nürnberg, Anzeiger 1936-39

Pinches, R. V. & J. H., The Royal Heraldry of England, London 1974

Popp, L., Genealogische Verwirrung durch ein Grabdenkmal, GFF, 9. Bd., Heft 8, 1969

Potzel, H., Gefangene auf dem Rothenberg, Heft 10 der Reihe »Vom Rothenberg«, Heimatverein Schnaittach e. V., 1983

Preußen, Fr. W. Prinz v., Das Haus Hohenzollern 1918-1945, Langen Müller, München 1985

Raab, M., Die Raab, Verlag Degener & Co., Neustadt/Aisch 1966

Rechter, G., Studien zur Geschichte der Reichsstadt Windsheim (hier: Die Ansitze zu Illesheim und das nachmalige Amt Röllinghausen), in: Jahrbuch für fränk. Landesforschung, Bd. 44, Kommissionsverlag Degener & Co., Neustadt/Aisch 1984

Rechter, G., Die Seckendorff, Quellen und Studien zur Genealogie und Besitzgeschichte, Bd. 1, Stammfamilie mit den Linien Jochsberg und Rinhofen, Kommissionsverlag Degener & Co., Neustadt/Aisch 1987

Reitzenstein, A., Frhr. v., Rittertum und Ritterschaft, Prestel Verlag München, Bibliothek des Germanischen Nationalmuseums, Nürnberg, Bd. 32, 1972

Rohn, O., Die Herren von Lentersheim im Mittelalter, in: Alt-Gunzenhausen, Heft 37, 1977

Rohn, O., Die Herrn von Lentersheim, in: Alt-Gunzenhausen, Heft 38/1979, Hrsg.: Verein für Heimatkunde Gunzenhausen

Rösch, S., Caroli Magni Progenies, Pars 1, Verlag Degener & Co., Neustadt/Aisch 1977

Rotenhan, G. Frhr. v., Die Rotenhan – Genealogie einer fränkischen Familie von 1229 bis zum Dreißigjährigen Krieg, Kommissionsverlag Degener & Co., Neustadt/Aisch 1985

Roth, A., Das Geschlecht Keget(h) in den Reichsstädten Windsheim und Rothenburg, GFF, 11. Bd., Heft 4, 1980

Rottenbach, B., Grafeneckart – 650 Jahre Wahrzeichen der Stadt Würzburg, FL, Heft 8, 1966

Sand, H., Das Totenbuch des Franziskanerklosters in Coburg, FL, Heft 3, 1991 (Anm.: zu Heinz Schön »von Schlettach«)

Sandhöfer, J., Stammliste der Kresser von Burgfarrnbach, GFF, 8. Bd., Heft 9, 1965

Sayn-Wittgenstein, Fr. Prinz v., Schlösser in Franken, Verlag C. H. Beck, München 1974

Scheurl, S. Frhr. v., Die Scheurl von Defersdorf, MVGN, Bd. 61, 1974

Schleicher, W., Die Sammlung Marschalk von Ostheim in der Staatsbibliothek Bamberg, FL, Heft 5, 1968

Schlüpfinger, H., Kammerstein, Verlagsdruckerei Schmidt, Neustadt/Aisch 1981

Schlüpfinger, H., Schwabach – Stadtgeschichte und Straßenlexikon in Wort und Bild, Verlag H. Millizer, Schwabach 1989

Schneider, E., Die Kitzinger Malerfamilie Codomann, in: Jahrbuch des Landkreises Kitzingen, 1982

Schnelbögl, Fr., Burg und Festung Rothenberg, AL, 21. Jg., Verlag Korn und Berg, Sonderheft, Nürnberg 1972

Schnelbögl, Fr. (Hrsg.), 600 Jahre Glockengießerspital Lauf a. d. Pegnitz, Schriftenreihe der Altnürnberger Landschaft, Bd. 22, 1974

Schnelbögl, Fr., Auerbacher Lebensbilder, Zum 500. Geburtsjahr von Heinrich Stromer, gen. Auerbach, AL, 25. Jg., Sonderheft I, 1976

Schnurrer, L., Heinrich Toppler, in: Fränkische Lebensbilder (hrsg. v. d. Gesellschaft f. fränk. Geschichte), Bd. I, Würzburg 1968

Schnurrer, L., Heinrich Toppler von Rothenburg und der Schwäbische Städtebund, in: FL, Doppelheft 6, 1988

Schöler, E., Fränkische Wappen und die Geschichte ihrer Träger, 1960, Manuskript (Bibliothek des Germanischen Nationalmuseums Nürnberg)

Schöler, E., Historische Familienwappen in Franken, Verlag Degener & Co., 2. Auflage, Neustadt/Aisch 1982

Schöler, E., Federspiel — Auf den Spuren des Wilden Markgrafen, Spätleseverlag, Nürnberg 1981 (3. Aufl. 1992)

Schöler, E., 600 Jahre Stadt – 600 Jahre Schützen in Mainbernheim, in: Festschrift 600 Jahre königl. privil. Schützengesellschaft Mainbernheim, 1982

Schöler, E., Das Wappen der Grafen und Freiherrn von Seckendorff in Franken. Berührungspunkte zwischen Heraldik und Vergleichender Verhaltensforschung, Sonderdruck des Congreso Internacional de las Ciencias genealogica y heraldica, Madrid 1982

Schöler, E./Mader, F., Schwabach – Bild einer Stadt, Albert Hofmann Verlag, Nürnberg 1985

Schöler, E., Hugenotten in Schwabach, in: Gedanken zur Aufnahme der Hugenotten in Franken vor 300 Jahren; Hrsg. von Moderamen der Ev.-ref. Kirche in Bayern, Nürnberg 1986

Schöler, E., Weißenburg, die Wülzburg und der Wilde Markgraf, in: Fränkische Reichsstädte, Echter Verlag, Würzburg 1987

Schöler, E., Markgraf Carl Wilhelm Friedrich – der Fürst und der Mensch, Sonderdruck Nr. 2 des Vereins der Freunde Triesdorfs, Schmidt Druck, Ansbach 1987

Schöler, E., Caroline – eine englische Königin aus Franken, Schwabacher Heimat-Blätter für Geschichtsforschung und Heimatpflege, Jg. 28, Juli 1988 (u. Sonderdruck Nr. 3 des Vereins der Freunde Triesdorfs), 1988

Schöler, E., Eine Lanze für Franken, Albert Hofmann Verlag, Nürnberg 1988

Schöler, E., Emigranten der Französischen Revolution in Franken, Sonderdruck des Vereins der Freunde Triesdorfs, 1990

Schöler, E., Expertise zum Wappen an der alten Fürstenschule in Neustadt/Aisch, Streiflichter aus der Heimatgeschichte, Neustadt/Aisch 1990

Schöler, E., Wilhelm Friedrich Gottfried, Freiherr von Crailsheim (1700-1742). Lebensbild eines markgräflichen Oberamtmanns, in: Jahrbuch des Historischen Vereins für Mittelfranken, 95. Bd., Selbstverlag des Hist. Vereins f. Mfr., Anbach 1990/91

Schrag, J. F. Chr., Rothenburger Wappenbuch (im Stadtarchiv Rothenburg)

Schröder, Br., Mainfränkische Klosterheraldik, Kommissionsverlag Schöningh, Würzburg 1971

Schrott, L., Die Herrscher Bayerns, Süddeutscher Verlag, München 1966

Schuhmann, G., Die Markgrafen von Brandenburg-Ansbach, Ansbach 1980

Schuhmann, G., Brandenburgische Gesellschaft, Kommentar, Verlag Schmidt, Neustadt/ Aisch 1983

Schuhmann, G., Die Hohenzollerngrablegen in Heilsbronn und Ansbach, Schnell & Steiner Verlag, München 1989

Schumm, K., Auf den Spuren des Götz von Berlichingen, Fränkisch Schwäbischer Heimatverlag, Oettingen/Bay. 1968

Schwarz, K. v., Die Specksteinfabrik J. von Schwarz, MVGN, 76. Band 1989

Schwarzenberg, K., Fürst zu, Geschichte des reichsständischen Hauses Schwarzenberg, Neustadt/ Aisch 1963

Schwemmer, W., Schloß und Dorf Kirchensittenbach, AL, 23. Jg., Heft 3, 1974

Seckendorff, K.-F. Frhr. v., Vom Turmhügel zum Gotteshaus – Die Entwicklung der Kapelle in Seckendorff, in: Fürther Heimatblätter, Neue Folge, 35. Jg., Nr. 4, 1985

Seefried, O. Graf v., Aus dem Stiebar-Archiv, Kommissionsverlag Die Egge, Nürnberg 1953

Sporhan-Krempel, L., Zur Geschichte der Familie von Wimpffen, GFF, Heft 2, 1984

Stadler, M., Deutsche Wappen, Bd. 4 und 6, Angelsachsen-Verlag, Bremen 1965

Stetten, W. Frhr. v., Die Rechtsstellung der unmittelbaren freien Reichsritterschaft, ihre Mediatisierung und ihre Stellung in den neuen Landen — dargestellt am fränkischen Kanton Odenwald. Forschungen aus Württembergisch Franken, Bd. 8

Stetten, W. Frhr. v., Burg und Schloß Stetten – ein kleiner Führer durch die Burg und ihre Geschichte, Eigenverlag Künzelsau — Schloß Stetten, 1973

Stolz, G., Katalog der Imhoff'schen Stiftungen und Imhoff'schen Bezüge in der Lorenzkirche (z. Nürnberg), in: St. Lorenz - Imhoff'sche Stiftungen, NF, Nr. 24, 1980

Stolz, G., St. Lorenz – Wappen in Fülle, Wappenkunde, Wappenkunst und Wappenrecht, Jahresheft des Vereins zur Erhaltung der St. Lorenzkirche, NF, Heft 31, Nürnberg 1986

Streitberg, O. v., Zwei Familien von Streitberg, Manuskript 1991 (dem Verfasser freundlicherweise zur Verfügung gestellt)

Stromer, W. Frhr. v. Die Herkunft der Stromer von Auerbach, AL, 13. Jg., 1964, Heft 1/2

Taddey, G., Jus armorum. Ein Wappenstreit zwischen den Fürsten der Linie Hohenlohe-Waldenburg und dem Bischof von Würzburg, HEROLD, Bd. 10, 24. Jg., 1981, Heft 4

Thüngen, H. Frhr. v., Das Haus Thüngen 788-1988, Echter Verlag, Würzburg 1988

Ulmschneider, H., Götz von Berlichingen – Ein adeliges Leben der deutschen Renaissance, Thorbecke Verlag, Sigmaringen 1974

Voit, G., Die Wildensteiner, AL, 13. Jg., 1964, Frankenverlag Lorenz Spindler, Nürnberg

Voit, G., Der Adel am Obermain, Freunde der Plassenburg e. V., Stadtarchiv Kulmbach 1969

Voit, G., Der Adel an der Pegnitz, Kommissionsverlag Degener & Co., Neustadt/Aisch 1979

Voit, G., Die Schlüsselberger, Altnürnberger Landschaft e. V., Nürnberg 1988

Voit, G., Reicheneck, Altnürnberger Landschaft e. V., Nürnberg 1989

Voit, G., Streitberg, AL, 38. Jg., Sonderheft 1989 (lfd. Nr. 35)

Voit, G., Wildenfels, AL, 33. Jg., Sonderheft 1984 (lfd. Nr. 31)

Waehler, M., Die Weiße Frau, Faksimiledruck der 1. Aufl. v. 1931, bei E. C. Baumann, Kulmbach 1984

Wagner, I., Geschichte der Landgrafen von Leuchtenberg, Kallmünz 1940-56, (6 Bände)

Weigel, M., Alt-Rothenburger Wappen und Siegel, Rothenburg o. T. 1941

Weissbecker, H., Wappenzeichnungen nach Siegeln aus dem Archive der ehem. Fr. Reichsstadt Dinkelsbühl (Germanisches Nationalmuseum Nürnberg, Bibliothek)

Wendehorst, A., Franken-Landschaft, in: Lexikon des Mittelalters IV, Lfg. 4, 1988 (S. 727 ff.)

Wich, H., Geschichte Kornburgs, Nürnberg 1911 (Anm.: Zur Familie Rieter von Kornburg)

Wich, H., Geschichte der Allerheiligen-Kapelle bei Kleinschwarzenlohe, Nürnberg 1916 (Anm.: Zur Familie Rieter von Kornburg)

Winter, M., Zur Geschichte der ältesten Gunzenhäuser Familien, in: Alt-Gunzenhausen, Heft 38/1979

Winter, M., Gedanken zur Heimat- und Bildungsfrage Wolframs von Eschenbach, in: Alt-Gunzenhausen, Heft 40/1983

Winter, M., Münster Heidenheim, Verlag Schnell & Steiner, 1. Auflage, München – Zürich 1985

Wunder, G., Die Schenken von Limpurg, in: FL, Heft 9, 1970

Wunder, G., »Pfintzing die Alten«, MVGN, Bd. 49

Zimmermann, G., Standesherrliche Grafen- und Fürstenhäuser in Franken, Altfränkische Bilder und Wappenkalender, Würzburg, 76. Jg., 1977

Zimmermann, G., Fürstliche und adelige Geschlechter in Franken, Altfränkische Bilder und Wappenkalender, Würzburg, 89. Jg., 1990

Zink, K. F., Wiederentdecktes und Wiedergestaltetes im Kloster Heidenheim, FL, Heft 4, 1979

Namenregister

A

Ortsregister